ZHU DE
BINGFA

朱德兵法

古 越 著

团结出版社

图书在版编目（CIP）数据

朱德兵法 / 古越著. -- 北京 : 团结出版社, 2019.11（2021.9 重印）
　　ISBN 978-7-5126-7132-4

　　Ⅰ. ①朱… Ⅱ. ①古… Ⅲ. ①朱德（1886-1976）—军事思想 Ⅳ. ①E20

中国版本图书馆 CIP 数据核字(2019)第 143238 号

出　　版：	团结出版社
	（北京市东城区东皇城根南街 84 号　邮编：100006）
电　　话：	（010）65228880　65244790　（出版社）
	（010）65238766　85113874　65133603（发行部）
	（010）65133603（邮购）
网　　址：	http://www.tjpress.com
E-mail：	zb65244790@vip.163.com
	tjcbsfxb@163.com（发行部邮购）
经　　销：	全国新华书店
印　　装：	三河市东方印刷有限公司

开　　本：	170mm×240mm　　　16 开
印　　张：	20.5
字　　数：	287 千字
版　　次：	2019 年 11 月　第 1 版
印　　次：	2021 年 9 月　第 2 次印刷
书　　号：	978-7-5126-7132-4
定　　价：	58.00 元

（版权所属，盗版必究）

前　言

朱德，一个令亿万中国人和世界人民敬仰的响亮名字！

20世纪，是我国人民进行旧民主主义革命、新民主主义革命、社会主义革命和社会主义建设的伟大历史时代。朱德几乎经历了这个伟大时代的全过程，成为光照千秋的人民领袖之一。

朱德是近现代中国土壤中生长的历史巨人，中国人民解放军的缔造者和威震天下的统帅，中华人民共和国的开国元勋，伟大的政治家、军事家，被誉为20世纪"最伟大的民族领袖之一"，"中国红军之父"，"中国人民优秀的儿子"，"中华人民共和国历史的伟大象征"。1955年9月实行军衔制时，朱德名列"十大元帅"之首。他是现代中国杰出将帅的代表。从20世纪30年代末至50年代前期，中国共产党在党内会议和召集的群众大会上，一般都并列挂着两幅画像——毛主席、朱总司令。在夺取政权的烽火岁月中，朱德的名字与毛泽东一起，成为中国革命的象征。他为民族独立、人民解放和新中国的诞生、建设与发展，建立了不朽的功业。他戎马一生，功绩卓著；忠职勤政，鞠躬尽瘁；胸怀天下，气度恢宏；谦虚谨慎，淳朴忠厚；他把自己成熟的心智、超人的胆略和杰出的才华，运用于指挥中国革命战争和国防军队建设的伟大实践，创造了独具特色的朱德兵法与韬略，充满着智慧的力量和思想的魅力。

朱德兵法与韬略来源于长期指导中国革命战争和领导军队建设丰富的实践。他的一生连贯着从辛亥革命到社会主义新中国的革命历史全部过程，他的革命经历更是"20世纪中国革命的里程碑"（周恩来语）。他戎马生涯67载，是党内最早与毛泽东、周恩来并肩探索中国武装革命道路的开国功臣，是中国共产党内极少数在党独立开展武装斗争之初就拥有丰富军事实践和战争经验的军事雄才。在革命武装斗争的年代里，朱德一直是人民军队的总司令，反"围剿"战役中，长征途中，抗日烽火中，解放战争中，他"无役不与"，"大仗三百，小仗上千"，有"战神"之称，和毛泽东共同组织指挥了一系列重大战役战斗，创造了人类军事史上的光辉奇迹，被刘伯承元帅称为"中国军人的伟大导师"。海伦·福斯特评价说：朱德的"经验深深地植根于中国内地的民族土壤之中，他熟悉中国南北的山川地势和风土人情。正因为如此，他得到了士兵们的充分信任及中国旧式将军的敬重"。

朱德兵法与韬略来源于他那博大精深的军事理论素养。青少年时代，他就接触大量的古典文化兵法书籍，阅读过《纲鉴》《三国演义》《史记》《资治通鉴》《水浒》《说唐》《孙子兵法》等史书、小说、军事著作，深受中国古典军事文化的熏陶。他在德国和苏联留学时，不断研究世界近代战争史和德国、苏联军事理论，吸收外国战争经验和战争精华；同时，对中国国情和革命战争状况也有透辟的了解。曾经和朱德并肩战斗过的刘伯承元帅评价朱德说，他是一个很有朝气的人，我认为这是做军人的一个根本条件。还有，就是他对革命理论学习得很好，能够很适当地把革命理论运用在中国战争上，这是使我感受最深的。不管在任何混乱急迫情况中，他对群众路线，都是把握得很紧的。

朱德兵法与韬略体现着科学求实精神。在长期的指导战争和军队建设实践中，朱德和毛泽东一起，制定了敌强我弱、敌优我劣条件下的整套战略战术原则，领导我军实行不同历史时期的战略转变。他善于运用马克思主义的普遍真理解决中国的实际问题，始终坚持马克思主义实事求是的科学态度。朱德用兵的最大优点同时也是最突出的特点就是实事求是、不唯上不唯书、富有创新精神，善于根据作战的实际情况作出决断。他认为，一切最好的战略战术，都是实事求是，合乎辩证法的。朱德提出了一切战争，离不了政治、经济、人员、武器、交通（包括地形）五个要素，在这五个要素的具体条件和敌我对比之下来定出具体的战略战术这一科学论断。朱德的军事指导洋溢着自觉理性的精神，他不仅善于把从实践中获得的经验上升为理论，而且善于对战争实践进行自觉的理论指导。

朱德兵法与韬略体现着深刻的辩证法思想。朱德是人民军队中最早注重研究并运用军事辩证法的卓越军事家，是精通军事辩证法的大师。在他看来，战争剧烈变化的矛盾运动，一切应以时间、地点、条件为转移，最要不得"机械化"，"机械化"只能捆住自己的手脚。朱德有一段名言，叫作我们用兵的主张，可概括为：有什么枪打什么仗，对什么敌人打什么仗，在什么时间地点打什么时间地点的仗。他善于从纷纭复杂的战争矛盾运动中，抓住最有决定意义的关键环节，进行全面的运筹。他强调，战略战术的灵活运用是战胜敌人的重要条件，原则是不欺哄我们的，只要能灵活运用，必能顺利消灭一切敌人。他认为，兵无常形，必须活用战法。

朱德兵法与韬略是惊人胆略与卓越智慧的有机结合。朱德生性刚毅，处变不惊，具有惊人的军事胆略，越是在革命遭受严重挫折的危急关头，他越是充满乐观主义精神，坚如磐石，从不动摇。朱德领兵作战从不怯于斗勇斗法，具有泰山崩于前而色不变的血气之勇，敢为人之所不敢为，敢行人之所不敢行，每当危急关头，关键时刻，总是挺身而出，身先士卒，或一夫当关，或冲锋陷阵，每每拯救全军于败亡之际，扶大厦于将倾之时，表现出革命者的大智大勇和坚强意志，可谓度量大如海，意志坚如钢。中国共产党领导的军事斗争，长时期内是在敌强我弱的条件下进行的。这就要求重在斗智，而不能单靠斗力，朱德的"勇"又非一蹴即跳的匹夫之勇；他的"勇"与他的"智"是紧密联系在一起的，有勇有谋，两者交相辉映，互为表里。他深谙战争的文武之道，既重斗力斗勇，更重斗智，巧取制胜。他能够在敌大我小、敌强我弱的条件下，发挥运动战、游击战的特长，造成主观上、心理上对敌人的优势，在灵活多变、出敌意料中，求生存、求主动、求胜利。

当今信息时代，人类生活经历着从来没有过的爆炸性发展，和平与发展成为时代主旋律，但战争阴云时隐时现，中华民族的伟大复兴，呼唤着破解难题的战略智慧，处于激烈竞争的人们，渴望着与昔日杰出将帅的心灵对话。

朱德兵法与韬略为我们认识军事规律和军事指导规律，提供了科学的、正确的立场、观点和方法，开辟了认识真理的道路，其理论价值和实践意义，远远超越了时代，对于夺取中国革命战争的胜利，指导人民军队和国防建设，起了重大作用。其基本精神，对于在新的历史时期，加强中国人民解放军的革命化、现代化、正规化建设，推进中国的国防现代化建设，做好军事斗争准备，打赢未来战争仍具有重大的指导作用。而且其认识论、方法论意义上的作用已超越军事，在政治、经济、外交、科技、文化、教育等诸多领域，乃至人们的日常生活，都能给以启迪与指导。因此，深入研究朱德兵法与韬略具有十分重要的意义。

编　者

目 录
CONTENTS

1　第一章　人民军队第一帅
- 2　一、起家陆军讲武堂
- 4　二、护国战争名将
- 7　三、红军之父
- 13　四、八路军总司令
- 16　五、解放军总司令

19　第二章　深谋韬略　战略运筹
- 20　一、中国革命道路的战略选择：上山有出路
- 25　二、着眼于全民战争力量的发挥
- 34　三、最重要的是战略方向正确
- 41　四、战略要寻找敌人的主力
- 44　五、"南面定天下"战略的精心运筹
- 50　六、未雨绸缪，战略预置

55　第三章　实事求是的用兵新法
- 56　一、研究战争和战略战术，首先必须研究战争的诸要素
- 61　二、有什么武器打什么仗

69　三、对什么敌人打什么仗

74　四、在什么时间地点打什么时间地点的仗

77　五、交通是一个决定战争胜负的要素

81　第四章　打仗要讲辩证法

82　一、以唯物辩证法来研究作战问题

85　二、战术要寻找敌人的弱点

87　三、要做"赚钱"生意，不做"赔本"买卖

92　四、技术是战术的基础，技术决定一切

97　五、勇敢加技术，就战无不胜

101　第五章　谋势造势　以弱胜强

102　一、让敌就我，我不就敌

106　二、诱敌深入，运动歼敌

118　三、集中优势兵力，各个歼灭敌人

124　四、学会钓大鱼

127　第六章　纵横疆场　出奇制胜

128　一、灵活机动是战胜敌人的重要条件

130　二、善用计策，以智取胜

135　三、避其锐气，击其惰归

137　四、声东击西，兵不厌诈

146　五、伏击待敌，巧妙歼之

第七章　兵无常形　活用战法

- 156　一、打得赢就打，打不赢就走
- 160　二、"十六字诀"巧胜敌
- 165　三、巧妙袭击战术
- 168　四、迅速、秘密和坚决的作战原则
- 171　五、运动战里逞英豪
- 180　六、灵活运用游击战和运动战
- 183　七、打好阵地战必须搞好"两个结合"

第八章　大道无形　将帅本色

- 194　一、坚定信念，为实现伟大理想而奋斗
- 197　二、度量大如海，意志坚如钢
- 206　三、为人之所不敢为，行人之所不敢行
- 217　四、慎重判断，果断决策
- 222　五、服从命令，机断专行
- 226　六、集中众智，发扬民主
- 228　七、甘作配角，勇当大任

第九章　纵横捭阖　攻心为上

- 232　一、利用旧谊，发展武装力量
- 233　二、借壳蓄力，待机发展
- 237　三、军事斗争和政治瓦解相结合
- 241　四、联合进步势力，化敌为友
- 246　五、加强合作，共同抗敌
- 249　六、广交朋友，巩固统战

257　第十章　建军之魂　治军之本

- 258　一、民族的、人民的、民主的建军三原则
- 259　二、始终坚持党指挥枪
- 263　三、政治工作是人民军队的生命线
- 267　四、健全指挥机关，做好参谋工作
- 269　五、纪律是军队的命脉
- 273　六、坚持官兵平等、军民一致原则
- 276　七、练兵必先练心
- 281　八、带兵要遵循十二条原则

285　第十一章　谋划建设强大的现代化国防

- 286　一、建设现代化国防军
- 289　二、大力发展新军兵种，建设合成军队
- 297　三、大力培养德才兼备的军事人才
- 303　四、以经济建设为主，国防建设为辅
- 304　五、自力更生，加快发展新中国的国防工业
- 309　六、建设现代化的后勤

315　主要参考文献

第一章
人民军队第一帅

一、起家陆军讲武堂

朱德是典型的军人。"我们都是战神的信徒","我的志愿老想做个军人"。他用一生对军事的执着追求,实现了自己的诺言。

朱德的革命生涯亦即他的军事生涯,是从他考入云南陆军讲武堂开始的。那一年他23岁,青春时光,风华正茂。这之前的朱德,既经受过生活的磨难,也接受了良好的教育,并且积累了较为丰富的社会经验。

朱德原名代珍,字玉阶,1886年12月1日生于四川仪陇县李家湾一个佃农家庭。世代以租种地主土地为生,终年劳碌仅能糊口。朱德的母亲在生朱德前还在干活。朱德生在这样一个家庭,从小就开始参加力所能及的劳动,5岁时上山砍柴、割草,从小养成了吃苦耐劳的精神。朱德后来过继给无儿无女且又十分喜欢他的大伯朱世林,才得以上学,也因此改变了他一生的命运。在私塾里,他读过《五经》《纲鉴》《唐诗》《宋词》《古文观止》等古典书籍,《三国演义》《水浒》《说唐》等传奇故事,《史记》《资治通鉴》《孙子兵法》等历史、军事著作,深受中国古典军事文化的熏陶。

光绪三十一年(1905年),朱德参加晚清最后一次科举考试,乡试、府试均中榜,次年清廷即宣布废除科举,朱德未能参加省试,只好考入顺庆府(今四川南充)官立中学堂学习。在这里,他不仅进一步较系统地学习了数学、物理、化学等新文化知识,还接触了孙中山民主革命思想,懂得了要牺牲身家性命去拯救国家的道理,萌发了革命民主主义思想,深感自己即使是"一介书生",也要对祖国安危负责任。他多次对同窗好友讲,我听到有人说,在同盟会的领导下,革命起义不断发生,可惜都失败了。我根据鸦片战争以来国内外的情况分析,中国要打败帝国主义侵略,推翻清王朝的统治,必须进行武装斗争,才能取得胜利。我准备先考四川高等学堂附设体育学堂,毕业后再去学习军事。

一年后,朱德到成都考入四川高等学堂附设的体育学堂。在这里进一步受到了资产阶级民主思想的影响,产生了教育救国的意识。毕业后,于1908

年邀几位同学好友一同回仪陇县城筹办高等小学堂，朱德任学校的体育教习兼庶务。学校虽然办起来了，但土豪劣绅反对新思想、压制教育，社会的黑暗，民众的痛苦，统治阶级的腐朽，使朱德认识到教育无力救国，对腐朽黑暗的封建统治已到了"恨无穷"的地步，"问题就是非得救国不可"，自己不能甘做"一介书生"，应该投笔从戎以更直接地拯救国家。

1909年初春，朱德怀着从戎救国的伟大志向，徒步跋涉七十多天到昆明，考入李根源、蔡锷所主办的云南陆军讲武堂，开始了长达67年的军事生涯。这是朱德人生的第一个重大转折点。从此，他与血与火、沙场与战马结下了不解之缘，立志改造中国，为民族解放献身。以后到延安，朱德曾对到访的英国作家韦尔斯说，我的志愿老想做个军人，而这个讲武堂恐怕是当时中国最进步、最新式的了。它招收学生很严格，我竟被录取，非常高兴。

云南陆军讲武堂的教官大多数是日本士官学校毕业生，或是同盟会会员，或是受到同盟会革命思想影响的进步志士。朱德被录取在丙班步兵科学习。在这座被视为革命熔炉的学校里，他自信找到了一条可以拯救中华民族的道路，把学习和训练看作实现救国目标的必要条件，按照"坚忍刻苦"的校训要求自己，以饱满的热情、刻苦的精神，专心致志地学习，"一心一意地投入了讲武堂的工作和生活，从来没有这样干过"。

朱德十分关注国家的前途。他在资产阶级民主思想的影响下，阅读了《云南杂志》《民报》《天讨》《警世钟》《猛回头》《革命军》等许多进步书刊以及有关乔治·华盛顿的书，有关意大利、日本改革政治的书刊，开阔了眼界。他邀请同班的杨如轩、曾钦仲、杨池生、宋永康、唐淮源等，结拜为兄弟，组织成立"五华社"，以富国强兵、拯救中华为宗旨。他后来回忆说："我们都是战神的信徒。"朱德自觉接受了孙中山提出的革命纲领，主张用革命暴力推翻清王朝的统治。1909年冬天，参加了孙中山领导的反清的资产阶级革命组织同盟会，投身推翻清王朝的辛亥革命活动，开始了他的革命生涯。

朱德在讲武堂这个革命熔炉里锻炼成长，成为品学兼优的学员。1910年7月，因亟需补充新军军官，学校决定从丙班生中挑选一百名学员组成特别班，朱德被选入。1911年8月，特别班学员提前毕业，朱德结束了讲武堂的学习生活，为从一个普通学员成长为人民军队的总司令奠定了良好厚实的军事基础。

二、护国战争名将

从讲武堂毕业后，朱德被分配到蔡锷的部队任少尉司务长，追随蔡锷参加孙中山领导的资产阶级民主革命。他对蔡锷很敬佩，经常向他请教问题。1911年10月30日（农历辛亥年九月初九），"昆明重九起义"爆发。当晚，朱德被蔡锷指定为七十四标二营临时连长，率部参加攻打总督衙门的战斗。由于事前做通了卫队工作，有内线引路，很快攻下总督衙门，活捉了总督李经羲。云南辛亥起义一举成功，结束了清王朝在云南二百多年的专制统治。朱德在起义中才华初露，成为一名英勇战士。

辛亥革命后，朱德参加援川军，支援四川起义军。在蔡锷率军出征四川与北洋军阀的战斗中，朱德及其团队作战最勇敢。1912年，朱德返回昆明，任讲武堂军事教官。1913年夏，朱德升任蔡锷部队的营长，所在的师赴越南，沿滇越铁路线及边境布防。朱德的营镇守蒙自、建水、个旧一带。那里酷热多雨，环境艰苦，斗争复杂。相毗邻的是法属越南，须时刻提防法帝国主义的侵袭及其豢养的土匪的骚扰，困难甚多。为适应环境，朱德创造了多种作战方法，声东击西，神出鬼没，机动灵活地打击土匪，并多次取得战斗的胜利。从此，匪患减少，人民安居乐业。这就是朱德最早的游击战术，即在特殊的地方，用特殊的方法，进行特殊的战斗。由于边关战斗的频繁，实践的磨炼，使朱德的指挥能力迅速提高，1915年晋升为副团长。

在讨袁护国战争中，蔡锷回云南之前，朱德即受命组织部队，征用车皮，等待蔡锷到来。1916年初，朱德所部改编为护国军第一军第三梯团，朱德任第六支队（相当于团）支队长，率部参加四川的泸州、纳溪之战，在川南纳溪一带山地同敌人激战一个半月，所部以善打夜战和白刃格斗而闻名。特别是在坚守以棉花坡为中心的纳溪战役中，他不顾个人安危，有勇有谋，率领广大官兵，常常出奇制胜，以少胜多，夺取了棉花坡的制高点，使战局转危为安，显示了他在军事上的才能。当年6月，朱德支队又奉命夺取敌军据点泸州。当时袁世凯已在人民的唾骂声中死去，护国战争胜利结束。这几个月艰苦卓绝的战斗，也大大提高了朱德指挥作战的能力。他自己后来说过："打大仗我还是在那时学出来的。我这个团长，指挥三四个团、一条战线，还是可以的。"

朱德在这次战争中虽然不是主将，但他披坚执锐，斩将搴旗，始终站在最前线。敌军一看到头戴红边帽，高擎绣有"朱"字的护国军军旗的军队，就望风披靡。朱德为纳溪战役的胜利，为推翻袁世凯的复辟称帝，立下了卓著的功勋，显示出超人的军事才能，因屡建战功，晋升为少将旅长，成为滇军名将。吴玉章曾这样赞誉朱德说："你是护国之役的先锋队。泸州兰田坝一战，使张敬尧落马，吴佩孚、曹锟手足失措，袁世凯胆战心惊，终将袁氏帝制倾覆，保存了中华民国之名。"

1918年3月，朱德被委任为靖国军第二军第十三旅旅长，奉命驻守四川泸州。他仍任旅长，兼任泸州城防司令和四川下南清乡司令，参加孙中山领导的护法战争。

朱德十分厌恶旧军队的腐败和军阀混战的局面，同情备受兵灾匪患的老百姓，表示"既其处此区域，忧患安乐，当与民同"，决心"以兵卫民"，指挥所部平息了匪患。当地开明士绅和百姓为表彰他剿匪的功绩，专门建竖了"救民水火"和"除暴安良"两块德政碑。

在辛亥革命和反对袁世凯复辟帝制、段祺瑞媚外独裁的斗争中，朱德逐渐领悟到，资产阶级领导的旧民主主义革命不能救中国。在十月革命和五四运动的影响和推动下，他"认识到用老的军事斗争的办法不能达到革命的目的"，"有必要学习俄国的新式的革命理论和革命方法，来从头进行革命"。为此，他毅然抛弃高官厚禄，挣脱各种封建关系的束缚，义无反顾地去寻找刚刚建立的中国共产党，寻找马克思列宁主义，踏上了一条艰险曲折而又光明的道路。

1922年，唐继尧已变为企图独霸云南的军阀，昆明又处于战乱之中。朱德痛心疾首，借机愤然离开昆明。这时的朱德，任云南陆军宪兵司令部司令官、云南省警务处处长兼省会警察厅厅长，已是高官厚禄，但他把这一切视如粪土。这对于一个36岁的人来说真是难能可贵的。

在军界久负盛名的朱德，几经艰辛到达上海，先拜会了革命先行者孙中山先生。孙中山正在筹划驱除陈炯明，夺回广州，重建共和政权。和朱德见面后，他提出助滇军完成自己的革命计划，邀请朱德重返滇军，打回云南，讨伐唐继尧和陈炯明，再创民主共和国，并答应先付给军饷十万银元。朱德回想起自己的军旅生涯，把全部精力都投入到保卫民国的战斗中，投身于孙中山领导的民主政府的创建上，结果"大失所望"。挫折和失败使他逐步认识到，孙先生的办法不能取得中国革命的胜利，因此他婉言谢绝了孙先生的请求，决定到外国留学，研究共产主义，寻求救国之道。

随后，朱德拜会了陈独秀，并郑重提出加入中国共产党的请求。一个旧军队的将军想入党，这使当时的中共中央领导人大感惊讶，尽管鼓励朱德追求进步，却未同意他加入中国共产党。

1922年10月，朱德千里迢迢来到马克思的故乡德国。当他得知中共旅欧支部负责人是周恩来时，特地前去拜访，恳切陈述自己的身世和寻找中国共产党的经过，坚决要求参加中国共产党。周恩来从这位不平凡的中年人身上了解到他自辛亥革命以来立下的功绩，钦佩他抛弃荣华富贵来追求革命真理的精神，当即表示愿意做朱德的入党介绍人。这年11月，朱德由旅欧支部负责人张申府、周恩来介绍加入了中国共产党，由一个爱国名将转变成为共产主义者，实现了自己的夙愿。从此，他走上了为共产主义事业奋斗的伟大道路。这是朱德人生的第二次重大转折。刘伯承在朱德六十大寿时，曾以"中国军人的伟大导师"为题，赞颂朱德说，总司令参加革命以前，生活优裕，即不升官发财，亦足以度其舒适之一生，然当其一旦认识革命，即弃如敝屣，义无反顾。以后在任何困难之前，坦然如坐春风，尤足使人深深感动。

作为一个行伍出身的职业军人，朱德在德国期间执着于军事。他去德国的目的之一，就是想学军事本领。他说，我是个军人，来德国主要是学军事。

但来得不是时候，德国刚刚在第一次世界大战中战败，巴黎和会后军事机关好多都被限制或取消了，困难比以前多。他还曾致信当时中国驻德国公使魏宸祖，表示想入德国军校学习，魏回信称德国没有军校。后来只好在柏林大学旁听政治经济学。在那里，朱德参观了柏林军事博物馆，详细了解了过去战争中使用的武器和德军在历次战役中缴获的旗帜。1923年5月，朱德来到德国哥廷根大学进修社会学和哲学。他住在一个曾在德国军队里担任过旅长、参加过第一次世界大战的男爵家里，请他教授军事课程，并且购买了大量德文版的军事书籍，潜心研究世界军事史、战争史，研究第一次世界大战中的战略战术。在德国期间，朱德因参加工人运动两次被捕。

　　由于学习军事的愿望无法满足，1925年3月，他向党组织提出赴苏联莫斯科东方劳动者共产主义大学学习，然后再学习军事，"归国后即终身为党服务，作军事运动"①。当时是国共合作，陈独秀对武装斗争的重要性缺乏认识，自己不要军队，认为掌握军队就成了军阀。朱德认为这种做法是很蠢的，"军队是革命的主力"，离开军队，便没有人民的一切。他后来回忆说："我已亲身认识到用老的军事斗争的办法不能达到革命的目的，加上受到十月革命的影响，我深深感到有必要学习俄国的新式革命理论和革命方法，来从头进行革命。"②同年7月，朱德离开德国赴苏联，在党组织的安排下，先入莫斯科东方劳动者共产主义大学学习。在这里，他比较系统地学习了辩证唯物论、政治经济学、军事学以及中国和世界的经济地理等，理论水平得到很大提高。几个月后，他又进入设在莫斯科郊外莫洛霍夫卡村的秘密军事训练班学习现代军事，并任队长。不久，又被推选担任军事辅导教员。

三、红军之父

　　为了支援北伐，1926年7月12日，朱德和在国外留学的部分军事骨干

---

① 《朱德军事文选》，第1页，解放军出版社1983年版。
② 《朱德选集》，第383—384页，人民出版社1983年版。

听从党的召唤回国。随后，朱德在上海拜访了时任中共中央总书记的陈独秀。四年的国外留学生活，使朱德完全变成了一个新人。他不再是徘徊在忧郁苦闷中的滇军少将旅长，而是一个用马克思主义理论武装起来的坚强的共产主义战士，他对于战争和军事的认识有了新高度和新视角。陈独秀热情接待了朱德，根据北伐的形势，派他到四川杨森部做统战工作。

朱德与杨森曾在护国军中一起共事，素有交谊。此时，杨森拥兵十万，对时局抱观望态度。8月29日，英国商船浪沉杨森的运饷船，船上五十多名官兵全部身亡。紧接着，英国军舰炮轰万县，酿成中国军民死伤近千人的惨案。朱德和陈毅促使杨森对英方采取强硬态度，截击英舰并通电全国。11月，在朱德、刘伯承的劝说督促下，杨森通电易帜，正式就任国民革命军第二十军军长，朱德担任党代表。紧接着，在朱德建议下成立了国民革命军第二十军党部，朱德任主任委员。12月，朱德和杨闇公、刘伯承组成中共重庆地方军事委员会，策划泸州、顺庆起义，策应北伐，并试图建立由中共直接领导的武装力量。这是中国共产党争取由自己掌握军队的一次较早的尝试。

1927年初，朱德遵照我党组织的指示，到江西南昌担任国民革命军第三军军官教育团团长，培训军事干部，兼任国民革命军第五方面军总参议。接着，又于4月兼任南昌市公安局局长，曾以部分枪支武装农民自卫军，为中共掌握了一支重要的武装力量。充满血腥风雨的时刻，蒋介石、汪精卫先后叛变革命，共产党人从血泊中爬起来，决定直接掌握枪杆子，建立自己的军事力量，组织武装起义。当时，南昌的条件最为理想，朱德奉命与周恩来、叶挺、贺龙、刘伯承等在南昌发动起义。他利用公开的身份，把敌人的两个主力团的团长拖住，为起义的成功创造了条件。

1927年8月1日，南昌城头响起了正义的枪声。起义成功后，8月2日，朱德被任命为第九军副军长，后因军长未到职，他又升任为第九军军长。第九军的基本部队，由原第三军军官教育团、南昌市公安局、工人武装纠察队和郊区农军组成。朱德还被任命为起义革命委员会参谋团委员。8月3日，起义军开始撤离南昌，向广东进发，朱德被委任为先遣司令，率领第九军教导团为起义军南下开路，一路上进行革命宣传，为部队筹办粮草，安排宿营。

8月26日，朱德率领第九军教导团为前卫，同国民党新编二十师王文翰部在瑞金北面重镇壬田展开激战。在敌我力量悬殊的情况下，他沉着指挥，巧妙周旋，把敌人拖住，等贺龙率第二十军赶到后，迅速将敌人击溃，一鼓作气，乘势拿下瑞金。

随后，朱德和叶挺指挥部队采取游击战法，击溃了敌钱大钧部的拦截进攻，取得了南征第一场恶战——会昌战斗的胜利。

起义军到了三河坝，前委决定分兵，周恩来、叶挺、刘伯承等率第二十军和第十一军二十四师去攻潮汕；朱德率第九军教导团和第十一军二十五师驻守三河坝一带，监视梅县方面的敌人，以保证主力顺利攻占潮汕。11月1日至3日，朱德指挥起义军打退了钱大钧部的三次强渡与偷渡，杀伤了大量敌人。

朱德在这次起义中起着特殊的作用。30年后，朱德在纪念八一建军节这一光辉节日时，曾写诗抒怀：

南昌起义诞新军，喜庆工农始有兵。

革命大旗握在手，终归胜利属人民。

起义军主力被击败后，在极端困难和险恶的情况下，朱德挺身而出，和后续赶来的陈毅，以非凡的英雄气概和革命胆略，率领起义军余部，转战湘粤赣边界，冲破千难万险，保存并发展了这支革命武装。

接下来，朱德在江西南部山区，领导起义军余部进行了著名的"赣南三整"，创造了一系列奇迹，即：天心圩整顿、大庾整编、上堡整训。根据形势的变化，朱德把部队转变为游击队，到农村找立足点，坚持革命斗争，保存革命力量，并对部队进行多次整顿，把一部分中共党员、青年团员分配到连队中去，加强基层工作。他领导部队由单纯打仗转变为同时做群众工作，发动农民进行打土豪的斗争；在军事上开始实行从正规战到游击战的转变；由硬打硬拼转变为有把握的仗就打，没有把握的仗就不打，不打就"游"。

"赣南三整"和秋收起义部队的"三湾改编"一样,在中国共产党领导建军的历史上都具有重要的地位。它找到了如何建立新型人民军队的基本方法,尤其是在实践上改变了大革命时期党只管政治工作的制度,而代之以党直接地全面地领导各项工作的制度,加强了党对全军特别是深入连队的全面领导,实际上初步确立了党全面领导军队的原则。它不仅对人民军队的创立起过极其重要的作用,而且对人民军队的巩固与发展产生了更为深远的影响。

1928年1月,在地方党组织配合下,朱德同陈毅胜利发动了席卷十余县的湘南起义,将革命武装同农民运动结合起来,在农村进行建立革命政权的尝试,先后成立工农革命军第一、第三、第七、第四师,并打出了镰刀斧头的红色军旗,朱德任第一师师长,陈毅任党代表,这支队伍,以具有很强战斗力的北伐劲旅叶挺独立团为基础形成,有两千多人、近千支枪,训练严格,装备齐整,作战有经验。到1928年4月,朱德领导的队伍达到一万余人。萧克将军在《湘南起义史稿》序言中曾写道:"历史已经证明,有了湘南起义,才会有井冈山会师,才会有巩固的井冈山根据地,甚至可以说,才有光辉的井冈山时代。"[①]

1928年4月,朱德和陈毅率领这支队伍向井冈山区靠拢,与毛泽东领导的秋收起义的队伍会师之后,组成了中国工农革命军(后改为红军)第四军,这是中国的第一支主力红军,大大增强了井冈山革命根据地的力量。朱德任军长,毛泽东任党代表。朱德成为全国第一支主力红军的最高军事指挥员,这是朱德整个军事生涯极为精彩的一笔。从此开始了"朱毛"合作,为扩大革命根据地和壮大红军队伍而斗争;"朱毛"开始点燃起农村包围城市、武装夺取政权的燎原烈火,为革命的发展找到了适合中国情况的正确道路。朱德因此而被誉为"红军之父"。

朱、毛二人合作,创造性地展开了革命的游击战争,朱德把他从国外学到的先进军事思想、过去带兵打仗的经验与井冈山区革命斗争的实际紧密结

---

① 《湘南起义史稿》,第2页,湖南人民出版社1986年版。

合起来，形成了新的游击战原则。这些原则被通俗地表述为："敌进我退，敌驻我扰，敌疲我打，敌退我追。"朱毛带领幼年的红军在游击战中不断壮大，战斗力迅速增强。到1928年夏，朱德指挥红军在龙源口一举歼敌一个团，击溃两个团。这是红军组建以来取得的一次较大的胜利。

1929年初，朱德和毛泽东率红四军主力下井冈山，向赣南转移。1929年2月10日，朱德和毛泽东率部在江西瑞金以北的大柏地歼灭追敌近千人，才摆脱国民党军的跟踪追击。随后，朱德和毛泽东率部转战于赣闽边界，建立了赣南、闽西革命根据地，而且很快发展为全国最大的中央革命根据地。

到1930年，赣南、闽西地区的红军发展壮大到三万余人。这年4月，为加强军事上的统一指挥，中共中央决定成立红军指挥部，朱德任中国工农红军第一军团总指挥。8月28日，中共中央总行动委员会主席团会议又正式决定朱德为红军总司令。这年8月以后，朱德任中国工农红军第一方面军总司令、中国工农红军总司令、中央革命军事委员会主席。从此，朱德即成为我军的最高统帅之一。从红军到八路军、解放军，他都是我党我军和人民群众最敬爱的总司令。

井冈山"朱毛"红军汇集了南昌起义、秋收起义、广州起义、湘南起义、平江起义等一系列著名武装起义的精锐兵力，建立了中国工农红军的第一支雄师劲旅，威震湘鄂赣数省，影响波及南方乃至全国。作为这支钢铁队伍的创始人，作为这支铁军的统帅和灵魂、胜利的旗帜和前进的向导，朱德和毛泽东一样，对于这支红军主力的初创、建设和发展作出了巨大贡献，奠定了红军一系列建军原则和战略战术的基础，指挥红军夺取了一个又一个胜利。

在随后蒋介石对中央革命根据地发动的五次"围剿"中，朱德参加了全部的反"围剿"斗争。前三次反"围剿"，朱德和毛泽东沉着机智地指挥红一方面军，采取灵活机动的战略战术，以寡敌众，屡战屡胜，积累了丰富的战争经验。在第四次反"围剿"斗争中，在毛泽东被迫离开红军指挥岗位的情况下，朱德与周恩来共同指挥战斗，歼敌三个师，俘敌万余人。随后，由于"左"倾错误统治了中央，军事指挥权掌握在不了解中国国情的德国人李德手中，他排斥朱德等，胡乱指挥，打输了第五次反"围剿"，搞丢了中央苏区革命根据地。红军被迫撤出了经营数年的根据地，走上战略大转移之路，付出了惨重的代价。

在史诗般的红军长征途中，朱德作出了重大历史贡献。他利用沿途地方实力派与国民党蒋介石集团的矛盾，积极开展统战工作，尽力减轻红军前进中的阻力，为打开突围通道和实现北上抗日创造了有利条件，从 1934 年 10 月开始到 1936 年 11 月两年间里，红军一直处在蒋介石军队的四面围追堵截之中，双方交战次数难以胜数。朱德在整个长征过程中，几乎参加或参与了所有大规模战役的指挥。特别是像突破四道封锁线、强渡乌江、四渡赤水、遵义之战、巧渡金沙江、抢渡大渡河、飞夺泸定桥、占领毛儿盖等重要战役和战斗，均为朱德亲自指挥。可以说，二万五千里长征途中，中央红军所取得的每一次胜利，无不浸透着朱德总司令的心血。他常亲临前线，指挥战斗，在危险、困难、牺牲面前，朱德沉着冷静，临危不乱。

1935 年 1 月，在具有历史转折意义的遵义会议上，朱德坚决支持毛泽东的正确主张，赞同毛泽东进入最高军事指挥小组，坚决赞成并支持毛泽东的战略和战术主张，批判博古和李德纸上谈兵、单纯防御、以堡垒对堡垒等"左"倾军事冒险主义的错误领导。由于朱德既是中央政治局委员，又是中革军委主席和红军总司令，他在党和红军中的重要地位和他在会上的鲜明立场，对会议集中解决军事问题和组织问题，起了重要的促进作用。会议开始确立毛泽东在红军和党中央的领导地位，从而挽救了党和红军。接着，朱德率先提出毛泽东任前委政治委员。3 月 11 日，成立了毛泽东、周恩来、王稼祥三人军事领导小组。从此，形成了以毛泽东为核心的党中央领导集体。

随后，朱德与毛泽东、周恩来一起，指挥三万中央红军，在云贵川地区展开机动灵活的运动战，以惊人的毅力和勇气，克服了许多难以想象的艰难困苦，四渡赤水河，巧渡金沙江，飞夺泸定桥，终于摆脱了几十万敌军的围追堵截，粉碎了蒋介石妄图围歼中央红军于川、滇、黔边境的计划，使中央红军从被动变为主动，取得了战略转移中具有决定意义的重大胜利。

红一、四方面军会师后，张国焘违反中央的决定，率部南下，并进行分裂党、分裂红军的活动。朱德坚持原则，进行耐心说服和教育，团结第四方面军广大指战员，同张国焘的错误行动进行了坚决而有效的斗争。张国焘到达阿坝后再次生出异心，他要朱德与他联名致电中央，反对北上抗日的方针，朱德断然拒绝张国焘的要求，与之进行了坚决的斗争。张国焘不听劝告，率兵掉头向南，退至川康边境。在张国焘率领队伍南下的过程中，朱德一直坚持斗争。张国焘曾开会围攻朱德，朱德却泰然处之，张国焘逼朱德反对毛泽东，朱德警告说，党是一个整体，不能搞分裂。他想把朱德赶出部队，朱德坚决留在军中做干部、战士的思想工作，揭露张国焘的真面目，促使受蒙蔽的干部战士觉悟。经过朱德、刘伯承的耐心说服教育，红四方面军的广大干部战士开始觉醒，迫使张国焘同意北上。

红二、四方面军会合后，朱德同这两个方面军的广大指战员一起，坚持执行党中央的北上抗日方针，终于把这支队伍带到了陕北，实现了红一、二、四三个方面军的会师，保存了革命的种子，壮大了红军的队伍。朱德到达陕北，汇报了与张国焘的斗争经过后，毛泽东称赞他"斗得有理有节，临大节而不辱"，"度量如大海，意志坚如钢"。这是对朱德思想品德最深刻的概括和最崇高的评价。

四、八路军总司令

八年抗战，是朱德军事生涯的辉煌期。他对于运用马克思主义解决中国实际问题特别是革命战争问题的思考渐趋成熟，他早年苦苦求索的中国人民的解放道路在他的脑海中也更加清晰。尽管已经五十多岁了，是我军战将中年长者之一，但他仍然老当益壮，亲赴前线指挥作战。

1937年"七七"事变之后，全国规模的抗战爆发。7月14日，朱德壮怀激烈，心潮澎湃，写下了铿锵有力的抗战誓词："我辈皆黄帝子孙，华族胄裔，生当其时，身负干戈，不能驱逐日寇出中国，何以为人？我们誓率全体红军，联合友军，即日开赴前线，与日寇决一死战，复我河山，保我民族，保全国家，是我天职。"

随后,朱德同周恩来、叶剑英代表中国共产党到南京参加国防会议,就国共合作抗日问题同国民党进行谈判。同年8月,朱德临危受命,被任命为国民革命军第八路军总指挥(后改称第十八集团军总司令)。中国工农红军改编为八路军,下辖三个师。下旬,朱德亲自检阅开赴抗日前线的部队,誓师出征。

在日本侵略军向华北发动大规模进攻、战局十分危急的时刻,朱德和彭德怀率领八路军东渡黄河,开赴华北抗日前线,力挽狂澜。他坚决贯彻中共中央的战略方针和在敌后建立根据地的一系列指示,在地方党组织的配合下,广泛发动群众,开展抗日游击战争,建立抗日根据地,迅速打开了华北敌后抗战的局面。1937年9月21日,朱德来到太原前往抗日前哨雁北部署抗战事宜。在朱德的精心运筹下,9月25日,林彪、聂荣臻指挥八路军第一一五师首战告捷,在雁北平型关伏击日军,歼敌千余人。朱德亲自赶赴前线,总结平型关战斗的经验,以便向自己的部队及友军宣传,激励同胞的抗战热情。随后,朱德提出了在晋冀之间建立抗日根据地,坚持深入敌后,放手发动群众,壮大抗日力量的思想。

1937年10月,朱德率八路军总部和第一二九师挺进晋东南;1938年4月,同彭德怀等指挥部队,挫败日军向晋东南抗日根据地发动的"九路围攻",创建了晋冀豫抗日根据地;随后,按照中共中央关于在平原地区开展游击战的指示,命令第一二九师主力及第一一五师一部从太行山区挺进冀南、豫北,开展平原游击战争;根据中共中央扩大的六届六中全会制定的战略方针,领导八路军巩固和发展华北敌后抗日根据地。

1938—1939年间,朱德先后兼任第二战区东路军总指挥和第二战区副司令长官,除指挥八路军和山西抗日青年决死队第一、第二纵队外,还指挥国民党三个军又三个师、七个旅,对日作战。

在华北抗日根据地建立的初期,朱德一直在抗日最前线,亲自指挥了许多战役和战斗。1938年4月,凶恶的日军出动了万名精锐部队分九路向晋东南根据地发起合围攻势。朱德与彭德怀、刘伯承等一起指挥了这次反"九路围攻",采用以少量兵力牵制多路,集中主力击敌一部的战术。4月中旬,终于在武乡长乐村捕捉到歼敌的机会,一举歼敌两千余人,吃掉一路,迫敌其余各路相继后退,朱德果断决策,乘胜进击,击溃敌人并连克辽县、和顺、武乡、榆社等城,此战共歼敌四千余人,粉碎了敌人的围攻,巩固和扩大了晋东南抗日根据地,使我八路军在太行山南麓站稳了脚跟,建立起太行革命根据地。为此朱德豪迈地赋七律一首:

群峰壁立太行头,天险黄河一望收。

两岸烽烟红似火,此行当可慰同仇。

1940年,朱德和彭德怀指挥八路军主力一部,在平汉铁路两侧先后进行卫(河)东战役和磁武涉林战役,并取得了重大胜利。

朱德有较长时间直接在前线指挥八路军作战,功绩卓著。在朱德、彭德怀领导下,华北敌后抗日根据地得到迅速发展,成为支持长期抗战、夺取最后胜利的重要战略基地。到1940年,八路军、新四军由4万人发展到50万人,敌后解放区战场逐渐发展成为抗日战争的主战场。华北各地已建立了晋察冀、冀中、冀南、平西、晋冀豫、晋西北、冀鲁边、冀鲁豫、鲁西北、鲁南、大青山等十余处抗日根据地,广泛发展了游击战争,大大提高了全国人民坚持抗战的信心和决心,华北前线的八路军也从刚到山西时的3.2万人发展到22万人的正规部队(不包括各地方的游击队),在全国人民中享有崇高的威望。

1940年5月返回延安后,朱德直接参与中共中央和中央军委的领导工作,协助毛泽东指挥全国各抗日根据地对日伪军作战。此时,正值日本侵略者和国民党顽固派对陕甘宁边区和各抗日根据地加紧实施经济封锁,解放区军民面临严重的经济困难。中共中央提出了自力更生的方针。朱德在这一方针指导下,要求部队在不妨碍作战和训练的条件下,自己动手,开荒种地,逐步做到生产自给,并首倡"南泥湾政策",主张屯田垦荒、发展生产、养兵抗战,亲自指导南泥湾的开发工作，为发展生产、保障供给作出了重大贡献。朱德总司令的这一行动，有力地支持了毛泽东提出的大生产运动。陕甘宁边区以此为基础，打破了国民党反动派的封锁，迎来了抗日战争的胜利。

1941年11月，根据中共中央、中央军委决定，成立军事教育委员会和军事学院，朱德负责领导军事教育委员会并兼任军事学院院长。

1945年4月，朱德在中共第七次全国代表大会上作《论解放区战场》的军事报告，总结了中国共产党领导革命武装斗争特别是八路军、新四军对日军作战的经验，论述了中国人民抗战的军事路线、人民军队的建军原则以及养兵、练兵、用兵的方法。同年6月，在中共七届一中全会上，朱德当选为中央政治局委员、中央书记处书记。苏联宣布对日作战后，他同毛泽东一起领导八路军、新四军向日伪军开展全面反攻，解放了华北、华中等广大地区。

五、解放军总司令

抗日战争取得胜利之年，朱德已年近六十。年事已高，再加上他是中共领导的抗日武装的总司令，不宜再上前线冲杀了，而应考虑全军全国的大局，主要是进行决策和运筹。因此，他留在后方的最高军事指挥机关，协助毛泽东统筹指挥全国的军事斗争。

日本人刚刚举手投降，人民举国欢庆胜利之时，毛泽东、朱德等领袖预计到内战将不可避免，为此，他们教育部队，要保持高度戒备，不能有丝毫幻想。针对国民党反动派蓄意挑动内战的阴谋，朱德参与制定了我军的"向北发展，向南防御"的方针，以及调整战略部署、整编军队，组建适合于大规模运动战的野战军，实行战略转变等一系列重大决策。针对国民党反动派坚持反共内战的阴谋，极力主张积极向东北发展，派遣大批部队和干部及早占领东北战略要地。这些正确的决策，对改善我军的战略态势起了重要作用，为对付蒋介石发动的内战打下了基础。

1946年6月，全面内战终于爆发。我军因准备充分，在战略防御中歼敌

71万人，顶住了强大的国民党军向解放区的疯狂进攻。1947年元旦，朱德向全国人民和海外侨胞发表广播讲话，指出1947年是斗争形势转变的一年。10月10日，朱德与彭德怀以正副总司令的名义发表了毛泽东起草的《中国人民解放军宣言》，响亮地提出了"打倒蒋介石，解放全中国"的口号。

1947年3月，国民党反动派进攻延安，中共中央和人民解放军总部主动撤出延安后，朱德同刘少奇、董必武等组成中共中央工作委员会到华北进行中央委托的工作。1947年秋季，朱德亲临华北前线指导作战。不久，解放战争的形势发生了历史性的转折，中国人民解放军由战略防御转为战略进攻。怎样进行攻坚战，夺取敌人盘踞的大中城市，成为当时迫切需要解决的新课题。为了解决这个问题，朱德于10月间，指导晋察冀野战军取得清风店战役的胜利，对扭转晋察冀战局起了关键作用。而后，他亲自筹划和指导进行石家庄战役，首开攻克敌人坚固设防大城市的成功先例，并在全军各个战场迅速推广了石家庄攻坚战的经验。

为了促进中原歼敌作战，1948年5月，朱德代表中共中央前往处于前线位置的河南濮阳，参加华东野战军前委扩大会议，并视察华东野战部队，作了重要讲话，对加强部队团结和纪律性起了重要作用。

在战略决战阶段，作为中国人民解放军的总司令，朱德协助毛泽东组织指挥了辽沈、淮海、平津三大战役，取得战略决战的决定性胜利。1949年4月，他同毛泽东发出《向全国进军的命令》，部署渡江战役和解放西南、西北地区的重大战役，我军向敌人展开猛烈进击，所向披靡，迅速推翻了国民党在中国大陆的统治。

解放战争时期，朱德再次亲临华北前线。他高瞻远瞩，在人民军队将从游击战、运动战向正规战的战略转移时，研究解决了攻坚战、歼灭敌军大兵团两大战术难题以及保障后勤供应等问题。在辽沈、淮海、平津三大战役取得胜利后，他又同毛泽东联名发布《向全国进军的命令》，迎来了新中国的诞生。

在长期的革命斗争中，朱德始终坚持"党指挥枪"的原则，强调发扬人民军队的优良传统，善于从实际情况出发，决定战略战术，建设人民军队。朱德在军事理论和实践中的建树，是毛泽东军事思想的重要组成部分。

中华人民共和国成立时，朱德已经63岁了。戎马一生、功绩卓著的朱老总，老骥伏枥，不顾年高，积极为新中国的建设而工作，重视加强国防建设。他参与制定"抗美援朝，保家卫国"的决策，并亲自向中国人民志愿军干部作赴朝参战的动员。新中国成立后，他曾任中华人民共和国副主席，国防委员会副主席，人民革命军事委员会副主席，全国人大常委会委员长。

新中国成立初期，中国人民解放军的建设进入了一个新的阶段。为了适应这个变化了的情况，朱德积极主张加速我军现代化、正规化的建设，与毛泽东、周恩来等领导了人民解放军由单一兵种向诸军兵种合成军队的转变，并参与领导了空军、海军和陆军各技术兵种的组建。他把加强军事院校建设、搞好军事训练、掌握现代科学技术，作为事关全局的头等任务提到全军面前。他反复强调，人民军队要坚持和发扬光荣的革命传统，但又不要受过去的经验的束缚，要努力使军队的建设适合现代化、正规化的新形势和新要求。他对人民解放军的现代化、正规化建设非常关心，关心后勤工作和军事工业的发展，要求尽快地生产出现代化的武器装备。他十分重视部队的训练，强调实施现代化、正规化的统一训练计划，办好各类各级军事院校，并曾亲自到军事学院对毕业学员进行监考和考核。他还经常深入陆海边防和军营哨所视察，了解部队的训练、执勤和生活情况。到88岁高龄时，他还亲自视察海军，并乘舰出海检阅，为军队的现代化建设而操劳。

第二章
深谋韬略　战略运筹

　　兵家权谋中,战略谋划居于最高层次。只有精于战略谋划的将领,才能担当起驾驭战争全局、运筹帷幄决胜千里的重任。杰出军事家的雄才大略,很重要的是看他是否具有深邃而远大的战略眼光。朱德元帅是从战争中摔打过来的军事大家,他历经20世纪上半叶中国几乎所有血与火的洗礼:辛亥革命、护国战争、北伐战争、土地革命战争、抗日战争和解放战争。他又是睁眼看世界,掌握了唯物辩证法的共产党的军事大家,他学习马列主义的哲学,留学德国,考察了这个第一次世界大战中的军事强国;他在苏联学习军事,对国外先进的军事思想耳濡目染。既有丰富的实践经验,又有深厚的理论知识;既了解国内战争,又知晓世界军事,这就为他成为军事战略家奠定了坚实的基础。

一、中国革命道路的战略选择：上山有出路

朱德是中国共产党早期对武装斗争有正确认识并具有丰富军事知识的少数党员之一，他在入党时就拥有了丰富的军事斗争经验，在中国共产党从不重视武装斗争，到不但重视而且直接领导武装斗争的历史转折中，发挥了重大的作用。

如何选择革命道路，是关系到现代中国革命成败的关键问题。在中国这样一个政治经济发展极不平衡的半殖民地半封建的落后大国，革命的道路应该怎么走？这在马克思、列宁的本本里找不到现成的答案。在探索中国革命道路的过程中，朱德是先驱者之一，从理论到实践都有独到的建树，作出了杰出的贡献。

朱德对于中国革命战争的主要形式和走农村包围城市的道路问题，早就有所认识。在苏联学习时，朱德提出"必要时拖队伍上山"，认为中国革命是农民游击战争。大革命失败后，许多人一时六神无主，有人问朱德，今后怎么办。他坚定地回答："上山打游击去！"1927年夏准备南昌起义期间，朱德除对学员进行军事训练外，还进行革命的政治教育，讲述中国革命问题、农民问题、社会问题；积极发展共产党员；经常派学员到附近县、市做群众工作，帮助地方建立工会和农民协会。在党尚未领导武装斗争时，朱德已经在默默地进行着武装斗争的准备工作了。

中国共产党在"八七"会议以前，一直是照搬俄国十月革命的经验，把工作重点放在城市，企图通过中心城市的总暴动，达到夺取全国政权的战略目的。南昌起义同样是以南下夺取大城市广州，而后再举行北伐为目标的。南昌起义失败后，朱德及时总结教训，适时提出了把武装斗争同农民运动相结合，在农村选择立足点的政治战略转变思想。他清楚地认识到，把武装斗争与土地革命结合起来，建立农村根据地，已成为一个十分紧迫的问题，不结合不行，结合得不好更不行。面对接连不断的作战失利，他提出必须把部队带到敌人力量薄弱的地方，以保存革命种子并求得发展。他说，过去我们

一心想出海，今后我们就一心去上山，上山打游击。积蓄力量，再举义旗。"我们要保存这支军队，作为革命种子，就要找到一块既隐蔽又有群众基础的立足点。湘粤赣边界地区，是敌人兵力薄弱的地方，是个三不管的地带，这一带农民运动搞得早，支援北伐最得力，我们应当以此为立足点。"（《朱德年谱》，第52页，人民出版社1986年版）经过讨论，作出了"隐蔽北上，穿山西进，直奔湘南"的战略决策，决定到敌人力量薄弱、农民运动基础较好的湘粤赣边界地区去找"落脚点"，开展游击战争。

部队行进至闽赣边交界的福建武平后，迅速进入江西的赣南山区。1927年10月下旬，部队抵达安远县天心圩时，朱德在全体军人大会上明确提出，这一带有大革命时期农民运动的基础，我们一定要跟农民运动结合起来，找个地方站住脚。随后，朱德、陈毅率部来到湘粤赣交界的崇义县西南的上堡、文英、古亭山区。

正如朱德后来总结所说："起义军南下途中，右翼支队由我率领，在三河坝虽然失败，但没有被完全打垮。我们由福建退至江西，开始被迫上山，被迫进行游击战争。这有一个好处，从此以后即开始转入正确的方向——游击战争的方向，不是采取过去占大城市的办法，而是实事求是，与群众结合，发动群众起义，创造革命根据地。战术也变了，有把握的仗就打，没有把握的仗就不打，不打就'游'。方向正确，革命力量就能存在，而且还能得到发展。"（《朱德军事文选》第483—484页，解放军出版社1997年版）又说："干革命过去只知道在城市搞起义，这个时候才知道还可以上山打游击，我们原来也不知道上山，开始上山搞了个把月，觉得上山有出路。"

"上山有出路"的结论，是朱德对中国革命道路的一个可贵的探索，表现了卓越才能和战略眼光以及勇于探索的勇气。

中国武装革命要走农村包围城市的道路，要和农民运动相结合，就必须有无产阶级领导下的新型人民军队，并且要解决军事战略转变问题。朱德领导的南昌起义军余部其基础是旧军队，党对军队的领导非常薄弱，队伍的成分非常复杂，军阀主义习气相当严重。如何改造这支部队？朱德和陈毅等商量后，决定从政治思想教育整顿入手。

部队到达安远县天心圩时，针对部队思想混乱，一些人对革命悲观动摇、离队逃跑的情况，朱德在陈毅的协助下对部队进行了第一次整顿。他给部队讲形势，谈前途，增强部队继续革命的信心。他对官兵们说，愿意革命的，跟我走！不愿革命的，可以回家去，不勉强。不过，武器必须留下，因为那是同志们用生命和鲜血换来的。接着，他又拿俄国革命走过的曲折道路来鼓舞教育大家："我希望大家不要走！我是坚决要革命的。1905年的俄国革命失败了，留下来的'渣渣'就是十月革命的骨干。我们这次就等于俄国的1905年，我们只要留得一点人，在将来的革命中间就要起很大的作用。过去那个搞法不行，我们现在'伸伸展展'来搞一下。"经过整顿，面临瓦解的队伍又重新振作起来，战斗力也明显提高了。

1927年10月底，部队到达大庾（余），朱德在对部队进行思想整顿的基础上，决定从组织上对部队进行整编。第一步，撤销了徒有其名的军、师建制的空架子，从实际出发把散乱的各单位统一编为一个纵队，纵队下辖三个支队。经过整编，部队面貌焕然一新，虽然大家衣服褴褛，面黄肌瘦，但人人精神抖擞。虽说剩下的只有七八百人，但这七八百人是大浪淘沙保留下来的革命火种。第二步，是加强党的领导。针对部队基层没有党的组织，党员人数少，党的工作不能深入基层和士兵中去的状况，首先整顿党、团组织，重新登记了党、团员，成立党支部，加强党的领导，发挥共产党员的先锋模范作用。党支部把一部分党、团员分配到各连队，加强党的基层工作。朱德后来说，那时候我们还不懂得应当把支部建在连上，但是实行了把一部分党、团员分配到各个连队中去，从而加强了党在基层的工作，这是对于这支部队建设具有重大意义的一个措施。大庾整编的这些组织措施，加强了党对军队的领导，是建设一支新型人民军队的开始。

同年11月上旬，部队转移到农民运动高涨过的崇义县上堡地区。朱德利用这一有利条件，对部队进行军事整训。首先是整顿纪律，明确规定了募款和缴获的物资必须全部归公，部队设立了没收委员会，专管没收和处理缴获财物。朱德告诫大家说:"我们是共产党的队伍,没有纪律是不能生存的。"

接着,朱德认真抓了军事训练课,天天上小课,每隔一两天上一次大课,讲课的重要内容之一,是改变只有正规战的旧观念,实行向游击战转变。起义军中的指挥员,多数是原来叶挺独立团的,有不少黄埔军校的学生,他们打仗都是正规战的那一套。起义军中的战士,有许多参加过北伐战争,打的也是正规战。南昌起义后,也一直打正规战。而现在形势和任务都发生了变化,城市武装起义失败了,部队转移到了山区,开始由正规战向游击战转变,这就需要学习游击战的战略战术。为此,朱德提出了实行新战术,主要是怎样从打大仗转变为打小仗,化整为零,分散活动。他强调用游击战术训练部队,把一线式战斗队形改为"人"字战斗队形;进攻中避实击虚,避免拼消耗;熟练使用手中武器,以提高命中率等,从而使部队很快适应了军事战略的转变,改变了过去的一些旧制度、旧观念。

在出操上军事训练课的同时,朱德还要求部队学会做群众工作,由单纯的军事斗争改为与农民运动相结合,以连、排为单位分散活动,帮助农民生产劳动,向群众宣传革命道理,发动群众打土豪分田地。原来只知道打仗的部队开始搞群众工作了,这是南昌起义部队把武装斗争与农民运动结合起来的最初实践。

上堡整训20天,时间虽不长,但意义深远,南昌起义部队经过思想教育和组织整顿之后,根据千里转战的经验和形势任务的要求,进行必要的训练,不仅提高了军事技术,而且真正开始了军事战略转变,即由攻占大城市的武装暴动,转入深入农村发动群众,打土豪,分田地;由正规战逐步转向游击战。这是一条非常宝贵的经验。正像朱德所说:"大败之后重新整理队伍,恢复元气,转变方向,深入农村,得到了群众的拥护,才得以生存与发展。"(《朱德军事文选》第484页,解放军出版社1997年版)粟裕大将评价说,南昌起义,开辟了我党独立领导革命战争的新纪元,但是当时还缺乏实践经验,还没有认识到必须把武装斗争同农民运动结合起来。朱德、陈毅同志正是在起义失败之西进的战斗实践中,不断探索新的革命道路,从而领导我们开始实现从城市到农村，从正规战到游击战的重大战略转变。

"赣南三整"后，朱德于1928年1月率部来到有农民运动基础的湘南地区。在取得中共湘南特委的支持和配合下，首先智取了宜章县城，继而发动了著名的湘南五县的"年关暴动"，将所率领的部队改称为工农革命军第一师，公开打出了以武装暴动成立革命政权，实行工农武装割据的旗帜。

在湘南暴动过程中，宜章、郴州、资兴、永兴、耒阳五个县建立了苏维埃政权，其他县有的建立了区乡一级的苏维埃政府。1928年3月中旬，在永兴举行了各县苏维埃代表大会，成立湘南苏维埃政府。在苏维埃政府的领导下，农民起来开展打土豪、分田地的斗争。湘南暴动唤起了百万拥护革命的农民群众，开创了武装割据的大好局面。湘南地区又先后组建了工农革命军第三师、第四师、第七师和两个独立团。"从此，我们的军队就和湖南的农民运动结合起来"，"不是采取过去占大城市的办法，而是实事求是，与群众结合，发动群众起义，创造根据地"。（杨至诚：《艰苦转战》，见《南昌起义资料》第375页，人民出版社1979年版）

湘南暴动是革命武装与农民运动结合，建立工农革命政权的一次成功的尝试。后来，由于湘南特委推行"左"倾盲动主义，实行大烧大杀的政策，在群众中引起不满，致使本已取得的胜利又受到很大挫折。加上桂、湘、粤军阀联合七个师兵力分南、北、西三路向湘南工农革命军"协剿"，为保存军力，除留下一部分地方武装继续在湘南坚持斗争外，朱德、陈毅率领南昌起义军余部和湘南起义军共万余人退出湘南，向井冈山转移。

1928年4月，朱德、陈毅率领的南昌起义军余部和湘南农军与毛泽东率领的秋收起义部队在宁冈县砻市会师。根据中共湘南特委决定，两部合编为工农革命军第四军（后改为工农红军第四军），朱德任军长，毛泽东任党代表。美国进步女作家史沫特莱这样描述这次伟大的会师："土地革命的两大主流汇合了，这次会见是中国历史上最重要的事件之一。"（艾·史沫特莱：《伟大的道路》第26页，生活·读书·新知三联书店1979年版）在5月4日召开的庆祝两军会师大会上，朱德发表讲话说："我们党领导的两支革命武装的会合，意味着中国革命的新的起点。这次胜利会师，我们的力量扩大了，又有井冈山作根据地，就可以不断地打击敌人，不断地发展革命。"（《朱德年谱》第 64 页，人民出版社 1986 年版）毛泽东、朱德等在领导井冈山革命斗争的过程中，成功地把开展武装斗争、实行土地革命、建设红色政权这三者结合起来，确立了"工农武装割据"的重要理论，开拓了一条有中国特色的武装夺取政权的道路，在军队建设、党的建设、政权建设、经济建设、土地革命、战略战术等方面总结、摸索出了一整套宝贵的经验，奠定了农村包围城市道路的理论和实践的基础。从此，中国革命向着一个新的方向，跨出了走向胜利的关键一步。朱德后来回忆说：井冈山会师后，"方向从此更明确了。红四军的成立，对革命的发展起了重大的作用"。（《朱德军事文选》第 485 页，解放军出版社 1997 年版）

二、着眼于全民战争力量的发挥

要解决中国革命战争的道路问题，实行正确的战略方针，朱德主张必须依靠人民群众，着眼于全民战争力量的发挥，打全民战争。

中国革命战争是人民战争，着眼于全民力量的发挥，这是以毛泽东为首的中国共产党人确立战略指导方针的根本依据。在朱德的战略思想和战略指导中，这一特点十分鲜明。

朱德认为，人是战争最后成败的决定因素。他说："人的问题是决定战争最后胜败的问题。诚然，如果某方面握有最好的武器，而人力不为所用，甚至反转投到对方去，那末，这某方面只有出于瓦解的一途……"（《朱德选集》第 47 页，人民出版社 1983 年版）

人心的向背，历来是最终决定战争胜负的因素。自古以来，许多军事家都认识到这一点。古人所谓"得民心者得天下"，说的就是这个意思。在这方面，朱德的认识是很深刻的，其基本思想包括以下三个方面。

其一，人的问题是决定战争最后成败的问题。他认为，在战争的基本要素人与武器方面，人是起决定作用的方面。"唯武器论"的错误就在于仅看到武器的重要，而没有看到掌握武器的人与非掌握武器的人的作用。朱德的结论是："问题还不在乎武器，问题是在乎人民政治上和组织上的动员之广阔和深入的程度如何。人民政治上和组织上动员越广阔，越深入，则敌方的基础越软弱，而敌方的武器，也越容易被中国人民方面所夺取。"（朱德：《抗战的游击战术》，1938年3月）

其二，人心的向背，是以自己的利益为转向的。所谓自己的利益，也就是本阶级、本集团的利益。朱德指出："人的转向问题，当然是以自己的利益为转向。战争的根底就是关于人（社会集团的人，亦即是社会阶级的人）的利益。"他分析抗日战争时期中日双方人心向背时指出，日本的劳苦大众在这场战争中不可能得到自己的利益，只能损害自己的利益；中国人民为了自己生存的利益，也必然要进行拼死的反抗。"所以中国人民的抗日战争和日本帝国主义的侵略战争，在人的归向问题上，完全不同。换言之，日军在日本劳苦民众的觉悟之下，会日趋瓦解，而中国人民抗日军队，却会由于中国人民的觉悟，日趋于坚固。"（朱德：《抗战的游击战术》，1938年3月）

其三，战争中的人力因素包含着人的质与量两个方面。朱德认为："从人力的方面来说，每一个战争包含着人的质与量的战争。而人力的质，又应从政治素质和肉体两方面加以考察。""政治素质，关系于战斗力和战争方法；肉体素质，直接关系于战斗力。"（《朱德军事文选》第355—356页，解放军出版社1997年版）在政治素质和肉体素质两方面，朱德更强调政治素质的作用，有了良好的政治素质，就能做到人自为战，提高作战的自觉性，也就能求得必要的军事技术的素养和文化水准的提高，从而弥补肉体素质方面的不足。与质相对应的是量。他认为人民战争的办法就是从量上去团结和运用最庞大无比的人力。量的增多，也可以在一定程度上弥补质的不足。"人力，是我们优越的条件，尤其是数量上要多。"（《朱德选集》第48页、第55页、第152页，人民出版社1983年版）

人心的向背，在中国共产党的字典里，就是充分相信、发动和依靠人民群众。朱德认为，群众优势，是革命战争的根本优势，依靠这一优势取胜是唯一正确的，因为人民群众中有着从事战争所必需的巨大的人力资源，能为革命战争提供源源不断的后备兵员；人民群众是战争赖以进行的物质财富的创造者，是克敌制胜的战法的创造者。

人民群众在战争中，具有决定作用，这是已为中国革命战争所证明的不易真理。即使在每一场战役战斗中，一方由于得到人民群众的支持而获胜，一方由于遭到人民群众的反对而失败的例子，在人民战争中也是屡见不鲜的。

朱德在谈到南昌起义失败的教训时指出，当时在军事指挥上，我们只有北伐战争的经验，没有游击战争的经验，不知道分散出去争取群众，武装群众。虽然有很多枪，却不知道应该怎样处理。南昌周围群众是拥护我们的，但是我们不知道在南昌附近组织发动，没有在江西、湖南、湖北就地深入农村去组织发动工农群众，却忙着南下打广东，争海口，进行大规模正规战。

他在谈到井冈山斗争不断取得胜利的经验时指出，在井冈山时，战斗很多，都打得很漂亮。敌人有十几万，打了一年多，还不能打败我们。周围群众是拥护我们的。我们知道诱敌深入，在根据地内消灭敌人。当时红四军中的井冈山部队第三十一团是在群众斗争中成长起来的，群众观点很强，也会做群众工作。南昌起义部队第二十八团战斗力强，但群众观点差些。以后两个团的作风互相交流，取长补短，统一起来，大家都会打仗，都会做群众工作。因为群众基础加强了，所以常常打胜仗，成为红四军以后的优良传统。

朱德在总结土地革命战争经验时指出："总起来说，我们那时战略战术的总原则就是：分兵以争取群众，集中以打击敌人。因为我们部队不多，我们主要的工作，就是发动广大的群众去打土豪、分土地、筹款，帮助群众生产、组织农民协会、组织游击队等等，都要分兵四出才能做到。"（《朱德军事文选》第739—740页，解放军出版社1997年版）

朱德认为，八路军抗战能够不断取得胜利的重要原因，就是依靠人民群众的坚强后盾。他分析指出："正因为八路军具有这样的历史的根据，所以才能够造成我今日战胜敌人的条件。这个条件是什么？这个条件就是我们能够以人民为基础，依靠发动华北千千万万广大人民的人力、物力，团结一致，自力更生，来对付敌人。"(《朱德军事文选》第 417 页，解放军出版社 1997 年版）八路军依靠群众，一切力量都出于群众身上，一切办法也都由群众创造出来。依靠居民中的群众与军队中的群众的力量，战胜了敌人，战胜了一切困难。"我们没有别的本事，我们的本事就只有同群众密切结合在一起。显然地，如果我们脱离了群众，我们就必然要失败。这就是我们之所以能够克服困难坚持六年苦战的基本原因。"(《朱德军事文选》第 458 页，解放军出版社 1997 年版）

他在总结整个中国革命战争的历史经验时精辟地指出："我们始终是发动广大群众、组织广大群众起来打仗、起来工作的。革命是群众的事情，作事情也得靠群众。如果群众没有起来，就要教育群众、组织群众，并作必要的忍耐，等群众觉悟起来了再作。因为有了充分的群众工作，所以，人民解放军就能很快地发展和壮大起来。"(《朱德军事文选》第 745 页，解放军出版社 1997 年版）

以中央苏区第三次反"围剿"作战为例，就可以清楚地看到人民群众的力量和作用。

红军第一至第三次反"围剿"作战的基本战略方针就是"诱敌深入"，其基本原因之一就是，诱敌深入革命根据地中心地区，利用这里有利的群众条件相机歼敌。在红军比较弱小，没有大规模作战经验以前，对付敌重兵进攻，采取这样的方针是深谋远虑和稳妥可行的。

第三次反"围剿"作战，红军在敌军不明红军主力行踪或者来不及增援的情况下，接连取得莲塘、良村和黄陂三次战斗的胜利。这时，蒋介石、何应钦得知红军主力已由兴国西北地区东进，并估计红军可能北出临川，于是集中主力以密集的大包围态势向黄陂、君埠地区压来。红军处于第一次反"围剿"以来最危险的时刻。1931 年 8 月 15 日，红一方面军使出了极为大胆的一招：迎着由西向东开进的敌军，从蒋光鼐和陈诚两部敌军之间仅 10 公里的夹缝中由东向西急进。经过一夜的急行军，终于突破敌之重围，到达兴国东北部地区。突围成功的基本原因在于根据地优越的群众条件。后来，朱德谈起这次突围的情景时说："我们在敌人两路夹攻,不到二十里宽的区域中转移出去,进退自如,打得相当巧妙。这都是由于群众条件优越,将敌人'肥的拖瘦,瘦的拖死',弄得敌人疲惫不堪。"(《朱德军事文选》第489页,解放军出版社1997年版)在人民群众的大力支持下,国民党"围剿"军始终没有找到红军主力,陷于进退维谷之中。"围剿"军右翼集团军总司令官陈铭枢叹息道:"国军处处黑暗,红军处处明亮。"这正说明了群众威力的巨大。

朱德总结前三次反"围剿"战役的胜利经验时说:"敌人第一次'围剿'被打破。这说明了:只有依靠群众,依靠根据地,诱敌深入,才能大量歼灭敌人。"又说:第二次反"围剿"也打得好,"这个胜利,仍是诱敌深入,集中力量歼灭敌人,依靠群众,依靠根据地而取得的"。他还专门强调群众在反"围剿"中的重要作用:"一、二、三次反'围剿',是中国很好的革命战争经验。主要一点是在于依靠群众,三次反'围剿',我们都是为了群众,又很好地依靠了群众。当时我们只有五万人,三万支枪,粉碎了几十万敌人的三次'围剿'。蒋介石、外国人,都不知道我们究竟有多少人,连党中央也不相信我们只有那么多人。"(《朱德军事文选》第489页,解放军出版社1997年版)

1937年6月23日,朱德在延安接受美国学者T.P.彼森的访问时,提出了只有群众性的人民抗战才能打赢这场反侵略战争的观点。他说,中国要打败日本,必须靠全国的工人和农民的力量。唯有中国共产党才能开展这场群众运动。因此,南京必须跟我们合作。这场战争必定是一场总体战,甚至全中国四万万人都不够。国民党如果以为只要用它的精锐正规军再加上西方帝国主义的援助就行了,那它是打错了算盘。那它是不明白,一个半殖民地的国家是不能打败现代化的日本军队的,只有群众性的人民抗战才能打赢这场战争。

进行革命战争必须是为了群众,又依靠群众。朱德在第四次反"围剿"的紧急训令中指出:"即使红军与各作战部队在该地只有一天的停留,也必须尽可能做发动群众的工作,来求得红军与当地群众有力的配合,以争取全局胜利。"(《朱德军事文选》第103页，解放军出版社1997年版)"在这一切部署中，我们不应只看见军事力量的对比，'专凭红军打天下'，而应深刻注意从政治上动员苏区内外千百万劳苦群众瓦解白军，争取白军士兵，一致来参加和发展民族革命战争。"(《朱德军事文选》第106页，解放军出版社1997年版)

朱德认为，人民战争的基本内容就是群众战，必须着眼于全民战争力的发挥。在《论解放区战场》一文中，他还指出："人民战争的基本内容就是群众战。"它是人民军队在解放区战场实行的战略战术的出发点。"这种群众战的特点，就是不但有人民大众在政治上、经济上的协力，而且有人民大众在军事作战上的协力。这种战争不是军队单独进行的，而是以人民大众共同作战的灵活配合来进行的。这种战争是主力兵团与地方兵团的配合作战，是正规军与游击队、民兵和人民自卫军的配合作战。"《朱德军事文选》第514页，解放军出版社1997年版）

唤醒群众、组织群众、武装群众投身于人民战争之中，就能弥补在别的要素上的缺陷。例如，抗日战争初期在开辟平原根据地时，如何解决地形条件不利的问题，徐向前提出在平原建立"人山"的口号，主张在发动群众的基础上建立平原根据地，以弥补地形条件的缺陷。朱德也认为，只要每个人都发动和行动起来，这是我们制胜的最重要的条件。他还指出："中国人民对日战争的进攻战和防御战的战略之最巧妙的配合互相转变，我们不厌烦重复地说，这必要以大众战为基础，而且只有以大众战为基础，中国人民才能进行这种最巧妙的配合和互相转变。"(《抗敌的游击战术》，1938年3月)而日军最大的致命伤，就是日军的侵略战争不能进行大众战，不能动员大众把所进行的战争看成自己生死的战争，而且要引起大众以生死来反对这样的战争。

人民战争的基本内容就是群众战，必须实行军队与民众相结合的群众战战略。朱德所领导和指挥的革命战争为了人民，又要依靠人民。毛泽东的军事路线就是人民战争的路线，它不是由军队单独进行的战争，而是由人民大众共同作战、灵活配合进行的战争。一方面从军队的作战去援助各种人民的斗争；另一方面又是用人民的各种斗争（政治的、经济的、文化的、交通的、军事的）去配合军队作战。它在本质上是群众的运动，是群众斗争的一种最高方式。抗日战争中，人民群众不仅创造发挥了麻雀战、地道战和地雷战的威力，而且还创造了许多越来越巧妙的打击敌人的战法。如埋伏在敌人碉堡附近，敌人一出门便给以痛击的"堵门战"；埋伏在村边树林活捉零散人员的"捕捉战"；敌人走到哪里民兵就打到哪里的"车轮战"；同敌人转圈子的"推磨战"；一村打响四处驰援的"蜂窝战"，等等，真正造成了陷敌于灭顶之灾的人民战争的汪洋大海。

人民军队的各种用兵原则，必须围绕着军队与广大人民相结合的特点，才能发挥作用。在建立和发展人民军队的同时，还须发动、组织并武装群众，建立和健全广泛的群众性的武装组织。这是配合与补充正规军，保卫和巩固根据地的主要基础，是支持长期革命战争最雄厚的后备军。军队与人民的全面配合要一直贯彻到战略上、战役上、战斗上去。不仅有主力兵团与地方兵团的配合作战，而且有正规军与游击队、民兵和人民自卫军的配合作战，并有广大群众配合进行各种支援作战的战地勤务工作。这种群众战的战法，只有人民军队才能实行。

要打人民战争，在战争中发挥人民群众的力量，必须以维护群众利益、实现人民的解放为前提，充分发动群众、武装群众。朱德认为，关心、解决和维护人民群众的根本利益和现实利益，是动员和依靠人民群众进行革命战争的根本原则和方法。"动员民众，武装民众，给民众以充分的救国抗日的自由，这是胜利的最必要的条件。民为邦本，民众是抗日的主要力量。""为了使抗战能够有把握，应刻不容缓地废除对于人民的束缚，予以广泛的民主自由，动员千百万的民众到前线上去，领导着民众在前线上以及在日军已占据的区域中组织大众的游击队，袭击敌人，疲劳敌人，破坏敌人的一切交通，与抗战的军队配合起来作战。这才是最有效的抗战方策。"（《朱德军事文选》第266页，解放军出版社1997年版）

朱德切身的体会是，人民战争必须是人民群众的解放，没有真正的民主政治和对人民生活的改善，就不可能有真正的人民战争。朱德在谈到抗日战争如何打人民战争的问题时指出："改善人民的经济生活，首先的和主要的，就是实行减租减息，而另方面，又规定交租交息，这是保证农民占人口百分之八十到九十的解放区在经济上坚持抗战的基础。"（《朱德军事文选》第513页，解放军出版社1997年版）

要实行人民战争，人民军队必须严格执行群众纪律。朱德强调："要反复宣传人民是我们一切力量的泉源，严格执行和经常检查三大纪律八项注意，随时随地为民兴利除弊，帮助人民反对汉奸恶霸豪绅和分配土地，十分节省使用民力，帮助人民解决战争所引起的各种困难，帮助人民生产。"（《朱德军事文选》第577页，解放军出版社1997年版）

打人民战争，朱德还有一个非常重要的思想，就是要到处"下蛋"，也就是要建立革命根据地，发展人民武装。

中国共产党领导的人民战争，除了人民战争的一般特点外，还有一个非常鲜明的特点，这就是通过人民战争来发动群众，建立武装和政权，创造一块又一块根据地，造成农村包围城市并最终夺取城市的结果。正如朱德所说："毛主席的思想，就是实事求是，群众观点，到处撒种子，武装群众，采取母鸡下蛋的办法，所以革命力量发展很快。"（《朱德军事文选》第487页，解放军出版社1997年版）

早在井冈山时期，红四军领导就规定了红军打仗、筹款和做群众工作三项任务，指出红军并不是为打仗而打仗，而是承担革命的政治任务的武装集团。这三项任务后来发展为战斗队、工作队和生产队的提法，一直沿用至今。"做群众工作"一项任务，其实质就是通过军队去发动群众、组织群众和武装群众，通过军队去建党建政，去建立根据地。

农村根据地的战略基地作用并不是一开始就为党内许多同志所认识的。对此，朱德深有感触。他指出，土地革命战争初期，一些从黄埔军校毕业的同志，当时只有北伐战争的经验，缺乏游击战争的经验，不知道把军队在群众中扎根，不知道到处"下蛋"，壮大自己的力量。结果，组织起来的军队，虽然英勇，却容易打光。

在发动群众建立根据地上，朱德认为毛泽东认识并实践得最早。他说："当时毛主席就指出，要在农村建立我们的根据地。要搞根据地，就必须有军队，有政权，有党组织，有群众运动，还要有适当的地形条件。"（《朱德军事文选》第485页，解放军出版社1997年版）

土地革命战争时期，毛泽东和朱德一起开辟了井冈山革命根据地和中央革命根据地。中央革命根据地最盛时达21个县，900万人口，威胁着南昌、赣州和吉安等中心城市。当中共中央在上海无法活动时，理所当然地迁到了赣南、闽西根据地，因此，这里遂改称为中央革命根据地。

抗日战争爆发后，我党便将发动群众创立根据地的拿手好戏运用到敌后战场上去。抗战初期，我党就采取这种到处"下蛋"、到处"撒种子"的办法，去创建根据地，去建立战略支点。先是把"蛋"下到山西，向晋东北一带发展，随后根据形势的变化，冲破国民党设置的障碍，向山西四角作战略展开，以恒山、管涔山、太行山、吕梁山为依托，建立根据地。接着又把"蛋"下到河北、山东平原地区，创立平原根据地。南方的新四军则在大江南北到处"下蛋"。经过几年的奋斗，东到冀东，北到大青山，南到海南岛，西到陕甘宁，到处下了"蛋"，最后形成了一亿人口的19块大的战略根据地，建立了拥有百万大军、200万民兵游击队的强大武装。到处"下蛋"战略获得了丰硕成果。

当八路军在华北抗战一周年的时候，朱德指出："在敌人后方及其翼侧建立许多的支点和根据地，应当成为战略指导中重要方针之一。中国幅员虽大，但如果不从敌人后方给他钉下许多钉子，结果，就便利于敌人的统治，使之不遭受应有的反抗。根据地的作用，在于以民众武装斗争，破坏敌人的统治，分割敌人的统治，钳制敌人，分散敌人兵力，以便利于正规军的反攻。小块根据地的建立，各个根据地行动的互相呼应，可以给中国人民以指示解放斗争的道路，给国际同情者以更大的兴奋，招来更大的援助。最后，根据地的巩固与扩大，游击队发展而为正规军，能够给我们日后战略反攻以配合与准备。只有这样去准备战略反攻，才能给我们总的战略反攻以遥相呼应，使之得到更大的成功。"（朱德：《八路军抗战的一周年》，1938年7月）

实行人民战争，必须坚持主力兵团、地方兵团、民兵相结合的原则。"要了解红军兵团与地方武装的运用。红军兵团特别是基干兵团（如方面军），应依照国内革命战争的要领，集结而灵活地逐次给敌人弱点以致命的打击，各个击破敌人。"主力必须与地方军、民兵相结合，才能使自己更强大，更有力地打击敌人。主力军、地方军、民兵相结合，这样造成了三者的有机联系。在最严重情况下可实施主力地方化、群众化的原则，以达到有利的分散；反之，如在情况便利发展时，则民兵、地方军又可在一定条件下集结起来，配合主力或转化为主力，去完成更大的发展任务。

三、最重要的是战略方向正确

战略方向，是根据战略任务规定的、具有决定成败意义的作战方向。无论是战略进攻还是战略防御，都有一个主要方向和次要方向的选择问题。其正确与否，将影响战争的进程和结局。战争中的"一招不慎，全盘皆输"，集中地表现在战略方向的选择上。在一个时期里，正确的战略方向只能是一个。朱德认为，最重要的是战略方向。战略方向上的失误，往往造成难以挽回甚至是全军覆没的后果。"方向正确，革命力量就能存在，而且还能得到发展。广州起义以后的东江红军，正因为没有'游'这个正确方向，不知道'游'，光知道'击'，结果打硬仗，拼得干干净净，使自己遭到彻底失败。"（《朱德军事文选》第484页，解放军出版社1997年版）

因此，朱德认为，战略谋划的首要任务，就是确定正确的战略方向，战争指导者必须深思熟虑，务求透过复杂而多变的战争风云，找出利于争取战争全局主动的用兵方向。

朱德在革命军事生涯中，多次遇到由于战略方向失误而出现的危难局面。对此，他深有体会，在编写红一军团史座谈会上的讲话中，曾谈到土地革命战争时期五次战略方向上失误的教训。

首先是南昌起义军南下作战，这是第一次战略方向的失误。南昌起义是中国共产党打响的武装反抗国民党反动派的第一枪，标志着中国共产党独立领导武装斗争的开始，其意义和影响是巨大的。但是，这次起义在军事指挥上存在着许多失误，特别是在战略方向的选择上存在着失误。没有直接到当地农村中去发动和武装农民，实行土地革命，建立农村根据地，而是按照中央原定计划，南下广东，夺取海口，准备在取得外援后攻打大城市。因此，起义军离开南昌南下，结果主力在广东的汤坑、潮汕地区遭到了惨痛失败。朱德后来分析指出："失败的主要教训，就是起义军没有和江西的农民运动相结合，而去了广东。假如当时利用军阀内部相互之间的矛盾，在江西各地开展农民运动，解决土地问题，建立革命根据地，同时也改造起义军本身，那是完全可以站得住脚的。"（《朱德选集》第393—394页，人民出版社1983年版）朱德认为，当时起义的领导人，"只有北伐战争的经验，没有游击战争的经验，不知道分散出去争取群众，武装群众"；"南昌周围群众是拥护我们的，但是我们不知道在南昌附近组织发动，没有在江西、湖南、湖北就地深入农村去组织发动工农群众，却忙着南下打广东、争海口，进行大规模正规战。当时正是伏天，行军掉队多，起义军中的士兵又多是湖南人，不愿去广东。最重要的是方向弄错了。虽然打了许多胜仗，但打到广东终于失败，起义军三万多人只剩了几千。这一教训是：我军应当到农村去，不应当去打大城市。"（《朱德军事文选》第483页，解放军出版社1997年版）

接着是湘南"八月失败"，这是第二次战略方向上的失误。1928年7月，朱德率领南昌起义余部和湘南农军与毛泽东率领的秋收起义余部在井冈山会师不久，中共湖南省委即在盲动主义影响下，不顾当时正是国民党统治政权暂时稳定时期这一事实，采取在统治阶级政权破裂时期的政策，提出了一系列大规模发展的策略，命令红四军集中力量，分兵冒进敌人势力较为强大的湘南，攻打郴州，结果酿成红四军一部在湘南的失败，第二十九团官兵自行散回家乡，只剩下约二百人。赣敌又乘红四军主力远在湘南之际，进犯毛泽东率部留守的井冈山根据地，占领根据地内各县城和平原地区，白色恐怖遍布城乡。史称"八月失败"。而早在这年五六月间，红四军前委根据赣南敌军战斗力较强，江西敌军战斗力较弱的情况，决定了"对湘敌取守势，对赣敌取攻势"的战略方针，要求红四军仍应继续在湘赣边界做深入群众的工作。

这个方针是很高明的，它在战略上区分了敌主力与非主力，提出了不同的斗争方针。红四军在湘南的失败，则是违背了这一方针的结果。朱德后来回顾说："正在井冈山打了许多胜仗的时候，湖南省委却派代表来，要指挥我们去打郴州。当时本来不应分兵冒进，但省委下命令一定要打，只好去打。结果郴州虽然打开了，但因为方向搞错了，最后还是遭到很大损失。红四军二十九团大部打散了，二十八团也跑了一个营，后来虽然拉了回来，但王尔琢同志因此牺牲了，这是一个很大的损失。"（《朱德军事文选》第486页，解放军出版社1997年版）事隔三十多年，1962年，朱德重上井冈山，参观井冈山博物馆时再次指出："'八月失败'是湖南省委代表杜修经起主要作用。当时军队由特委指挥，湖南省委要部队回郴州，在战略上不对。"（《朱德传》第148页，中央文献出版社1993年版）

朱毛红军"八月失败"后出击广东东江，是第三次战略方向上的失误。1929年9月，中共中央鉴于两广军阀混战的有利时机，要求红四军南下，"全部即到东江游击，向潮梅发展"。朱德对红四军向广东发展一直持慎重态度。同年春夏时，东江特委曾致信请求红四军前去增援，朱德认为条件不成熟，红四军不能分兵远征。但是在中央和福建省委的一再催促下，红四军前委决定遵照中央指示，以第四纵队留在闽西苏区，主力三个纵队向东江地区出击。刘安恭指挥第二纵队擅自进攻广东大埔的虎市，由于过分轻敌，惨遭失败，刘安恭等数名红军高级将领和几十名战士牺牲。10月25日，红四军乘虚占领梅县。不料，第二天，三河坝、松口之敌三个团向梅县反扑，红军猝不及防，被迫撤至丰顺边界。直到这时，前委才知道两广军阀混战早已结束，粤军主力已可以腾出手来对付入粤红军。可是此时前委又根据梅县守敌只有一个团的错误情报，二度进攻梅县，红军屡攻不克，被迫撤出战斗，回师闽西。对于这次冒进东江的失败，朱德后来总结说："此次行动失败，原因又是方向错了。当时上海党中央命令红四军入东江打蒋光鼐、蔡廷锴，打梅县，配合张发奎入广东的反蒋战争。这个主观主义的命令，我们执行了，所以又遭失败。但错误不很久就纠正了。"（《朱德军事文选》第487页，解放军出版社1997年版）

执行盲动主义命令攻打赣州，是第四次战略方向上的失误。1932年春，中央红军取得第一、第二、第三次反"围剿"胜利后，中共临时中央个别负责人被胜利冲昏头脑，取消游击战的方针，多次提出夺取江西境内的赣州、吉安、南昌、九江等中心城市，争取革命在江西及其邻近省区的首先胜利。在这种急进战略思想指导下，中央红军连续进行了六次规模较大的进攻作战，其中影响最大的是赣州战役。1932年1月10日，中革军委下达了攻取赣州的训令，规定中央红军坚决夺取赣州，以赣州为中心向北发展。当时，朱德和毛泽东都不赞成攻打赣州，认为即使要打，也只能采取围城打援的战术。但当时苏区中央局多数同志不懂军事，都主张打。2月上旬，红军开始实施外围战。23日，发兵攻城。敌人以重兵坚守赣州城，并以两万人增援赣州。红军又缺乏攻城器械，虽攻了33天却始终没能成功，反遭重大伤亡，仅彭德怀指挥的红三军团就损失三千余人。更重要的是丧失了发展苏区和扩大红军的有利时机。对此，朱德后来分析道："这一胜利（第三次反'围剿'）以后，党中央就冲昏了头脑。根据苏区胜利与九一八事变的新的情况，做出了《由于工农红军冲破第三次'围剿'及革命危机逐渐成熟而产生的党的紧急任务》的决议，提出要'争取革命在一省或数省首先胜利的前途'，取消游击战争的方针，要打大城市。1932年1月10日，中央命令红军打赣州，结果打不开，这又是不应打大城市的一个证明。在这以前，毛主席主张向东北发展，分散以争取群众，一直把网撒到浙江去，打到蒋介石的老家。如若实行，我看红军发展可能上十万人，同时也会更扩大苏区。但可惜这一主张当时被否定了。不久，军事上由教条主义出来负责，方向从此又搞错了。红军三大任务，改作只剩下了一个打仗，不做群众工作，不筹款，因此就脱离群众，又保障不了供给。以后红一方面军虽也打了很多好仗，但今天看来，很多都是空打的。"（《朱德军事文选》第489—490页，解放军出版社1997年版）

这一次战略方向上的失误，不仅是战略上的失误，而且是在军事路线这个根本问题上犯了错误。这在后来的第五次反"围剿"作战中表现最为明显。

"左"倾路线领导的中央红军第五次反"围剿"，是第五次战略方向上的失误。这次反"围剿"的失败，其根本原因在于"左"倾机会主义路线的错误指导。反"围剿"初期，推行"御敌于国门之外"的军事冒险主义方针，致使红军陷于完全被动地位；继之则拒绝联合反蒋的第十九路军，实行以堡垒对堡垒的军事保守主义，采取所谓"六路分兵"全线抵御的被动军事战略，同优势敌人拼消耗；最后实行逃跑主义，仓促实行战略转移。后来，朱德尖锐地抨击了这种错误的战略指导："第五次反'围剿'，就更坏了，完全是洋教条，把过去苏区反'围剿'的经验抛得干干净净。硬搬世界大战的一套，打堡垒战，搞短促突击，不了解自己家务有多大，硬干硬拼。军事上的教条主义，伴随着其他方面的教条主义，使革命受到严重损失。""长征后，红一、三军团一共只剩下了七千人，这都是教条主义拒绝毛主席的正确思想，把方向搞错了的结果。"（《朱德军事文选》第490页，解放军出版社1997年版）

红军时期"左"倾盲动主义和"左"倾冒险主义造成的这些血的惨痛教训，使朱德后来对战略方向的选择确定格外重视。

红军长征中，朱德始终坚持正确的战略方向。1934年10月，当中央红军突破四道封锁线，占领湘黔边境的通道城后，博古、李德仍准备按原定计划，北上与湘西红二、六军团会合。然而这时国民党军队已了解红军意图，预先在通往湘西的道路上布下了相当于红军兵力五六倍的重兵，张开口袋等红军往里钻，企图消灭红军于湘江以西地区。在这事关红军命运的关键时刻，毛泽东力主放弃原定计划，改向敌人兵力较为薄弱的贵州前进，以便打几个胜仗，争取主动，扭转红军突围以来的被动局面。在中央召开的通道紧急会议上,朱德极力赞成毛泽东的正确主张,会后遵照中央指示,立即命令各军团、纵队迅速脱离桂敌,西入贵州,寻求机动。

红军西进贵州,于12月15日占领黎平,得到了长征以来连续行军的第一次休整机会,但此时的博古、李德不顾国民党重兵仍在湘西的实际情况,继续主张北上与红二、六军团会合。在这种情况下,中共中央只好召开政治局会议,就红军战略方向问题进行讨论。会上争论十分激烈,朱德非常赞成毛泽东的意见。他和周恩来、张闻天、王稼祥等多数人一起,否定了博古、李德要中央红军去湘西同红二、六军团会合的错误主张。会议最后通过了《中央政治局关于战略方针之决定》,决定指出:"政治局认为,新的根据地应是川黔边地区,在最初应以遵义为中心地区。"这个决定确定了中央红军长征战略方向的重大转变,使红军开始从被动局面中摆脱出来。黎平会议结束后,朱德便和周恩来及时向全军发出《军委执行政治局十二月十八日决议的决议之通电》,对中央红军的行动计划作了重新部署,并指挥红军长驱入黔,连克县城十余座。1935年1月7日,中央红军攻占了黔北重镇——遵义。

红军长征后期,朱德坚持正确的战略方向,促成红二、四方面军甘孜会师、共同北上。这是实现三大主力会师的关键一步棋。这一步棋,应该说是朱德的匠心杰作,功不可没。

红二、六军团突破国民党军对湘鄂川黔根据地的堡垒封锁线后,经过四个多月艰苦转战,于1936年3月进到黔滇边界的亦资孔山区,准备在南北盘江间创建新的革命根据地。3月23日,朱德和张国焘致电红二、六军团:"建议你们在渡河技术有把握及旧历三月水涨前,设法渡金沙江","与我们会合大举北进","如果你们决定后我们即布置接应你们"。30日又电示:"最好你们在第三渡河点或最后处北进与我们会合一同北进","我们当尽力策应","究应如何请按实况决定,不可受拘束"。

朱德虽与张国焘联名致电让红二、六军团北进与红四方面军会合,但两人的出发点却不一样。朱德在新中国成立后同原红二方面军同志谈起此事说:"他(指张国焘)没有决定北上前,是想叫二方面军在江南配合他,他好在甘孜待下来保存实力，他的中央就搞成了。他想北上时，才希望二方面军渡江北上"，但他又"怕二方面军和他作对，搞不到一起"。

红二、六军团领导人接到红军总部的电报后，放弃了建立新根据地的打算，决定渡金沙江与红四方面军会合北上。这时，红四方面军已越过大雪山，转移到康北地区。"原来不准备在这一带立脚，只想筹足必要的粮物，即刻北上。"得知红二、六军团决定与红四方面军会合，朱德提议，红四方面军暂在现地休整补充，接应红二、六军团北上，大家都同意。

就在这时，4月1日，接到林育英从陕北发来的这样一封电报，说："二、六军团在云贵之间创立根据地，是完全正确的"；"将二、六军团引入西康的计划，坚决不能同意"。又说："四方面军既已失去北出陕甘机会，应争取先机南出"，切勿失去南下机会。这个电报使红四方面军一些指挥员迷惑不解，不知该怎么办。徐向前回忆说："多亏朱总司令决心不变，坚持四方面军仍在现地休整训练，待与二、六军团会合后，共同北上。"由此可见，朱德的决策对三大主力会师起了多么关键的作用。

为了策应和等待红二、六军团的到来，朱德和红四方面军在康北高原度过了异常艰苦的四个月。朱德一方面派出一部南下雅江、理塘迎接红二、六军团，一方面进行再次北上各方面的准备。因此，朱德和战士们一起找野菜充饥，节约粮食；和战士们一起捻毛线，织毛衣，准备御寒棉衣。他平易近人的作风，恢宏凝重的气度，循循善诱的谈话，赢得红四方面军广大指战员的尊重和爱戴。6月底，终于迎来了红二、六军团。

如何选择正确的战略方向？朱德认为，主要战略进攻方向，应选在利于我一举突破，对战争进程能产生决定性的方向；主要战略防御方向，则应选在对整个防御体系安危相关的方向。其基本着眼点包括：一是着眼于最有利于扬我之长、击敌之短，实现以劣胜优，最有利于发挥自己长处的地域和环境；二是着眼于避实就虚，以打乱敌之战略企图，改善和转换战场态势，而不是相反；三是着眼于占领和坚守战略要点。

这最后一点，朱德体会更深。因为战略要点的得失，往往关系到战略布局的成败,清楚地认识战略要点所在,并先于敌人占领它或从敌人手中夺取它,并尽最大的力量控制在自己的手中,是任何一个具有战略头脑的战争指导者所要解决的问题。

八年全面抗日战争中,中国共产党领导的八路军之所以能在华北敌后开辟战场,不断扩大和巩固敌后根据地,首先是因为朱德和彭德怀早在抗战之初即着眼于敌后战略要点的夺占。全面抗战爆发后,国共重建了统一战线。根据敌强我弱的态势,中共中央决定只以少数兵力驻守陕甘宁边区,主力开赴晋绥前线,与国民党军共同支持华北,万一国民党军放弃黄河以北,八路军仍要拖住日军,坚持华北抗战。身为八路军总司令,朱德思考着如何以三万之众,在广阔的华北战场上打开局面。出师之初,他在提出并组织八路军配合山西友军侧击平型关之敌的同时,与彭德怀一起对五台山地区进行了实地考察。1937年9月38日,朱德与彭德怀致电洛甫、毛泽东、周恩来,提出建议:"河北涞源、山西灵丘、广灵地区山脉很大,地形比晋西北好,人口不少,粮食不缺。可在上述地区连同浑源、繁峙、五台、孟县、河北阜平一带创建根据地,与晋西北相呼应。这无论对现在和长远来说,都是上策。"这一战略建议得到中央的赞同。一个月后,在聂荣臻的领导下,敌后第一个抗日政权——晋察冀边区政府在这个地区诞生,它在战争实践中的作用正如朱德所预见的那样,成为华北敌后战场一个主要的战略支柱。

四、战略要寻找敌人的主力

朱德指挥中央红军第四次反"围剿"期间,总结出一个重要的理论:"一般来说,战略要寻找敌人的主力,战术要寻找敌人的弱点。"朱德还认为,战略的制定,也要与政治斗争相呼应:"惟其战争是建立在不同的基础上,是不同的政治的继续,而政治又不断地在战争中为新的展开,所以现在中国人民大众,在其进行最现代的政治斗争中,也有着自己战争的战略,和其政治争斗相呼应。"(《抗敌的游击战术》,1938年3月)

中央苏区第四次反"围剿"作战,中央红军在朱德、周恩来的指挥下,运用大兵团伏击战术，先后取得黄陂、草台岗两次战斗的重大胜利，歼灭了蒋介石嫡系陈诚部近三个师。

这次胜利取得了许多成功的经验，其中一条，就是首先在战略上寻找敌人的主力。蒋介石的第四次"围剿"军分左、中、右三路，左路军由驻福建的蔡廷锴第十九路军等部共六个师一个旅组成，右路军由驻赣南、粤北的余汉谋部六个师又一个旅组成，中路军由蒋介石嫡系十二个师组成，陈诚为总指挥。这三路中，左、右两路均为"清剿"军，担任就地"清剿"，并策应中路军行动。中路军为"进剿"军，担任主攻任务，是为"围剿"军中的主力。从战略上判断哪一路为敌进攻主力，只要情报准确，并不困难。但是，朱德的这番经验之谈，并非无的放矢，而是有针对性。

第四次反"围剿"初期，中共苏区中央局领导人无视敌主力中路军"分进合击"的现实，硬要红军首先围攻敌有坚固防御工事的南丰。红军攻南丰不克，陈诚乘机派部队驰援南丰，企图抑留红军于南丰坚城之下，同时令主力迅速向南挺进，寻找红军主力决战。幸亏在前方指挥的朱德和周恩来根据敌情变化，果断改变部署，才避免被敌合击的厄运，同时因势利导，变被动为主动，终于取得黄陂战斗的胜利。

由此可见，战略上寻找敌人主力，看似不难，其实也不容易。必须从实际出发，才能作出正确的判断和处置。

战略上要寻找敌人主力，并不是一定要寻找主力决战，特别是对处于弱势的一方来说是不现实的，也是不可能的。所谓战略上寻找敌人主力，乃是从数路进攻之敌中，认清敌之主力所在，从而避开敌之主力，或诱敌深入，或击其弱者，以求避实击虚之效。只有在自己一方实力强大到足以与敌主力决战时，才能考虑主动寻敌主力作战。

解放战争时期的1949年战略追击阶段，在总体上处于敌弱我强的态势下，人民解放军向国民党军发起千里追击，其目的就是抓住国民党军主力予以歼灭。这时国民党军千方百计躲避解放军的追歼，像白崇禧所率桂系部队"本钱小，极灵活"（毛泽东语），多次躲过解放军的追歼，毛泽东随即指示，以大迂回、大包抄的战法，截其退路，然后回打，终于将白崇禧主力歼灭。这就是战略上主动寻敌主力作战的典型战例。同样，在西南战场上，根据胡宗南主力位于秦岭地区而川黔方面兵力空虚的态势，以及国民党军随时准备外逃的情况，毛泽东同样采取大迂回大包围的作战方针，以刘伯承、邓小平指挥的第二野战军主力，由湘西直插成都以南，断其逃往国外的道路。同时，以一部由秦岭地区跟踪南下，使胡宗南等部数十万国民党军几乎没有什么抵抗而被全歼在成都地区。不过，从整个中国革命战争历史来看，一直处于弱势状态的人民军队，在二十多年对敌作战的大部分时间里，所谓战略上要寻找敌人的主力，主要是为了避开主力，防止为敌主力所击。而且战略上要寻找敌人的主力，与战术上要寻找敌人弱点是紧密联系在一起的，战略上寻找敌人的主力，就是为了战术上寻找敌人的弱点。

1928年8月，井冈山红四军主力向湘南的行动，虽然不是有目的的军事行动，但是这次行动在中共湘南特委导引下，盲目迎合由湘南农军改编的红二十九团强烈要求回原籍的思乡观念，结果导致红四军在湘南的失败。朱德对此一直持反对意见，忧心忡忡。他后来说："当时上面是盲动，下面农民意识那样浓厚。""八月很远地去袭击郴州,那样远，又那样热，真是好冒险。"(《朱德自传》，手抄稿本）如果深究起来，这其中也存在着在战略上未找准敌主力，甚至明知敌人强大而蛮干硬干的盲动倾向。在湘赣边界井冈山坚持革命斗争的红四军，一直受到来自江西和湖南两省敌军的压迫，如何区分两省敌军的强弱而采取不同的对策，就成了红四军前委战略判断的一个重要内容。本来，红四军前委根据湖南敌军战斗力较强，江西敌军战斗力较弱的情况，决定"对湘敌取守势，对赣敌取攻势"的战略方针，而实际上却是对湖南强敌采取了攻势，对江西弱敌采取了守势，也就没有在战略上寻找敌人的主力。如果是向江西发展，结局就可能不是这样了。正如毛泽东所指出的："八月失败，完全在于一部分同志不明了当时正是统治阶级暂时稳定时期，反而采取在统治阶级破裂时期的政策，分兵向湘南冒进，致使边界和湘南同归失败。"(《毛泽东选集》第1卷，第61页，人民出版社1991年版）

五、"南面定天下"战略的精心运筹

抗日战争结束后,朱德从战略全局上提出了"南面定天下"的战略设想。这个战略设想分为两个步骤:第一步,抢占东北,构成从华北到东北的大片北方国土上我强敌弱的有利态势。第二步,由北向南,逐个歼灭敌人,并在中原地区与敌决战,奠定胜利之基。

抗日战争的硝烟尚未完全消失,蒋介石咄咄逼人,亮出他的利剑。针对内战危机,朱德着手考虑我党我军的战略发展方向,并将战略立足点选在辽阔的东北地区。1945年8月23日,朱德出席在枣园召开的中共中央政治局扩大会议,在会上发言说,东三省我们一定要去,要派大批干部去开展工作。(参见《朱德传》修订本,第686页,中央文献出版社2000年版)

8月28日,送毛泽东、周恩来、王若飞赴重庆同国民党蒋介石谈判后,朱德于当天下午,在中央党校大礼堂对将要出发去东北工作的干部作形势报告,着重谈了抢占东北战略要地的问题。他说,这次毛主席去重庆谈判,安全回来的可能性大。谈判会有结果,但不会那么顺利。我们要积极向东北发展,东北大有文章可做,蒋介石的部队大部分在南方,到东北要走半年。即使他到了东北,顶多是他占城市,我占乡村,像日本占领东北那样。打日本我们有办法,对他我们就没有办法吗?不怕!

朱德进一步分析了国民党政府与苏联红军签订条约的问题,指出,有些同志这几天看到苏联和蒋介石订了条约,有些灰心。过去以为苏联会大大帮我们一手,现在失望了,这是因为过去希望过奢。但是要知道虽然有个条约,东北的工作还大得很。苏联三个月撤兵,中国的事中国人自己管,东北要归东北人管。我们当然可以管,条约上没有规定不要我们去,不要我们管。东北工业发达,又挨着苏联,不受夹击,就是打退却,也应该向东北退,退华北还不够。现在我们要派五万军队插过去,再派万把干部去,将来还要去。这是很长远、很巩固的路,是长期艰苦的群众工作,是争取三千万群众和我们一起。"我们到东北是去做事,不是去做官。蒋介石派人是去做官的,国民党在那里没有底子。东北必须是民主的东北,我们大有希望。"(《朱德传》修订本,第688—689页,中央文献出版社2000年版)

朱德的这些观点,可以说是中共中央后来"向北发展,向南防御"这一重大战略思想的雏形。

朱德之所以把目光紧紧地盯在东北,极力主张向东北发展势力,主要的原因就是东北的战略地位非常重要。东北地区面积辽阔,当时有3400余万人口。日本投降后,国民党政府将原东北三省即辽宁、吉林、黑龙江划分为辽宁、辽北、安东、吉林、松江、合江、黑龙江、嫩江和兴安九省。这一地区不仅交通便利,资源丰富、工业发达,而且还因南与冀热辽、晋察冀和山东各解放区相邻,东、西、北与朝鲜、蒙古、苏联接壤,战略地位非常重要,如果向东北发展,就可以依靠这里已有的工业资源,建成一个重要的战略基地,以支援关内各解放区的斗争。而且经营东北也有力量基础。1931年"九一八"事变后东北三省被国民党蒋介石丢失,至日本投降时,国民党在那里没有一兵一卒,它要很快控制东北比较困难。中国共产党领导的东北抗日武装同日本侵略者进行了长达14年艰苦卓绝的斗争,至1945年八九月间,已配合苏联红军迅速进占了哈尔滨、沈阳等57个大中城市和战略要地。

东北地区也是毛泽东和刘少奇所看重的。中共"七大"期间,毛泽东就高瞻远瞩地指出,东北是重要的。从我们党,从中国革命的最近将来的前途看,东北是特别重要的。如果我们把现有的根据地丢了,只要我们有了东北,那么中国革命就有了巩固的基础。(《毛泽东文集》第3卷,人民出版社1996年版,第426页)刘少奇认为,在东北问题上,苏联军队虽然受与国民党政府之间的条约的约束,没有积极支持和帮助我们,却也没有阻拦我们,估计也不至于在我们背后开枪。那么,我们在东北也就赢得了战略上的胜利,即北面没有敌人;西面蒙古,东面朝鲜都是友邻,我们可以集中力量对付一个方面的敌人。有了这样一个有利的战略地位,就有了取得胜利的基础。这一观点得到了毛泽东的赞同,经考虑,中央决定派林彪带部队进入东北,去掌握这一至关重要的战略要地。

有了这些相同的观点，朱德提出积极向东北发展的主张，就得到了中共中央的重视，中央很快就决定派冀热辽军区第六军分区司令员曾克林担任东北人民自治军沈阳市卫戍司令，并率部由现地向东北挺进。冀热辽区党委、军区接到朱德的命令后，立即召开紧急会议，决定全力以赴执行党中央交给的任务，先抽调1.3万余人，即三分之二部队，四个军分区司令员、四个地委书记兼政委和2500名地方干部，组成"东进工作委员会"和指挥部，率部挺进东北，于8月中旬分二路，北出长城各口，迅速进入东北、热河。冀热辽出关部队攻克山海关，迅速进驻锦州、沈阳，提高了我军地位，扩大了党在群众中的影响，争取了先机之利，接管了城市，给日伪汉奸和国民党反动派以严厉的打击。

向东北发展的军事行动，得到了苏联红军的配合。9月14日，苏联红军在中国东北的总司令马利诺夫斯基元帅派代表贝鲁罗索夫中校，在沈阳卫戍司令曾克林的陪同下，飞抵延安。

朱德代表中共中央，在王家坪八路军总部会见了贝鲁罗索夫。贝鲁罗索夫转达了马利诺夫斯基元帅以下几点意见：按照中（国民党政府）苏条约，"蒋介石军及八路军之进入满洲，应按照特别规定的时间；红军退出满洲之前，蒋介石军及八路军均不得进入满洲；因八路军之单个部队已到沈阳、平泉、长春、大连等，红军统帅部请朱总司令命令各该部队退出苏联红军占领之地区；未得红军允许进入满洲之国民党军队，已被红军缴械"。贝鲁罗索夫还转告了苏联红军统帅部致朱总司令的话，苏联"红军不久即将撤退，届时中国军队如何进入满洲，应由中国自行解决，我们不干涉中国内政"。（《全国解放战争史》第1卷，第65页，军事科学出版社1993年版）贝鲁罗索夫还说，马利诺夫斯基元帅"不论对朱总司令个人、对八路军均抱有深厚之同情"。朱德总司令当即复信马林诺夫斯基元帅，表示尊重苏联红军意见，将命令进入沈阳、长春、大连、平泉等地之八路军各部队，迅速撤出红军占领地区。同时指出，八路军于抗日战争中在热河、辽宁部分地区创建的根据地，请允许八路军仍留在原地。苏军对此表示赞同。（参见《全国解放战争史》

第 1 卷，第 65 页，军事科学出版社 1993 年版）本来，蒋介石也特别看重东北的战略地位，并企图从苏联红军手中和平接收东北。现在，他的企图泡汤了。

当天，朱德还亲自找曾克林谈话，提出了厚望。他说："东北人民受了日本侵略者十几年的压迫，要使他们感到我们党的温暖，感到党和人民的军队是他们的靠山，使党的影响深入人心。你们是第一批进入东北的部队，责任更是重大。"（曾克林：《戎马生涯的回忆》，第 233 页，解放军出版社 1992 年版。）在听取曾克林汇报完东北工作后，朱德提出还必须加强东北的力量。他在当晚召开的中共中央政治局会议上，建议"中央要迅速派人到东北去，要准备组织 40 万至 60 万军队"，与国民党军队对抗。会议接受了朱德的意见，决定把战略重点放在东北，力争在东北建立根据地，并决定成立以彭真为书记的中共中央东北局，以加强对东北工作的领导，还决定把原来准备南下的 10 万部队和 2 万干部转而挺进东北。

9 月 17 日，刘少奇、朱德致电在重庆谈判的毛泽东、周恩来，明确提出"向北推进、向南防御"的战略方针，否则我之主力分散、地区太大，处处陷于被动。主张力争东北，控制热河、察哈尔。除派部队去东北外，必须立即调集 10 万到 15 万部队到冀东、热河一带。江南新四军主力须转移到江北，调到冀东或到山东，由山东调出部队去冀东、热河。

在得到毛泽东、周恩来复电同意后，9 月 19 日，中共中央电示各战略区，明确提出："全国战略方针是向北发展，向南防御。只要我能控制东北及热、察两省，并有全国各解放区及全国人民配合斗争，即能保障中国人民的胜利。"（《刘少奇选集》上，第 372 页，人民出版社 1981 年版）

同一天，朱德在中共中央政治局会议上发言说，蒋介石对我们的办法是能打就打，不能打就暂时避免打，他们设法把各地联系起来，甚至伙同日本人来打我们，三个月打不起来，要打至少六个月。他明确指出"南面定天下"，古来如此。我们将来也会如此。但是我们现在要争取北方。（《朱德年谱》第 279 页，人民出版社 1986 年版）"只要北方行，南方不巩固甚至丢失一些地方也是需要的，苏北、皖中、长江流域，准备作交换条件，我们要来个

主动的行动，形成北面归我们的形势。"（《朱德传》第548页，中央文献出版社1993年版）

根据"向北发展，向南防御"的战略方针，中央军委对全军的部署进行了大范围的调整，中心内容是完全控制热河、察哈尔两省，发展东北并争取控制东北，建立巩固的东北根据地。同时收缩南方战线，从1945年9月下旬开始，长江以南各解放区的人民军队开始撤离根据地。

作为一个战略家，朱德是非常有远见的。他是最早提出进兵东北的战略主张以及相关具体措施的中共中央、中央军委领导人之一。正因为朱德与毛泽东、刘少奇、周恩来等中央领导在战略发展方向认识上一致，所以在很短的时间里，就形成了人民武装在东北的有利态势，为日后"南面定天下"奠定了不可动摇的基础。朱德与刘少奇一样，对我党进兵东北的战略部署作出了重大贡献。解放战争的发展和东北根据地所发挥的独特作用，完全证明了朱德的预见是十分科学的。正是因为有了这个基础，人民解放军得以在随后的国内战争中迅速打败蒋介石的进攻，并使自己转入战略反攻和进攻。

斗转星移，时隔三年，当国共力量发生根本性转变时，在朱德的胸中，酝酿的不再是东北、华北的战争，而是中原这场自古以来群雄逐鹿的古战场的争夺战。

古往今来，逐鹿中原，胜者，少则可得半壁江山，多则便会直接威慑江南乃至全国。朱德对此非常清楚。1948年秋天，中国的军事形势发生了重大的变化。敌强我弱的形势一去不复返了，战略决战的时机日渐成熟，夺取全国胜利已经近在眼前。1948年8月23日，朱德在解放军总部作战局战况汇报会上发表重要讲话，指出，中原战场是决战的战场，自古以来谁在中原取得胜利，最后胜利属于谁的问题就能解决。但在中原同敌人进行决战应把握时机，不宜过早。现在敌人在中原组织许多大兵团，企图同我们决战，我们则不同他们决战。因为时机还未到，过早决战对我们不利。所以目前还只是同他在中原进行一些机动战。我们要尽一切力量发展生产，准备物质条件（主要是炮弹、炸药），到条件成熟时再同他们在中原决战。那时"啃不动的也要啃动","拔不掉的也要拔掉"。

在 9 月 13 日的中共中央政治局会议（即"九月会议"）上，朱德富有远见地预见到："将来攻城打援的大会战最可能在徐州进行。"

10 月 1 日，朱德在战况汇报会上指出，徐州方面，我们的力量可以消灭敌人三个兵团中的任何一个兵团。他预见性地提出："今年是决定胜负的一年。中原是决战的战场。"而在中原地区决战，对我有很多有利条件："第一，群众是我们的；第二，我们的力量比较大；第三，我们的运输线较前顺利；第四，我们有自己的兵工厂，能生产大量的弹药。"（《朱德军事文选》第 668 页，解放军出版社 1997 年版）

同时，朱德还强调指出："敌人现在实行三角、四边、十三点的计划，这是美国人替他们制定的，也是准备较长期实行的一个计划。我们就要面对敌人这个计划想办法打他们。"（《朱德军事文选》第 669 页，解放军出版社 1997 年版）所谓"三角、四边、十三点计划"，是朱德对国民党蒋介石于 1948 年秋制定的一个作战计划的概括。当时，国民党军为阻止人民解放军南下，在华中、华东、豫陕战场集结了 65 个整编师（军）上百万兵力，企图保持住徐州、汉口、西安之间的三角地区，陇海路全线、津浦路兖州至浦口段、郑州以南平汉线、宝鸡至成都公路四条边，以及开封、郑州、济南、商丘、南阳、襄樊、确山、信阳、汉中、安康、钟祥、宜昌、合肥十三个重要据点。该计划的核心是保住陇海线以南，阻止人民解放军向长江流域前进。朱德提醒前线指挥员注意这个计划，并设法打破这个计划，是非常及时的。

1948 年的最后几个月，全国军事形势发展迅速，变化剧烈。11 月初，辽沈战役结束。接着，华东、中原两大野战军发起淮海战役。随即，东北野战军挥师入关，与华北军区第二、第三兵团又联合发起平津战役。11 月 26 日，朱德在战况汇报会上兴奋地指出："我们正以全力与敌人进行决战。二十年来的革命战争，向来是敌人找我们决战。今天形势变了，是我们集中主力找敌人决战。"谈到正在进行的中原战略决战，朱德指出："徐州从历史上就是进行决战的古战场，地势宽阔，人口稠密，大军有饭吃，有房住。"他说，我军在徐州地区集中的兵力，"数量上比敌人多一点，质量上比敌人高得多，武器上比敌人也不差"。

六、未雨绸缪，战略预置

朱德作为一个军事大家，善运筹和谋划。他说："《孙子兵法》中说'多算胜'，是讲得对的。计划好了，再下达命令，帮助下面彻底了解上级意图，这样仗就可以打好。"（《朱德军事文选》第657页，解放军出版社1997年版）作为中共中央书记处书记、中央军委副主席、中国人民解放军总司令，朱德对解放战争的宏观指导为三大战役全面铺开提供了理论依据和实践范式。同时在后期战略决战中，朱德对三大战役进程作出了科学预见。

在三大战役之前，朱德就部署、谋划了石家庄攻坚战，关注、支持了临汾攻坚战，帮助和指导了华野濮阳整军，并条分缕析地提出了对长春实行攻坚与长围，而朱德对这些战役的宏观指导则为三大战役的全面铺开提供了理论依据和实践范式。朱德立足于全国战场，从战略战术方面对三大战役的进程作了全面的预示。

解放战争经过第二年度的战略进攻之后，我军总兵力已达敌人总兵力的四分之三，经过新式整军运动，部队政治素质和作战能力都有很大提高。解放区面积已达全国总面积的四分之一，人口为全国总人口的三分之一，已经完成或基本完成土地改革，我军后方更加巩固。而国民党虽然还统治着全国大部分地区和人口，但政治上、经济上已陷入严重危机，处于摇摇欲坠的境地。军事上，被迫将"分区防御"改为"重点防御"，固守重要城市和交通干线，处于被动挨打的状态。这一切表明，我军同敌人进行战略决战的条件和时机均已成熟。

从1948年8月23日到11月26日，朱德客观、全面、精辟地分析了全国各个战场的局势，尤其侧重对东北、华北、中原、华东地区，又主要是对东北野战军、华北军区、华东野战军、中原野战军的分析，这实际上就是对三大战役进程的预见，对于我军大规模的战略行动起了十分重要的指导作用。

1948年8月23日,朱德在战况汇报会上,就解放战争第三年的任务、战略决战的地点、时机和条件等问题发表了看法。他说,战争第三年的后十个月中,"军事上,我们希望解决傅作义,拔掉济南、太原诸点,然后集中兵力继续向蒋管区挺进……"

讲到战略部署,朱德指出:"对东北的敌人,我们不能让他们进关。蒋介石说要守住长春、沈阳,这很好。因为他们把这样多的军队放到这样远的地方,每天靠飞机运输接济,这就增加他们许多麻烦和消耗。如果让他们进关,不论增至华北或华中,都会增加我们不少的麻烦。"(《朱德选集》第241页,人民出版社1983年版)

情况正如朱德分析的那样,1948年9月16日至24日,华东野战军采取"攻济打援"部署,经过八昼夜攻坚,一举攻占了有十余万重兵把守和坚固设防的济南城,标志着人民解放军开始突破带决战性的攻坚这一关,揭开了战略决战的序幕。

与此同时,战略决战的第一个战役辽沈战役正在激烈进行,东北野战军主力长驱南下,连克绥中、兴城、义县,截断北宁线,威逼锦州,形成了"关门打狗"之势。1948年10月1日,朱德在战况汇报会上对各战略区进行了分析。他说,过去我们是怕东北的敌人进关,因为进关后,不管增加到哪里对我们都是不利的。现在敌人已不可能进关,我们可以在东北将他们消灭,而华北最后的问题是解决傅作义。

朱德认为,"打下济南,对我们很有利,可以利用它原有的工业基础进行生产。山东交通也很便利,有铁路、运河,对今后支援大兵团作战,是一个重要的大后方。同时我们可以腾出十万余人,再加上补充几万俘虏,足以对付南面的敌人。"他还分析了今后战局的发展趋势,指出:"今年的任务是消灭敌人一百个旅。三年内要把解放军发展到五百万人。今年是决定胜负的一年,中原是决战的战场。因为中原粮食富足,地势平坦,便于大兵团的作战。""华北最后的问题是解决傅作义……在华北方面他的力量还比我们大,所以傅作义是比较不好打的。但我们还是一定能够解决他。""徐州方面,我们的力量可以消灭邱清泉、黄百韬、李弥三个兵团中的任何一个兵团。"（《朱德军事文选》第 667—668 页，解放军出版社 1997 年版）

朱德在中央团校作报告讲到战争形势时还指出："东北野战军很快就要进关，全国大反攻的时刻已经到了。"

东北、华东战场的进展一如朱德所言。10 月 15 日，东北野战军经过 31 个小时的激战苦战，攻克了北宁线上的战略枢纽锦州，取得了辽沈战役决定性的胜利。捷报传到西柏坡，领袖们异常兴奋。当夜，朱德几乎一宿未睡，整理出东北战报，接着对下一步战略发展趋势作了预见。

第二天，朱德在战况汇报会上讲话，指出："现在打下锦州，他（指蒋介石）要撤也撤不下来了。锦州在战略上意义很大，是关内与东北联系的补给与转运基地，敌人曾尽了最大的力量来守，但还是失败了。现在我们有两个办法：一个是打锦西，这比较好打；一个是打沈阳出来的敌人。最好是打下锦西，使东北的敌人更加孤立。""目前主要作战在东北，形势对我们有利，可以打几个好仗，在今冬解决东北问题。东北解决了，我军可以入关，最后解决傅作义……他的长蛇阵如果被我们一击，就可以切成几节。"（《朱德军事文选》第 669 页，解放军出版社 1997 年版）

"山东问题已经解决，只剩下一个青岛。""山东现在已经抽出很大力量，粟裕和许（世友）、谭（震林）可以会合打大仗（指华野内线部队配合作战）。徐州敌人三个兵团靠在一块比较难打，如果能搞掉他一两个兵团就容易解决问题。现在山东虽打了些大仗，但还不算决战。"（《朱德军事文选》第 670 页，解放军出版社 1997 年版）为此，他明确提出，今后要注意攻坚战术，注意人员补充，收集物资器材，加紧兵工生产，加强政治工作，准备决战。

战事发展的经过印证了朱德的预见。1948 年 10 月 26 日，人民解放军在辽西地区全歼了由沈阳西援锦州的第九兵团廖耀湘部五个军十万余人。11 月 2 日，再克沈阳、营口。锦西、葫芦岛之敌海运南逃。至此，辽沈战役全部结束，东北全境获得解放。紧接着，即 11 月 6 日，华东、中原两大野战军联合发起淮海战役。在淮海战役进行之际，挥师入关的东北野战军和华北军区第二、第三兵团也联合发起平津战役。淮海战役和平津战役的发起、进行和结束，同样在朱德预见之中。

随后，朱德对淮海战役及全国决战进行预测，并预示傅作义部最终将被歼灭。我们有许多有利条件，华东野战军有17个纵队，中原野战军有6个纵队，"这些就是我们同敌人进行决战的物质基础"；"平津决战也即将开始"，傅作义的力量虽比我华北军区部队力量大，"但我们还是一定能够解决他"。"东北解决了，我军可以入关，最后解决傅作义"。

11月26日，当战略决战已全面展开的时候，朱德在战况汇报会上说："我们正以全力与敌人进行决战。二十年来的革命战争，向来是敌人找我们决战。今天形势变了，是我们集中主力找敌人决战。东北决战已把敌人消灭了，现在，正在徐州地区进行决战，平津决战也即将开始。"在华北方面，"傅作义比较聪明，但他的家务只有这么大……他很可能固守平津，但其结果仍逃不出被歼的命运。"最后他断言："我们的胜利已经肯定了，但胜利中还有困难。要在新解放区迅速把群众组织起来，恢复生产，以便支持大军继续前进，直到解放全中国。"（《朱德军事文选》第671页、第672—673页，解放军出版社1997年版）淮海战役中的国民党两大主力被歼，实现了朱德所设想的我军可以吃掉敌人兵团中的任何一个；平津战役中，朱德分析傅作义固守平津是符合实际的，而傅逃不出被歼的命运亦如朱德所料。

朱德在三大战役发起前夕和进行过程中，以高超的军事谋略和精妙的指挥艺术对全国各战略区尤其是华北、东北、中原、华东战略区所进行的科学预见及进行的战略预置，大大加速了人民解放战争的进程。

尤其值得一提的是，在1948年12月的全军后勤会议上，朱德指出一年之内就会从根本上打倒国民党、美国不会出兵也不敢出兵，并预见1949年春天我军休整一下即横渡长江。

朱德还认为，人民解放军第三年仍然全部在长江以北和华北、东北作战，在江北容易消灭敌人。只有在江北大量消灭敌人，到江南时才容易作战。

在是否渡江南下、何时何地与国民党大军进行战略决战等一系列重大问题上,朱德洞悉战局的瞬息万变,高瞻远瞩,早已胸有成竹。1947年11月13日,在听取华东军区两广纵队司令员曾生的汇报时说:"我们迟早要过长江,过江是战略性行动。局势是定了的,这一个多月来更明朗了。"那时他的胸中就酝酿着人民解放军过江的部署问题,同时考虑着战略反攻问题。他认为,山东虽然打了些大仗,但还不算决战,亦即决战须在1948年8月以后进行。这个预言式的科学结论完全符合实际。

至1949年1月31日,战略决战宣告结束,人民解放军在历时142天的作战中,共歼国民党军152万人,使蒋介石赖以支撑内战的精锐主力基本归于消灭。战略决战的空前胜利,提前并超额完成了"九月会议"上确定的军事计划,从军事上说,国民党反动统治已经基本上被打倒了。1948年8月至1949年解放战争时期的战争进程和各个重大战役的具体进展,充分印证了朱德的预言是科学的。

第三章
实事求是的用兵新法

朱德用兵的最大优点也是最突出的特点是实事求是、不唯上不唯书、富有革命创新精神。他认为,一切最好的战略战术,都是实事求是,合乎辩证法的。朱德有一段名言:"我们用兵的主张,可概括为:有什么枪打什么仗,对什么敌人打什么仗,在什么时间地点打什么时间地点的仗。"他解释说:"第一句话是根据部队武器装备,第二句话是根据敌情,第三句话是根据时间和地形各种条件。这就是实事求是的唯物主义的用兵新法。"这几句极为浅显易懂的语言,蕴含着丰富深邃的战争哲理。"古今中外,不知有若干军事家在这里栽过筋斗的。而我们过去有些犯'左'倾幼稚病的同志,也恰是不懂得这种道理。"朱德进一步分析说:"这几条用兵通则,还围绕着军队与广大人民结合的特点。一方面是以军队的作战去援助各种人民的斗争,另一方面又是用各种人民的斗争(政治的、经济的、文化的、交通的、军事的)去配合军队作战。军队与人民的这种全面配合一直贯彻到战场上、战役上、战斗上去,这是我们进行人民战争所创造出来的新兵法。"(《朱德军事文选》第527—528页,解放军出版社1997年版)

一、研究战争和战略战术，首先必须研究战争的诸要素

具有辩证唯物主义的立场、观点和方法，是无产阶级军事家的重要特征之一。辩证思维的一个基本特征就是全面性。用全面的观点去考察战争，才能使战争问题得到正确的解答。这也是朱德考察军事和战争问题的重要方法。朱德用兵一贯反对墨守陈规，从不拘泥于固定的格式，而是根据政治、经济、人员、武器、交通（包括地形）五个要素的具体条件和敌我力量对比的具体情况，来决定战略战术，主张因时因地制宜，因情因势制变，用以战胜敌人。

朱德认为，战争自身是由多种辩证要素构成的一个整体，其最基本的要素就是政治、经济、人员、武器、交通（包括地形）。1938年，他在《论抗日游击战争》一文中指出："一切战争，离不了政治、经济、人员、武器、交通（包括地形）五个要素，在这五个要素的具体条件和敌我对比之下来定出具体的战略战术……唯武器论者的根本错误，是在他们只看见武器一个要素，而完全看不见其他要素。"（《朱德军事文选》第348页，解放军出版社1997年版）

政治要素在战争中具有重要的地位，进步的、革命的战争尤其如此。"一切战争，都具备着政治的要素，也可以说，没有政治要素的战争是没有的。"（《朱德军事文选》第349页，解放军出版社1997年版）不但战争是政治上的继续，而且战争调度的每一个脉搏，都和政治调度的每一个脉搏相呼应。

战争既然是政治的继续，则无产阶级对待战争的态度就不是反对一切战争，反对的只是非正义战争，对正义的、革命的战争，不仅不反对，而且积极参加。朱德以抗日游击战争为例说，本来，战争就是一种政治的斗争。日本帝国主义的侵略中国，为的想掠夺殖民地来苟延国内资产阶级统治的生命，拿战争来完成他这种志愿。当然在另一方面，不愿做亡国奴的中国人民，为的要活命，除了极少数的汉奸卖国贼外，哪里会不和他抵抗的？这全国人民的武装抗战，这革命战争，完全是人民政治斗争的一种形态，是政治斗争发展到最高的一种表现，就是历史的突变。对于这种战争，不仅不能反对，而

且，就要赶快去唤醒群众，组织群众，训练群众，去从事发动广大而英勇的民族抗战。

朱德提出了政治战争的概念，认为政治战争是第一件最宝贵的武器，强调打好政治战争。在他看来，政治战争的要点有三个，一是整顿内部，除去内部队员中不正确的观念和坏的习惯行为，求得队伍本身钢铁一般的团结，无论如何不会瓦解，任何的风浪都能经得住，吃得起；二是以群众为堡垒，把群众团结在自己周围；三是瓦解敌军。

经济要素是战争的基础。要取得战争的胜利，一方面要破坏敌人的经济，增加敌军资财的消耗；另一方面要使自己获得充分的给养和储备，包括夺取敌军的一部分资财为己所用。参战人员要不断提高政治、军事素养和文化水准，要充分发动和组织民众。

抗日战争中，朱德从经济上精辟分析了侵华日军必败的原因，指出，战争越持久消耗越大，侵略者在战期中得不到被侵略领土的利益，而本国的工商业亦必因战争影响而萧条，人民负担加重，生活日益恶化。日本是一个先天不足的国家，国内的天然富源极其缺乏，农产品不够自给，且工业也不十分发达，加以战争的重要，集中一切企业生产军需物品与杀人利器，对外贸易的入超额必将日益增多。战争越持久，敌人越困难。

朱德认为，战争的基本要素在不同的时期和不同的战争形式中，其作用也是不一样的。敌我双方的不同情况决定了战争中的每一个要素各自必然具有不同的特点。他特别强调在分析这些要素时，要善于把这些要素"密切联系，配合运用"，即从客观存在的战争诸要素的全面联系中把握战争，全面地了解战争诸要素的矛盾关系及其各方面的全部特点。不能只知其一，不知其二；只见树木，不见森林。比如，他认为，游击战争与其他战争有一个显著的不同特点，"这就是它的最主要的作战要素，是政治要素"。"抗日游击战争主要的是政治战争"。（《朱德军事文选》第348页，解放军出版社1997年版）如果舍弃或者忽视政治要素，"要想用粗劣的原始武器来战胜强敌是不可能的。不仅如此，连自己本身的生存和发展都没有可能。因此，把抗日游击战争要素的政治战争这一武器，提到最主要的地位……是一项非常重要的任务"。（《朱德军事文选》第351—352页，解放军出版社1997年版）而其他四个要素，在游击战争中就属于次要层次的要素。

抗日战争时期，朱德运用调查和定量分析法，在全面地了解情况的基础上，进行周密的分析与综合，研究战争的指导规律，正确地认识了抗日游击战术，用以指导抗日游击战争。朱德关于抗日的游击战术是经过深入的调查研究产生的结果，不是靠他冥思苦想定出来的框框条条。他对当时的中国和日本，也包括其他一些主要国家，都作了一番研究，收集了大量文献资料。每到一个地方，他都要访问各种代表人物，认真观察各处的地形地貌，了解人文风物，思虑着游击战术在本地如何发挥效能。

20世纪30年代初期和中期，国内一些患有"恐日病"的人坚持说中国不能与日寇作战，要继续妥协退让下去。"七七事变"后，有人还在宣扬日军不可战胜。为此，1937年7月15日朱德在《解放》杂志第1卷第12期上发表《实行对日抗战》一文，从日本的对外贸易、农业经济、工业经济、财政收入、军费开支、军队兵员状况等多方面，列举了大量数据，说明日本军国主义并不是不可战胜的，中国只要坚持抗日游击战争，最后的胜利终会是我们中国人民的。

1938年，中国已失去东北、华北大部，以及江、浙、皖等富庶地区。朱德对这些地区的经济地位及资源，进行了定量分析，用以说明要发展和扩大抗日游击战争，用游击战术痛打日寇，不但不能让日寇有抢占这些资源的机会，并且还应更进一步彻底破坏敌占区域我们所没有破坏或者未及破坏的资财，使其完全不能使用。

这年11月，他在晋绥军校尉级军官训练团作讲演时，从人口、经济、政治、武器、交通五个方面，全面系统分析了中国抗日战争的前途。

从人口对比看，日本人口七千万，壮丁不过六七百万。中国的人口是四万万又五千万人，壮丁有四五千万。持久战先决的条件便是人口，中国人口多，也便是坚持持久战最好的基础。

从经济对比看，中国军队是以吃苦耐劳见称，一个弟兄，每天一元钱的消费就够了，而敌兵一人一日约需四十元。同时，中国是农业国家，每十人生产可供一人打仗；我们的农业、工业、手工业，在敌兵未到的地方或在敌人的后方，都可以随时随地来生产，随时随地地力求发展与改良，以供应我们的费用。我国虽穷，却有穷的打法，敌人是暴发的工业国家，情形可就大谬不然了。

从政治对比看，敌以武力侵略，亡我国，灭我种，除少数不肖之徒，甘愿做奴隶外，我民众没有不同仇敌忾、努力杀敌的。相反地，敌国士兵，抛乡背井，离父母，别妻子，被迫到中国来，自己得不到半点利益，进退都是死路，没有热情，没有信心，这怎样能够持久下去呢？况且这野蛮国家，为世界和平人民所反对，这更是不能持久下去的原因。

从武器对比看，日本的武器确比中国强，但我应用游击战和运动战，利用机会，找他的弱点，袭击他的侧背，敌虽有精锐武器，也减少效用。同时，我们的武器在战斗中也在逐渐加强。

从交通对比看，敌军补给来自本国，路线长，处处被我破坏。利用局部战术，使其交通断绝，一旦敌军接济不来，即不得不被我击退。

所以，朱德坚决地相信，持久战是可以战胜敌人的，最后胜利是有把握的。

朱德认为，在五种要素之间也有着相互的联系。比如，人与武器两个要素之间的联系和相互关系，是朱德论述得比较多的。对战争中人的要素，他认为："从人力的方面来说，每一个战争包含着人的质与量的战争。而人力的质，又应从政治要素和肉体要素两方面加以考察。政治素质，关系于战斗力和战争方法；肉体素质，直接关系于战斗力。""政治素质，又与肉体素质相关连。虽然在肉体素质方面，包括战士和指挥者的文化技术水准方面，我们不如日本，但因为我们有着高度的政治素质，也就能求得必要的军事技术的素养和文化水准的提高。"（《朱德军事文选》第355—356页，解放军出版社1997年版）

对于武器要素，朱德认为武器在战争中起着重要作用。抗日战争时期，他就指出，敌人有着优良的武器，我们与敌人相比，当然居于劣势，必须努力创造或从敌人手中夺取新型的武器来装备自己，不能做一个落后的劣势武器的拜物教徒，如像红枪会的某些师父那样用念符咒、吃打药等去挡炮子，那是无益而有害的。全国解放后，朱德反复强调对新武器的使用。在我们革命战术上来说，我们就是靠人，也还要靠武器。世界上一切战争，就决定于兵器的变迁。现在的战争是要用武器来杀伤敌人。在我们的战术说来，白刃战很重要，但这是不得已的。一般地来讲，还是武器杀伤敌人为最好。不单是用人拼。将来决定战争胜负的还是要这些东西。他在谈到抗美援朝如何对付美军的问题时指出："火力要善于使用，马克思主义是相信物质力量的，敌人是吼不垮的，单靠人力在今天情况下是不行的，还要靠使用火力把敌人打下去，集中力量打它一点。"（《朱德军事文选》第802—803页，解放军出版社1997年版）他在分析抗美援朝战争的经验时指出："如果中国人民志愿军有了飞机、坦克和更多大炮的配合，具有充分现代化的装备条件，那么美帝国主义者必然遭到更大的歼灭和更快的失败。"（《朱德军事文选》第779页，解放军出版社1997年版）

但是，"武器不是万能的，武器的作用也是有限度的。每一种武器有一定的效能，它要在一定的条件下才能发挥其力量，它也有可以被制服的方法"。（《朱德军事文选》第359页，解放军出版社1997年版）特别是武器要素只有和人这一要素结合起来，才能发挥其作用。朱德特别强调，"武器虽则落后，但是使用武器的人不应当落后"。（《朱德军事文选》第360页，解放军出版社1997年版）在武器不如敌人的情况下，如果使用武器的人善于使用它，把有利的时机、地形和旺盛的斗志配合起来，必能发挥其威力，是完全能够战胜强大的敌人的。

交通对于现代化军队是一个至关重要的要素。通过对敌人之交通包括运输和通信联络进行破坏，可以造成敌方的困难和有利于己方的条件。战场地理条件的好坏对军队作战的胜负关系很大，指挥员一定要尽量利用有利的地形。在革命战争中，战争诸要素不断发生变化，作战方式也随之不断变化。

朱德强调，战争诸要素发生了变化，则战略战术也要相应地变化。要一切从实际出发，根据不同的革命战争任务确定不同的战略战术。他认为，研究战争的五个要素，是为了依据政治、经济、人员、武器、交通来决定自己的战略战术。他在论述革命战争不同时期的战略战术时指出，中国共产党在最艰苦困难的环境中，创造了自己的战略战术，这种革命的战略战术的特点就是：在敌人显然强大于革命势力的时候，采取游击战争的战略战术；在革命势力日益发展，革命队伍日益强大的时候，逐渐转到正规的战略战术。抗日战争时期，战争的五要素起了新的变化，因此，战略战术也要有新的变化。朱德对此很清楚：当我们由内战进入抗战时，面对着的敌人是日本军队，我们便不固执内战的经验，而是加以必要的改变和提高，充分研究敌情来下决心，来决定战法。这样，游击战争又被提到了最为重要的战略地位。人民战争战略战术的基本原则是："进攻时反对冒险主义，防御时反对保守主义，转移时反对逃跑主义。"（《朱德军事文选》第529页，解放军出版社1997年版）

一切研究战争和战略战术的人，首先必须研究战争的诸要素，研究战争诸要素的相互关系，并以此来决定战略战术。这是朱德留给后人的一个重要军事法则。

二、有什么武器打什么仗

在军事对抗中，以何种作战形式及战略战术迎击对手，取决于双方力量对比和战场的实际情况。《孙子兵法》讲："知彼知己，百战不殆；不知彼而知己，一胜一负；不知彼不知己，每战必殆。"（《孙子兵法·谋攻篇》）可见不仅知彼是重要的，知己也是十分必要的。打仗除了"知彼"外，最重要的就是"知己"。"有什么枪打什么仗"，讲的就是我情。

无论是"知彼"还是"知己"，最重要的就是要做到实事求是。中国民主革命历史上的"左"倾、右倾机会主义者不是夸大就是缩小革命力量，因而也都不可能正确地指导中国革命。

右倾机会主义者对形势和革命力量总是持悲观的估计。1927年大革命失败后，陈独秀实行取消主义，反对武装斗争，对革命前途悲观失望，主张等待将来资本主义发展了再去进行社会主义革命。1929年，中共中央给红四军前委的指示信，由于没有正确地分析全国政治局势，对客观形势和主观力量的估计都太悲观了，看不到军阀混战的事实和革命高潮必然要到来的趋势。

朱德目睹最多的还是"左"倾路线对革命的危害。他经历过1927年的盲动主义统治、李立三"左"倾机会主义统治和王明机会主义统治三个时期，亲身感受到"左"倾路线不懂得"有什么武器打什么仗"这样浅显的道理。

1930年上半年，李立三中央错误地估计了形势，没有看到整个力量对比仍然是敌强我弱，过高地估计革命力量，指示红军进攻中心城市，结果使党和红军付出了更为惨痛的代价。而在这一过程中，朱德和毛泽东一起尽其所能，坚持实事求是的原则，做"推"字文章。

1930年5月，红军在蒋介石、冯玉祥和阎锡山军阀混战的缝隙中获得了很大的发展机遇，各地的主力部队发展到十多个军七万余人，地方武装近三万人。中共中央根据形势的这种变化，决定组建正规军团。6月，红四军前委和闽西特委在福建长汀召开联席会议，决定将赣南、闽西的第四军、第六军和第十二军合编为红军第一路军（不久改称第一军团），朱德任总指挥，毛泽东任政治委员。8月，红一军团与彭德怀领导的红三军团合编组成红军第一方面军，共三万余人，朱德任总司令，毛泽东任总政治委员和总前委书记。

红一方面军的建立，使红军在战略上更加集中，突破了在井冈山凭险取胜的游击格局，开始实现向以运动战为主的战略转变，割据区域日益扩大，政治影响日益广泛。

这时，李立三等中共中央领导人认为革命形势已在全国成熟，通过了《新的革命高潮与一省或几省的首先胜利》的决议。不久又制定了以武汉为中心的全国总暴动和集中全国红军进攻中心城市的冒险计划，准备"会师武汉"、"饮马长江"。要求朱毛红军进攻南昌、九江，"先打下吉安，作为进攻南昌、九江的根据地"。并且指示朱德、毛泽东在7月10日集中于兴国，改变了朱、毛原定赣东游击、以进攻抚州为目标的计划。

对于中央的这一决定,朱德和毛泽东表示异议,同时他们的心情非常矛盾和沉重。一方面,朱德、毛泽东认为,当革命军队处于弱小的发展时期,不具备同敌人打大仗的力量,因此,应不同敌主力交战,尽量避开打硬仗,专打小敌。根据自己多年的实践经验,他们认为把地方部队也编入正规部队,离开苏区去进攻中心城市,苏区就毫无防卫力量,门户洞开,任凭占领,红军因此也就失去了革命根据地。另一方面,中央和中央军委的指示已是三令五申,如果不执行,可能导致红军的分裂,也是党的组织原则所不允许的。比较可行的办法,是执行中采取谨慎的步骤,且相机行事,尽力避免损失。

如何才能既不与中央公开对抗,又避免使红军遭受挫伤,并使红军力量得到发展呢?这是一个非常棘手的大难题。朱德和毛泽东竟然解出了这一道难题。其中的秘诀,就是一个"推"字。

6月22日,朱德、毛泽东按照中央关于"取南昌,攻九江,夺取整个江西"的指示,签发关于红一路军由闽西出发,向江西广昌集中的命令。命令称:"本路军有配合江西工农群众夺取九江、南昌以建设江西政权之任务,拟于7月5日前全路军开赴广昌集中。"

这是一个意味深长的命令。它只下达了中央给予的夺取九江、南昌的任务,却没有作进一步的部署和说明。这样,既执行了中央关于进攻九江、南昌的指示,又给自己留有余地,朱、毛经过慎重考虑,还决定将红二十军和红三十五军编入红一军团,不让他们随主力行动,而是仍留在闽西和赣南苏区就地坚持斗争,保卫闽西、赣南根据地,保护农民游击队。

这一具有远见的决策,显示了朱德和毛泽东高超的领导艺术。

第二天,朱德和毛泽东率红一军团总部及直属队由长汀北上,向南昌进发。7月8日,部队到达江西兴国。这里,朱德得到情报,敌邓英部主力正集中在吉安,樟树只留邓英部少量兵力。于是,朱德、毛泽东决定部队从兴国移师北进,攻占敌兵力较薄弱的樟树。7月11日发布命令指出:"本军团决进略樟树,窥袭南昌,以响应武汉工人暴动,扩大政治影响。"

这个命令，同样十分简洁。就是说，到南昌附近以后，将视实际情况再决定下一步的行动计划，而不是"夺取"南昌。这就是"推"字文章，留有灵活的余地。随后，红一军团分为右纵队、左纵队、总预备队，并且分三期向樟树前进。第一期，由兴国向吉安前进，视情况决定是否占领吉安；第二期，相继攻占吉水、永丰、新淦；第三期，拿下樟树。

7月14日，朱德和毛泽东率部抵达吉安陂头，重新研究进攻吉安的计划，感到敌凭坚固工事死守吉安，如果硬攻会有很大伤亡，遂决定暂时不攻吉安，而乘南昌、九江敌军大部调走参加军阀混战，兵力较为空虚之机，向吉水、永丰、新淦以至樟树进攻。经过精心准备，7月24日，朱德和毛泽东指挥红一军团一举攻占樟树镇，歼灭国民党军第十八师两个营。

按照中央"左"倾冒险主义的方针，红一军团攻占樟树后，应直趋南昌。朱德和毛泽东召开军团干部紧急会议，对敌我形势和战略部署进行了讨论。兵力上，南昌地区敌人有三个旅，占有优势。同时，南昌三面环水，对进攻也不利。这样，敌人主力没有消灭，南昌难以攻入。为争取主动，避免被动，红一军团前委决定改变原来中央要求直接进攻南昌的计划，前进至高安、上高地区发动群众，西渡赣江北上，而后视情况向南昌对岸推进。

这一果断决定，避免了强攻南昌、九江这样的中心城市可能遭受的损失。

当有部分干部主张按照中央指示打南昌时，朱德和毛泽东灵活机动，决定先让红十二军代军长罗炳辉带部队前去侦察南昌敌情。

8月1日，罗炳辉带两个纵队攻击南昌牛行车站，隔江向南昌城打枪示威，以纪念南昌起义三周年，并实地侦察敌情。罗炳辉侦察回来说，南昌地形对我十分不利，不好去打。原来主张攻打南昌的干部接受了不打南昌的主张。当天，朱德和毛泽东发出命令："本军团为求迅速完成其北上任务，决诱敌离开其巢穴而歼灭之，拟于明（8月2）日进至安义县、奉新县之线休息整顿，工作筹款。"

按照这一命令，红一军团于8月2日全部撤离南昌近郊，进入安义、奉新地区待机。

这一决策很巧妙，也很高明。如果不顾一切地强攻南昌，不仅难以攻克，而且极有可能会使红一军团遭受重大损失。朱德和毛泽东根据实际情况不断改变进军方向，不仅避免了"左"倾冒险主义可能造成的损失，也使红一军团得到较大的发展，由长汀出发时的一万人左右，发展到1.8万人。这也是朱德、毛泽东对李立三"左"倾冒险主义错误的巧妙抵制。朱德后来回忆说："在立三路线时，军事上又发生了错误，但是立三路线对红一军团的影响较小。""当时中央本来命令我们打南昌，我们知道打南昌没有把握，故只在'八一'那天，派罗炳辉带了一点队伍到牛行车站去示威，以纪念三年前的南昌八一起义。"（《朱德选集》第129页，人民出版社1983年版）

1930年秋，蒋介石调集重兵对朱毛红军进行第一次大规模"围剿"，并且亲自制定了"长驱直入，外线作战，分进合击，猛进猛打"的作战方针，以三路大军分成八个纵队，由北向南呈半圆形包围之势向中央苏区进攻，计划在三至六个月内将红一方面军主力压至清江至分宜段的袁水两岸，并"聚而歼之"。

这时，党中央已经批判了李立三的"左"倾冒险主义错误，但因交通梗阻，文件一直没有及时送到江西。红一方面军中仍有少数干部坚持要攻打大城市。在红一方面军少数干部的思想还没有转过弯来的情况下，朱德和毛泽东仍以执行中央指示进攻南昌和九江为名，命令部队离开吉安北上。

10月25日到达新余罗坊后，方面军总前委召开会议。对于红军战略方针，会上有两种意见。一种意见认为，应该按照中央和军委的指示，进攻南昌、九江，以迫使敌人转入防御，放弃"围剿"企图。朱德和毛泽东则坚决主张采取诱敌深入的战略方针，先向苏区内退却，主张红军东渡赣江，将敌人引到革命根据地内部，来个关门打狗，利用苏区人民的支援和有利的地形条件，发现和造成敌人的弱点，使敌我力量对比发生有利于我之变化，然后集中力量，伺机歼灭敌人有生力量，打破敌人的"围剿"。因为敌人有七个师，在强敌进攻面前，红军决不能去冒险进攻南昌。南昌是敌人重兵驻守的地方，红军还没有足够的力量去打大城市，如果硬要以弱击强，那么不仅不能迫使敌人放弃"围剿"，还有使红军陷入绝境的可能。

在毛泽东、朱德的耐心说服下，会议通过的决议指出，战略是依据客观形势与主观力量而定，战术是依据当时各种实际条件运用一切手段，以达到战略的实现，因而战术在不违背战略之下，是时常可以转变的。由此，在夺取南昌的任务下面，首先争取吉安，这一战略是非常正确的，就不应该简单机械地说本是打南昌，为什么打吉安？又如战略是确定占领南浔路，在战术上，或采取一直袭入或在赣江两岸适当地点消灭敌人主力，再行进占，这都看当时主客观两方面实际条件，不能一定拘泥。

这一思想是相当精彩的。这就是说，"朱毛"红军的行动，必须依据当时当地的实际情况，灵活地确定战略进攻目标和战术原则，而不能一味机械地照搬上级的指示。

与这种实事求是的用兵原则相反，王明"左"倾机会主义路线对中国革命力量的估计远远超过实际情况，推行"左"的一套，给革命战争带来了极大危害。1932年1月，中共临时中央在《中央关于争取革命在一省与数省首先胜利的决议》中指出，国民党各派的力量都削弱了，相反，工农与苏维埃运动的力量是增长了、强固的。红军成了极大的坚固的力量，苏维埃政权统治了几千万人口的区域。红军与游击队的发展，造成了包围南昌、吉安、武汉等重要的与次要的大城市的形势。因此，开始革命在一省与数省的首先胜利提到议事日程上来了，从而否定了朱德、毛泽东的农村包围城市以及红军在反"围剿"作战中积累起来的以积极防御为特征的战略战术原则。其中，临时中央要求朱德、毛泽东领导的红一方面军立即行动，占取南昌、抚州、吉安等中心城市，并且要"首取赣州"。朱德、毛泽东被迫执行中央指示，赣州一仗，红军将士浴血奋战33天，城未攻下，损失巨大，丧失了巩固与发展苏区、扩大红军的有利形势和宝贵时间。

在第四次反"围剿"中，蒋介石纠集了12个师共16万余人，分左、中、右三个纵队和一个预备师，采取分进合击的战术，向我建宁、黎川、泰宁新苏区展开包围和截击。三个纵队从不同的方向，同时长驱直入，压向中央苏区北大门,摆开合围中央红军的架势。面对蒋介石16万余大军的进攻,刚从上海迁入瑞金的中共临时中央不顾敌情实际,下达指示,要求不等敌人大举进攻布置完成,就集中一切力量,首先粉碎抚河敌人全部,然后各个击破增援敌人。中共临时中央和苏区中央局累电红一方面军总部,促令主动出击,先发制人,攻占敌人重点驻防的南丰、南城,进而威逼和夺取中心城市抚州、南昌,以打破敌人的"围剿",争取江西一省的首先胜利。1933年1月24日,中共临时中央和苏区中央局命令中央红军攻打敌重兵防守的南丰城。

南丰城是蒋介石视为从赣东进攻中央苏区的基地,驻有国民党军第三十七军第八师的五个团,兵力二万余人,并修筑有坚固工事,易守难攻。在前线指挥红一方面军作战的朱德、周恩来,根据各方面情报和敌军动态,对中共临时中央和苏区中央局要求红军攻占南丰的指令,多次陈述了不同意见,明确提出了红军应在抚河以东地域,于运动战中歼灭敌人有生力量的主张。但是,由于中央局认为在敌人"据点而守"的情况下,无法避免攻击坚城,坚持要求红军强攻南丰。而当时红军在抚河以东,一时确也难于求得有利战机。于是在敌人杀气腾腾而来的严重情况下,朱德、周恩来表示同意执行中央局的指令,并作了机动灵活的部署:一方面准备强袭南丰;一方面准备在强袭不成时打敌增援部队。遭到拒绝后,只得于2月中旬指挥部队向南丰发动攻势。

2月12日黄昏后,我主力红军由黎川进攻南丰。由于守敌凭险要坚守,红军与敌激战一夜,虽然攻下城外一些据点,歼灭敌军将近一营,但红军损失却超过300人,第三师师长彭鳌及两个团长不幸阵亡。而此时,得知敌军陈诚正调集各纵队增援南丰,并令罗卓英率主力第一纵队三个师迅速向宜黄地区集中。朱德、周恩来审时度势,当机立断,采取退却步骤,即实行诱敌深入、在运动战中消灭敌人的作战方针,把强攻南丰改为佯攻,红军主力迅速撤离南丰,准备将敌"进剿"军两个师诱至黄陂地区予以歼灭,从而使红军避免了一场严重危险,从被动局面中解脱出来,重新争得战场主动权。毛泽东后来对这个正确的决策有过这样的评价:"第四次反'围剿'时攻南丰不克，毅然采取了退却步骤，终于转到敌之右翼，集中东韶地区，开始了宜黄南部的胜仗。"（《毛泽东选集》第1卷，第221页，人民出版社1991年版）

对这些有着亲身感受的朱德尖锐地指出，教条主义者完全是洋教条，"不了解自己家务有多大，硬干硬拼"，"使革命受到严重损失"。（《朱德军事文选》第490页，解放军出版社1997年版）他分析说："别的不说，我们处在农村，身上子弹没有几颗，有什么必要打大仗，打大仗又能打几回？"道出了有什么枪打什么仗的真谛。

实事求是的做法，就是采取根据已有装备打败敌人的战法，不要脱离实际和可能去高谈阔论，摆花架子。朱德精辟地指出："当早年我们军队仅是步枪加梭标大刀时，我们即研究如何根据这个现有条件去下决心，去决定战法，那时我们对着这样的军队不去高谈机械化兵团的战术。"（《朱德选集》第133页，人民出版社1983年版）

对同一个敌人，在不同时期，有不同的打法，这主要是根据自己的力量来决定。如与国民党军作战，当红军处于幼年时期时，其主要战法是游击战，而到后来有了一定规模的发展和装备后，则转变为以运动战为主。解放战争时期人民解放军主要进行的是运动战，当解放军已有能力进行攻坚作战时，则毫不犹豫地进行城市攻坚战。朱德指挥进行了解放军第一次攻克大城市——石家庄的战役。对此，他总结说，这是由于准备充分，条件具备。从攻城物资准备来说，就是炸药的普遍使用和炮兵的使用。炮、炸、步协同，攻克了石家庄。在当时条件下，如果没有炸药和火炮，要攻克石家庄这样的城市是不可能的。1932年红军攻击赣州城之所以失败，缺乏的正是炸药和火炮这样的攻城装备。条件变了，战法不变，是僵化；条件不具备，盲目硬干，是盲动。在任何时候都不应忘记，有什么枪打什么仗，有多大的力量办多大的事。"当我们由内战进入抗战时，面对着的敌人是日本军队，我们便不固执内战的经验，而是加以必要的改变和提高，充分研究敌情来下决心，来决定战法。"而且"处在解放区战场，需要我们去定出适合解放区战场的时间地点的战法"。

三、对什么敌人打什么仗

对不同敌人有不同的战术。"我们的敌人有日军,有伪军,又有蒋介石顽军,很复杂,但是我们遇到什么样的敌人就打什么样的仗。"(《朱德军事文选》第742页,解放军出版社1997年版)他指出,在抗日时期分散对付敌人(日军),对国民党顽固派的进攻则采用集中兵力打击的战术。"在战术上时刻变化,这要掌握变化,时时刻刻在变化中解决之。"(朱德:《关于今后工作的战术问题的报告》,1947年)又说:"只要研究敌我双方各种情形,变化起来就是战术。"(朱德:《在华野一兵团连、排、班及士兵代表会议上的讲话》,1948年)

朱德认为,打仗"要看清对象,是什么敌人就打什么仗……打小敌、弱敌,可以用比较简单而直接的办法;但打大敌、强敌,必须定出系统的斗争方针,战斗开始必须懂得摆布它,懂得用迂回曲折的办法"。(《朱德选集》第235—236页,人民出版社1983年版)"我们要针对敌人的战略战术来订出我们的战略战术,实现我们的胜利。"还说:"要经常调查研究各个敌人的特点,研究出消灭它的方法,既不能抄袭别人,也不能千篇一律。"(《朱德军事文选》第155页、600页,解放军出版社1997年版)

"对什么敌人打什么仗",讲的就是打仗必须了解敌人,熟悉对手。这就是所谓的"知彼"。敌情明了,才能确定自己的战法。比如,对国民党是一种战法,对日本侵略者又是一种战法;对弱敌是一种打法,对强敌又是一种打法;对骄兵悍将是一种打法,对狐疑慎重之敌又是一种打法。战法变与不变,完全视具体敌情而定。朱德用兵,处处体现了"对什么敌人打什么仗"的特点。

在土地革命战争和解放战争时期,中国共产党及其领导的人民军队采取的作战形式基本上是运动战和游击战。之所以采取这种作战形式,除了从人民军队比较弱小、装备处于劣势的特点出发外,另一个重要因素就是从敌人的特点考虑。国民党军无论从数量还是从质量(主要是武器装备)上说,都要超过共产党领导的人民军队。但是国民党军也有它固有的弱点，这就是内部派别林立，貌似统一而实不统一；官兵士气不高，人心不顺；战线过长，机动兵力不足等矛盾。人民军队采取游击战或运动战战法，正可击中敌之短处，利于各个歼灭。朱德指出："要善于了解判断敌人，善于使用自己的武器。遇到伪军、自卫团是一个打法，遇到蒋介石的队伍必须用另一个打法。"（《朱德军事文选》第600页，解放军出版社1997年版）

朱德特别强调，要随着敌人战术的变化而变化。与国内敌人是一种战法，与国外敌人又是一种战法。抗日战争中，共产党领导的八路军、新四军与日本帝国主义军队作战，主要是采取游击战，但也不放弃有利条件下的运动战。其基本原因在于除了人民军队弱小外，主要在于日军的战斗力比较强悍。日本发动七七事变前夕，为提高红军军事知识，总结国内战争宝贵经验与学习新的军事知识，以迎接即将到来的民族革命战争，中共中央军委组织了一个以中国红军总司令朱德为主任的军事研究委员会。朱德认真主持工作，与毛泽东等人一道深入研究了对日抗战、目前军事教育、国内战争经验教训等问题，为中国共产党有关抗日战争军事理论尤其是具体战法的形成奠定了重要基础。所以，后来朱德说，当我们由内战进入抗战时，面对着的敌人是日本军队，我们便不固执内战的经验，而是加以必要的改变和提高，充分研究敌情来下决心，来决定战法。

对付进入中国境内的侵华日军主要是游击战，在朝鲜战场上，中国人民志愿军对付美军，则主要依靠运动战和阵地战。朱德在谈到作战对象变了，我军的战法也要改变时精辟地分析指出："从敌人方面来说，我们现在作战的对象，是美帝国主义及其仆从。这个敌人不同于国内战争时期的敌人，它有高度现代化的装备，有很完整的诸军兵种。我们应针对美国侵略军的编制与战术来研究出有效的对策，并运用我们自己在革命战争中的宝贵经验，加以必要的改进和发展，这样我们是能够打败敌人的。"（《朱德选集》第302页，人民出版社1983年版）

同样，对付强敌与对付弱敌，也有不同的战法。朱德曾用"钓小鱼"和"钓大鱼"来比喻打弱敌与打强敌、打小敌与打大敌的战法不同。"我们不是完全不打硬仗。要看清对象，是什么敌人就打什么仗。如果敌人是弱的，我们可以来一个猛冲，在敌人没有展开、没有占领阵地以前，一冲上去就把它吓也吓倒了，战斗能很快解决。红一军团总结出来的三猛战术，是红军中的基本战术之一，今天也还适用。"（《朱德军事文选》第655—656页，解放军出版社1997年版）所谓"三猛战术"，即战斗动作的猛打、猛冲、猛追的原则。猛打，就是集中火力，秘密地尽量接近敌人，向主攻目标同时猛烈开火；猛冲，就是在猛打之后，趁敌人一时拿不出主意和来不及调兵，发动勇猛冲锋；猛追，就是对已被击溃的敌人，实行猛烈的追击，直至将其全歼。可以说，猛打、猛冲、猛追的"三猛战术"是对付弱敌的有效战术原则之一。"对劣势之敌，须一举压倒歼灭之。"当然，对弱敌也不能轻视。"到了战场上，对具体的敌人作战时，就一点也不能轻视，对弱的敌人也要当强的敌人打，否则就会犯错误。"（《朱德选集》第238页，人民出版社1983年版）

对于强敌，就不能那么简单。"要解决比较顽强的敌人，用这一套就不一定有效，甚至还要吃亏。"（《朱德军事文选》第656页，解放军出版社1997年版）解放战争后期，朱德形象地提出用"钓大鱼"的办法来对付强敌，即用迂回曲折、来回摆布的办法来最后消灭强敌。他特别强调，"打小敌、弱敌，可以用比较简单而直接的办法；但打大敌、强敌，必须定出系统的斗争方针，战斗开始必须懂得摆布它，懂得用迂回曲折的办法。这是真理，要好好牢记、研究"。（《朱德军事文选》第656页，解放军出版社1997年版）

朱德、毛泽东从领导红军粉碎国民党对中央苏区三次"围剿"战争经验中，为红军制定了一个基本作战方针：诱敌深入。要求红军后发制人，即当敌人大举进攻之时，红军应采取内线作战的原则，先进行积极的防御准备，而后有计划地放弃一些地方，创造战机，集中兵力歼灭敌人的有生力量，最后再转入反攻。中央根据地三次反"围剿"战争的胜利，都证明"诱敌深入"是红军以弱胜强、以寡击众的正确的战略方针。然而，敌人的第四次"围剿"对苏区采取的是分两个阶段进攻，实施各个击破的战略，在这种情况下，红军如能采取攻势行动，出其不意，攻其不备，就能打乱敌人的部署，为彻底打破敌人的"围剿"创造有利条件。

1932年7月1日，朱德、周恩来指挥红三军团与粤军李振球、叶肇两个师在南康、大余间的池江附近作战，击溃敌四个团。7月8日至10日，红一军团、红五军团在南雄、乌径之间的水口圩，与粤军第三、四、五师展开激战，击溃粤军十个团。经过池江、水口战役，使粤军全部退出赣南根据地，中央苏区的南部基本得到稳定，为后来红一方面军在北线作战解除了后顾之忧。8月，中央红军又北上发动了乐安、宜黄战役，共歼高树勋的第二十七师三个旅，俘虏五千余人，缴获枪支四千余件。在此期间，红十二军乘胜进驻南丰县城，闽西独立第七师攻克宁化县城。

1932年10月中旬，湘鄂西和鄂豫皖苏区的第四次反"围剿"相继而来。这样国民党当局便将主力调往江西，把"围剿"重点转到中央根据地。为此，朱德、周恩来决定趁国民党军队对中央苏区大举进攻的部署尚未完成之机，予敌以迎头痛击。从1932年10月至1933年1月间，红军先后发动建（宁）、黎（川）、泰（宁）战役及金溪、游湾战役，扩展了苏区，争取了群众，打乱了敌人的部署，打通了中央苏区与闽北、赣东北苏区的联系，完成了红军的北进，为在北面彻底粉碎敌人的第四次"围剿"创造了有利的条件。

这就说明，在反"围剿"的战争中，既可以用防御的形式，也可以用适当的进攻的形式，问题的关键在于是否能够把握具体的条件和时机，审时度势，因情制变。第四次反"围剿"战争之所以能取得胜利，其中一个很重要的原因就在于朱德、周恩来能根据敌我双方的态势，灵活机动地执行毛泽东"诱敌深入"的作战方针，避免机械性。朱德在总结第四次反"围剿"经验时指出，这次反"围剿"之所以能够取得如此巨大胜利，一个最主要的原因，就是实行了战略转变，具体地说，就是与前几次反"围剿"战役相比，这一次不是诱敌深入苏区内部，"待敌人集齐，使其疲惫，择其弱点，集中主力以袭之"。"此次战略的不同点，是在挥其主力，不待其合击，亦不许其深入苏区，而亦得到伟大胜利。"

从战术上来说，对于处于不同状态的敌人，也要用不同的战法。比如，对狭路相逢的遭遇之敌和对防御之敌的进攻，就应采取不同的打法。"遭遇战斗，就应迅速动作夺取先机之利；对防御之敌的进攻，就应有分出接敌、进攻和冲锋等段落的部署。'喝汤'和'啃骨'当然不是一样的动作。"（《朱德选集》第15页，人民出版社1983年版）又如，抗日战争时期为对付日军的奇袭与合击，朱德与彭德怀总结出十六条战术原则，其中指出，在敌分进合击中，应在敌诸支队暴露的外翼侧实行机动；应突击敌之后尾而不是先头，主要是采用伏击；对敌进攻应保持高度的突然性质，迅速解决战斗，能迅速转移突击方向；行动极端秘密，利用昏暗夜间接近敌人，战斗过程主要是白刃战；在主要方向突击时，对次要方向以游击队袭击迷惑之，等等。

对急欲寻我决战之敌与稳扎稳打之敌，也有着不同的打法。对谨慎小心、稳扎稳打之敌，可以采取忍耐待机，诱敌放胆深入，看出破绽，然后予以歼灭的战法。如华东野战军歼敌整编第七十四师，就采取了这种战法。对急欲寻我决战之敌，当以不速决为是，待敌一而竭、再而衰之时，再予歼灭。1947年冬，刚担任华北"剿匪"总司令的傅作义，志得意满，实行"以主力对主力"、"以集中对集中"的战法，处处猬集一团，力图反守为攻，变被动为主动。为此，朱德专门致信冀中军区司令员孙毅，对敌人的企图作了分析，并提出对付的方法："傅初上任，必欲建树，不惜本钱，寻求与我决战。我军当不以速决为是。因此，敌集中了主力，必放弃许多地方，凡有可乘之机，你处当乘之，决不可错过。"并具体判断说："今后你们南面无战事，一意向北，请注意你们的战术技术。"（《朱德军事文选》第641页，解放军出版社1997年版）在朱德的正确指导下，华北军区部队在1948年春夏，转战察南、绥东、热西、平北、冀东、保北广大地区，歼灭国民党军五万余人，挫败了傅作义急欲建树的企图，拖住了华北国民党军，使它无力出关。

另外，朱德还指出，要看敌人打什么仗，敌人弱的可以猛扑，敌人炮火厉害我们就打夜战，敌人用远战打我们，我们就用近战。还有一些条件也要善于掌握，例如，在内线作战，有后方有群众，可以打几个机动歼灭战，出击到外线，条件差一些就要打运动战，以后条件变了，就要学会攻坚战、阵地战。

要学会敌变我变。敌情、我情等条件是每一个指挥员随时要注意的，敌变我变，敌变战法变，随机应变，变化无穷，这是打胜仗的诀窍之一。"到了战场上，对具体的敌人作战时，就一点也不能轻视，对弱的敌人也要当强的敌人打，否则就会犯错误。因为你一轻敌，首先就会什么也不准备。"（《朱德军事文选》第658页，解放军出版社1997年版）他在谈到当敌人由强势变为弱势时的打法指出："还要进一步研究敌人，提高打敌人的战术水平。不要以为敌人快要死亡，它在战术上就一点变化也没有。它吃了许多亏，逼得它也要有些变化。我们就要经常研究敌人的战术，研究如何打它，如何避开它的长处专找它的弱点打，如何才能干干脆脆地歼灭它。"（《朱德军事文选》第655页，解放军出版社1997年版）

抗美援朝战争期间，朱德强调，不应满足于我们过去的经验。过去是对什么敌人打什么仗，有什么武器打什么仗；现在的敌人是美帝国主义，是以重武器坦克、大炮、飞机来进攻我们。"我们研究战术，就要研究用什么武器打什么敌人，如何对付敌人登岸，如何在平原打仗，如何才能收到应有的效果。"（《朱德军事文选》第802页，解放军出版社1997年版）

四、在什么时间地点打什么时间地点的仗

看什么天候打什么仗，在什么地形条件下打什么仗，也都是重要的作战原则，都要很好地研究。时间、空间和地形对作战有着重要的影响。从时间上来说，昼夜、气候、季节，从地形上说，山地、平原、沼泽、高原等，以及交通条件等，都对作战效果有重要的影响。对于处于劣势的一方来说，时间、地点和地形的优劣有着更为重要的意义。所以朱德将在什么时间地点地形打什么时间地点地形的仗，作为一条重要的用兵原则。在谈到时间、地形因素对作战的影响时，朱德指出："早晨、晚上不同，天晴、下雨不同。""在平原就用平原的作战办法，在山地就用山地的作战办法，在河川就用河川的

作战办法。"(《朱德军事文选》第 742—743 页，解放军出版社 1997 年版）

朱德在《谈几个战术的基本原则》一文中，精辟分析山地对作战的影响时说："在山地用几个平行纵队作战，因道路少而小，没有适当的平行路，行军长径拖长，展开迟缓，彼此策应不易，特别是变换正面困难。劣势军在山地对优势军作战，如能掌握上述特点，采取秘密、迅速、各个击破的手段，在决战的时机集结优势兵力于决战地点，坚决而干脆地消灭敌人某一纵队再及其他纵队，则必使敌军运转不灵，应援失效。如处在敌人几个纵队的夹击或包围地位，要突击其中某一纵队时，则应求得内弧幅员较宽，周旋容易，并利用险要地形钳制另一方面的纵队；否则应突击某一纵队之暴露翼侧和后方为有利。"（《朱德军事文选》第 151—152 页，解放军出版社 1997 年版）

抗日战争时期，朱德在谈到气候地形对抗日游击战争的影响时说："一个抗日游击队活跃在崎岖山地上，比较在平原广阔处便利些；在森林隐蔽中，比较在田野开朗处便利些；在风雪夜中，比较在晴朗白昼便利些；在夏秋冬，比较在春季便利些。"抗日游击队"在白天，在平地敌人多的地方，或者只能扰乱一下，明天，却会在黄昏拂晓的风雨中，崎岖的隘路上，干脆地消灭一部分敌人"。（《朱德军事文选》第 369 页，解放军出版社 1997 年版）气候、地形的不同，消灭敌人的战法和效果也大不相同。

解放战争时期，朱德在华东野战军第一兵团团以上干部会议上作报告时，谈到气候、地形对作战的重要影响。他指出，看什么天候打什么仗，也是一条战术原则。去年你们在山东就吃了雨季的亏，在那种条件下，是否就不打仗呢？还是要打，要利用天候去治倒敌人。苏联就利用冬季的寒冷，做好冬季作战的一切准备，当敌人还没有准备好，就发动一个冬季攻势，给了德国法西斯一个重大的打击。还有一条原则就是在什么地形条件下打什么仗。你们在苏中水网地带，就利用了当地地形打敌人。这个经验要好好发挥。平原部队一到山地腿就软了，山地部队一到平原就好像没有依靠，心里发慌。北方人要学会爬山，南方人要学会跑平路。这些在平时教育训练及作战时都要照顾，样样都要学会，都要有一套，到什么地方就拿出一套来，没有不打胜仗的。

朱德的讲话通俗易懂，又非常合乎辩证法，合乎实际。1947年7月，华东野战军为配合刘邓大军挺进鲁西南，分兵向国民党军侧后出击。转入外线的五个纵队先后强攻济宁、汶上、邹县、滕县，均未奏效。其原因之一，就是对敌守备兵力估计不足，吃了兵力不集中的亏；另一个原因是适逢雨季，大雨滂沱，平地积水盈尺，护城河水陡涨，严重影响了攻击作战。留在内线作战的四个纵队同样由于雨季影响未打成好仗。攻击南麻作战，华东野战军在暴雨中与顽强抵抗的国民党"五大主力"之一整编第十一师苦战四昼夜，进展甚微，在援敌逼近的情况下，被迫撤出战斗，后转攻临朐，又未奏效。这些作战使华东野战军对雨季作战的困难有了进一步的认识。具体来说，雨季时节，山洪暴发，河川阻隔，道路冲毁，弹药受潮，粮食补给困难，部队的机动和进攻能力都受到极大限制。

一般来说，弱军喜欢在复杂的气候条件下作战。在夜视器材装备还没有出现之前，夜战一直是人民解放军的拿手好戏。在朝鲜战场上，中国人民志愿军"夜战"的声威，使美军哀叹："太阳是美国人的，月亮是中国人的。"

同夜晚一样，复杂的气候条件也是掩护擅长游击战和运动战的军队的最好保护色。就季节而言，一年四季节打法也是不一样的。比如，在抗日战争时期，夏秋季节是平原游击队活动的大好时机，因为这时青纱帐起，正便于游击队神出鬼没，开展麻雀战、伏击战。而日伪军最头疼的就是这一望无际的青纱帐。到了冬天，在平原旷野中活动就比较困难。相反，由于庄稼收割，河道结冰，更利于大部队机动，这时正是打运动战的有利季节。中国人民解放军与蒋家王朝的三大决战都是在秋冬季进行的，不能说完全是一种巧合。

在什么地形条件下打什么仗，更是军事家都深知的基本定律。军事对抗对自然地理条件有很大的依赖性。不同的地理条件，对军队的作战行动会产生不同的影响。平原利于机动，山地利于防守，隘路易守难攻，山谷利于伏击，等等。朱德十分强调有什么地形打什么仗，并且认为研究地形特点，不仅是战役、战斗计划中的重要一环，更为重要的是在战略谋划时，要根据不同的地理环境和自然条件思考对策，制定因地制宜的作战方针。

在军事实践中，朱德总是根据具体的地形情况决定采取不同的打法。对山地作战和平原作战，陆上作战和海上、空中作战，都有明确的要求。1935年10月，朱德随红四方面军与川军作战，在研究《天芦名雅邛大战役计划》时，指出，部队已经打出了川西高原的山险隘口，作战形式将由山地战、隘路战变为平地战、城市战，由运动战变为阵地战、堡垒战。可见，他对因地形条件的变化而引起的作战形式的变化是非常注意的。

五、交通是一个决定战争胜负的要素

朱德将交通作为作战的一个重要要素来看待，认为它是现代战争中军队机动和后勤补给得以顺利实施的必要条件，是直接影响军队作战能力的重要因素。

但是，对于现代化程度相差悬殊的两支军队来讲，对交通的依赖程度是完全不同的。越是现代化的军队，对交通的依赖也越大；越是现代化战争，就越离不开交通线。"所以交通对于现代化的军队，是一个决定胜负的要素。"（《朱德军事文选》第360页，解放军出版社1997年版）而对于一支现代化程度不高的军队来说，对交通线的依赖就少得多，这就决定了两支军队的不同的作战方法。

朱德所讲的交通，是一个广义的大概念。它包括运输和通信联络。运输又包括公路的汽车运输、铁路的火车运输、水道的轮船运输和空中的飞机运输等。通信联络则包括有线电、无线电、空中和陆地的通信工具等。"这些对于机械化兵团，都是如像命脉一样的重要。"（《朱德军事文选》第361页，解放军出版社1997年版）一旦交通被切断，对于拥有现代化装备的军队来说，就意味着失败与灭亡。抗日战争中，他在谈到通过交通战争对付日军的重要性时指出，日本强盗的新式武器，如大炮、坦克车等，只在交通运输便利处才便于发挥威力，离开了大路，就大大削弱了它的活动力量。如果大路被破坏了，它的机械化兵团就简直难以活动，不但运动受阻碍，而且补充上更容易发生恐慌。近代机械化兵团所需要的补充，是非常庞大的，短期间的后方交通断绝，也使前线受非常严重的影响。

对机械化军队犹如命脉的交通，也正是劣势军队所要攻击的重点所在。劣势军队作战非但不能像强军那样依赖交通线，相反，应尽量破坏敌之交通，砍断敌人的"腿"和"脚"，与敌人打游击战和小规模运动战。

第四次反"围剿"期间，朱德命令部队要把敌人的交通线作为主要作战目标。他告诫各级指挥员："敌人在大兵团作战中，为要灵敏地移动军队，前送械弹、粮服，后送伤病员起见，一面是利用河流交通，一面是赶筑汽车马路，我们从此可以判断敌人的作战线及联络线的所在，这些作战线及联络线是敌人的血管和神经系统，是我们各作战地域的作战目标和用兵的主要方向。我们要抓住这些主要方向，从政治上、军事上布置工作，发展我们的游击战争到这些方向，破坏它的马路、桥梁，截断它的河流交通，袭击它的防守部队与兵站，截取它的辎重运输，尤其是要广泛发展包围这些主要方向的游击区域与新苏区，以断绝敌军前进的供给和后方联络，减弱和消失它进攻苏区的能力，以造成消灭敌军，夺取中心城市的更有利条件。"（《朱德军事文选》第111页，解放军出版社1997年版）

自古以来的军事家几乎都强调交通线的重要意义，朱德却从强弱两军对交通线依赖程度之不同，提出弱军作战应离开交通线的论断。抗战初期，八路军、新四军就是这样作战的。他们的作战不仅不依赖于交通线，相反，将破坏敌之交通线作为一项重要的内容。

抗日战争中，敌我双方围绕交通线展开的战斗十分频繁和典型。日本侵略军的进攻作战，主要是夺取交通线和占领交通要点，然后再利用这些线、点作进一步的战略展开，同时他们利用交通线机动和实行"囚笼政策"，以"铁路为柱，公路为链，碉堡为锁"，分割抗日根据地。国民党军面对日军沿铁路、公路的大举进攻，墨守成规，不明白离开交通线打敌侧翼的战法，一味死守正面打阵地战，吃了不少亏。1937年11月，朱德、周恩来与叶剑英在国民政府军事委员会军政部谈话会上发言时，系统论述了抗日战争的战略战术,提醒国民党应采取灵活机动的战略战术,其中包括打敌人的交通线。他说,抗日战争在战略上是持久的防御战,在战术上应采取攻势。在正面集中兵力太多,必受损失,必须到敌人的侧翼活动。敌人作战离不开交通线,我们则应离开交通线,进行运动战,在运动中杀伤敌人。敌人占领我们的大片领土后,我们要深入敌后作战。

在朱德指挥下,抗日游击队为打破敌之"囚笼政策",破坏敌之机动,则不断袭击和破坏敌之交通线,使敌人的交通由最便利的变为不便利的。交通破袭战,便成为八路军的拿手好戏和经常实施的作战行动,其中最为著名的便是1940年八九月间进行的"百团大战"。其战略重点是破击正太线(正定至太原)铁路;同时对同浦、平汉、津浦、北宁、德石等铁路以及华北一些主要公路线展开广泛破击,以配合正太铁路沿线作战。八路军参战兵团达105个,使敌所控制的正太铁路等重要交通线一度陷于瘫痪,极大地鼓舞了沦陷区人民的抗日斗志。

朱德在总结八路军抗战经验时指出:"要使以劣势的兵力与兵器,在持久的阵地战求得胜利,战胜高度技术的敌人,就必须在敌人的后方,特别是在其主要联络线上,积极动作起来,断其交通,绝其供给。须知,愈是机械化部队,愈须依靠好的后方供给,一旦供给断绝,其机械部队则变成死的机械了,而减少对正面战斗的威力;同时,由于在其后方联络线上之积极活动,又使敌不得不从前线抽出足够的兵力以维护交通,而这些兵力又非步兵不行,故又分散正面作战之突击力量。"(《朱德军事文选》第320页,解放军出版社1997年版)"如果敌人后方每条铁道和马路,都受着不断的袭击,那末,敌人的财力、人力有限,将渐次难于支持,陷于进退维谷的困难中。得不到后方的接济,不得兵员、弹药、汽油的补充,即使有新式武器和强大部队,就统归无用。"(《朱德军事文选》第321页,解放军出版社1997年版)

解放战争中我军对国民党军作战,方法之一就是破坏敌之交通线。从1945年下半年抢占东北到1948年秋冬开始战略决战,解放军进行了多次大规模的破路行动。直至解放军实力与敌人相比已不相上下,战役行动也越来越正规之后，大规模的破路才逐渐结束。对此，朱德指出："过去国民党军队的条件很好，上有飞机，下有汽车、火车，水里有轮船、兵舰，它的'腿'长，走得快，所以很神气。我们只好不同它正面硬碰，只好丢掉一些地方。去年转为进攻以后，砍断了它几条'腿'，它就走得慢一些了。现在还要继续把它的'腿'全部砍掉，那它就只好用脚来赛跑。大家都是一双脚跑，它就跑不过我们了。将来我们的'腿'也会长起来的。东北解放区有一万多里铁路，东北解放军的'腿'就比国民党军队的'腿'长得多，所以那里的仗就好打得多。"（《朱德军事文选》第656页，解放军出版社1997年版）

交通，既是优势之军的命脉，又是劣势之军攻击优势之军的要害。在未来战争中，如运用得当，在这方面仍大有作为。

第四章
打仗要讲辩证法

朱德认为:"打弱敌与打强敌、打小敌与打大敌,情况不同,方法也要改进。总之,打仗要讲辩证法。"部队大有大的打法,小有小的打法,打得赢就打,打不赢就走。战略防御上要实行灵活的攻势防御,一般不采用死守硬顶的单纯防御;攻歼目标的选择上要坚持避强击弱,各个击破;情况是迁移的,决不能用一成不变的老章法用兵打仗,要根据每一仗的情况灵活运用山地战、隘路战、追击战、运动战、遭遇战、袭击战等战法。总之,用兵务求趋利避害,争取主动,机动歼敌。朱德认为,毛泽东的军事著作,"着重发展了马克思列宁主义军事科学的理论基础和方法论,即军事辩证法"。他常说,毛泽东同志用了辩证方法来看中国的问题,很现实又很具体。

一、以唯物辩证法来研究作战问题

朱德主张要以唯物的辩证法来研究运用战争，首先要知道事物是变动的，情况是迁移的，决不容用一成不变的老章法来指挥军队。他总结四次反"围剿"的经验，强调指出："红军军人要以唯物的辩证法来研究和运用战术。首先要知道事物是变动的，情况是迁移的，决不容用一成不变的老章法来指挥军队。我们的作战决心必须根据任务、敌情和地形来定下。任务、敌情、地形既然是时常变换，因而我们决心就不同，而运用战术的原则也就更不同了。"（《朱德军事文选》第150页，解放军出版社1997年版）朱德强调，要用辩证法来分析中国的政治，同时也分析中国的军事。

朱德研究战术，是从辩证唯物主义的高度和深度入手的。他认为，战术本身就是对立统一的矛盾体。当谈到游击战术时，他曾指出："游击战术本身就是一个矛盾的统一，运用它是需要技巧和艺术的。"同时，任何一场战争不是专靠某一种战术便能获得胜利的，而应根据具体情况，实事求是地、辩证地运用战术。他在谈到正规军应重视游击队时指出："抗战不是专靠某一种战术就可以取得胜利，而应随时随地，依人员、武器、政治、经济、交通条件，来决定采取适当的战术，辩证地活用它。切忌机械地了解，认为某一种战术最有利，某一种战术应完全放弃。我们的对日作战经验、教训不够，要在各个战线上，在血的教训中，再来寻求我们最优美的战略战术。"（《朱德军事文选》第326—327页，解放军出版社1997年版）这就是说，在总的战略方针下，各种战术形式都可以采用，问题是要看条件。

归结到一点，就是：一切最好的战略战术，都是实事求是，合乎辩证法的。有什么样的武装，有什么样的敌人和地理条件，就必须打什么样的仗，调皮是不行的。一些参加过井冈山斗争的老同志回忆说："从前我们不懂什么辩证法，总司令（指朱德）就到处讲。"（《解放军报》1983年9月11日）朱德讲辩证法，讲战术，是有针对性的。当时革命队伍中一些人对战术的灵活运用不太重视，以为战术就是老一套，变化不大，重视不重视关系不大。

1938年的一天，在一片松林中，八路军司令部的一些军事参谋们围绕着"迂回""包围""进攻""防守"等战略战术问题进行着热烈的讨论，一个个滔滔不绝，远至滑铁卢会战、凡尔登战役、布哈拉战役，近至徐州会战、保卫武汉，简直无所不及。

朱德听着大家的议论，待大家说得差不多了，他对大家说："同志们，刚才大家的发言很热烈，也很有理论水平，可是我要提醒同志们，讲问题应该抓住中心，一切事情都应该辩证地去了解，时代环境、客观条件不同，任何军事理论都不能机械地当公式来学习。我们的武器军事设备和日本帝国主义的军队不同，研究别人只不过作为参考，只有那些不怕打败仗的笨家伙们，才会一成不变地去搬用外国的军事理论。我们要研究的是适合中国的地域、历史、风俗、人情，在中国几十年战斗经验所研究、总结出来的游击战。要用辩证法去理解和处理军事问题，要研究游击战术，怎样建立敌后根据地，并主动、灵活地打击敌人。"

就敌我双方的战略和战术比较而言，战略是根据整个政治和整个战局决定的，因此，敌我双方在战略及其指导上差别很大。而战术，尤其是基础战术及其技术，只要双方武器大体一致，战术也就差不多。由单兵到连甚至营的战术，如疏开、散开，利用地形地物前进、停止、射击、劈刺、冲锋、追击、退却等，任何军队也差不多。所以，当时一些指挥员认为战术没什么变化，也就不需要认真研究，更谈不上用唯物辩证法来研究了。但是，一支能打胜仗的军队，除了政治条件和战略指导正确外，还必须战术运用得好，运用得灵活。比如，近代的五种攻击方式：正面攻击、侧面攻击、中央突破、包围、迂回，近代以来的正规军队都采用，但要打胜仗，必须运用得巧妙，"运用之妙，存乎一心"。所以朱德要强调以唯物辩证法来研究和运用战术。正是在这方面，朱德的观点起了震聋发聩的作用。

在以后指导革命战争的实践中，他多次批评了轻视战术的倾向。朱德认为，对有战斗经验的人来说，战术的作用就是"补药"和"钱串子"。1947年12月朱德在批评不相信战术的观念时，曾形象地比喻说："战术对你们万分需要，是你们的'补药'。你们的作战经验很多，但就像一大篓子钱，是散的；战术就是钱串子，可以把那些钱都串起来，用的时候，要用哪个，就拿哪个。"（《朱德军事文选》第628页，解放军出版社1997年版）朱德以晋察冀野战军进行的大清河北战役为例，批评一些同志中存在的不讲战术的倾向："在大清河北战役时，还没有接近敌人就伤亡很多，就是不讲战术的缘故。怎样接近敌人？不是靠夜晚就是白天靠火力掩护，利用地形，或者挖交通壕。但有的人偏不这样，好像子弹打不死人似的。"而石家庄战役，"有许多连排接近敌人时没有伤亡，就是靠运用战术解决了问题"。（《朱德军事文选》第628页，解放军山版社1997年版）

为此，朱德强调各级指挥员，特别是中低级指挥员，包括普通士兵，都要重视战术，学习战术，他明确提出："高级干部要注意战略战役，一般同志要注重战术。"（朱德：1938年10月19日在中共六届六中全会上的发言）他强调："在军事建设上，首先要求同志们学战术……我们不仅要取法苏联的教程，还要着手去整理我们自己在革命斗争实践中形成的那一整套。"除了总结自己的战术外，还要研究敌人的战术。"我们就要经常研究敌人的战术，研究如何打它，如何避开它的长处专找它的弱点打，如何才能干干脆脆地歼灭它。"（《朱德军事文选》第654—655页，解放军出版社1997年版）

南昌起义后，朱德就非常重视带领部队学习新战术。"现在，敌人是强大的。我们的大革命失败了，才开始搞自己的武装，人少，枪也少。要想战斗打得赢，以少胜多，就要根据我们的条件，讲求新的战术……"教导队队长李奇中回忆说：当时，朱德同志讲得很多……他要求我们在讲授战术动作时，抛弃旧的一套队形，采用新的战斗队形。例如将旧的疏开队形改为电光形即梯次配备的疏开队形，以减少密集队伍在接敌运动中受到敌人火力杀伤；又如散兵队形由一字散兵线改为弧形的和纵深配备的散兵群，以构成阵前纵深的和交叉火网而在战斗上造成以少胜多的条件。在战术上，他特别强调知己知彼的重要，要求指挥员重视对于敌情的搜索和侦察工作，不摸清敌人的情况不动手。在战斗动作上，他除了反复强调要士兵熟练手中武器以外，一定要做到不靠近敌人不开枪，打不中不开枪。记得在讲述每一个问题时，他总是谆谆告诫我们，一定要让每个同志牢牢地记住，我们人少枪少，不能和敌人硬拼，我们要瞅敌人的弱点。我们要注意避实击虚的游击战术。

在长期的战争实践中，朱德运用唯物辩证法，创造了一套特有的战术原则：作战没有固定的作战线，而是采取秘密接近敌人，机动灵活，化整为零，化零为整，声东击西，忽南忽北，即打即离，秘密迅速，突然偷袭，打得赢就打，打不赢就走。

朱德认为："唯物辩证法的哲学，是人类五千年科学思想的结晶……掌握了它，可以使一切科学得到新的发展。"（《朱德选集》第76页，人民出版社1983年版）要想在作战上取得成就，就必须认真学习和掌握唯物辩证法。"我们有人民又有辩证法，看得清他的长处和缺点，避免他的长处，来找他的弱点打，就可以战无不胜。"（朱德：《在华野一兵团团以上干部会上的报告》，1948年5月14日）

二、战术要寻找敌人的弱点

如何从战术上取得对敌作战的胜利呢？朱德根据唯物辩证法的原理，在战争实践中提出了一条重要的军事原则，即"一般来说，战略要寻找敌人的主力，战术要寻找敌人的弱点"。（《朱德军事文选》第151页，解放军出版社1997年版）只有做到前者，才能明了敌之主力所在，主要进攻方向所在；只有做到后者，才能在作战中避实击虚，击中敌之软腹部，收到以小的代价换取大的胜利的效果。反之，"如有人运用战术专寻找敌人硬处打，则敌人软处也必成为硬处了。倘因此而不能争取战术的胜利，则战略的目的也就不容易达到"。（《朱德军事文选》第151页，解放军出版社1997年版）

中华大地上虽然有过灿烂的古代文明，自明清以后却同西方出现了社会发展的"代差"。当欧美依靠工业革命的成果用洋枪洋炮打开中国大门时，清军以农耕时代的刀矛和土火枪与之对抗。为了自强，中国人不得不向列强学习新战术，各省都仿照德、日军校兴办讲武堂。可是步人后尘的爬行式学习，培养的大都是内战内行、外战外行的军官，"徒弟"照旧被"师傅"欺负。朱德作为出身于新军事学堂的旧式军人，最可贵之处在于勇于探索适合中国革命特点的全新强军之路。他到德国学过称雄世界的陆军战术，到苏联研究过政治建军，自己又有率滇军在山区剿匪的游动作战实践，土地革命战争时期，朱德将德国的陆军战术、苏联的政治建军同自己在山区剿匪的作战实践相结合，为红军创立了一套独特有效的战术。

1928年湘南暴动时，朱德率部取得歼敌许克祥部一千余人的坪石大捷，其基本原因就是抓住了敌人的弱点。当时，许克祥把他的六个团摆成一字长蛇阵，这就便于我之各个击破。"所以，战斗一打响，我们很快就把他先头的一个团打垮。紧接着追击下去，一路走，一路打，把他的六个团一个一个地都打烂了。"（《朱德军事文选》第861页，解放军出版社1997年版）这一仗缴获甚丰，不仅得到了机关枪，而且还得到了迫击炮和大炮。可以说，许克祥帮助朱德起了家。

朱德和毛泽东指挥红一方面军进行第二次反"围剿"初期，有人提出实行"分兵退敌"，即把兵力分散，使敌包围落空。在朱德和毛泽东的说服下，中共苏区中央局经过争论否定了这一战略方针，决定继续实行"朱毛"提出的"诱敌深入"战略方针，在苏区内解决敌人。战略问题解决后，战术问题就提出来了：先打敌军哪一路？会上又发生了激烈的争论。当时多数人的意见是打蒋光鼐、蔡廷锴的第十九路军。理由是"蒋蔡"打垮之后红军有出路，便于向湘南、赣南发展。但他们没有从战术上去寻找敌人的弱点，没有看到"蒋蔡"是"围剿"军中较强的一路，其历史渊源是北伐中的"铁军"第四军一部，战斗力甚强。在进攻的敌人中，"蒋蔡"是比较有战斗力的，在历史上未曾打过败仗，曾经在湘南把张发奎打得落花流水。朱德和毛泽东认为，红军主要是择敌人弱点打破，打"蒋蔡"没有绝对胜利的把握，应打西面的王金钰的第五路军，因为它是蒋介石收编的杂牌军，同蒋介石有矛盾，实力较弱，内部也不统一。它又是北方军队，不善于爬山，在南方作战水土不服，且地势、群众都好。如果先打这一路，各方面条件都对红军有利而对对方不利。

会上经过充分讨论后,多数人接受毛泽东、朱德的主张,决定先打王金钰部,然后由西向东横打,一直打到福建建宁,以击破这次"围剿"。

按照这一部署,从1931年5月中旬开始,红一方面军在赣江之畔转入反攻,首战富田,歼灭王金钰部第二十八师大部和第四十七师一部。随即旌旗东向,连战白沙、中村、广昌、建宁,半个月中连打五个胜仗,从赣江之畔一直打到闽北山区,横扫700余里,共歼敌3万余人,痛快淋漓地打破了敌之"围剿"。

朱德对此深有感触,他后来回忆说,最后我们决定打。当时敌人的夹夹形的阵势,像螃蟹螯似的已经形成。我们先打敌人的哪一股呢?大家相当有些争论。我们主要是先拣弱的打,一找就找到了北方军队王金钰部。这是战术上寻找敌人弱点的一个典型的例子。

人民解放军在战役战斗中取得的胜利,几乎都是由于战术上寻找并抓住了敌人的弱点。有些战役战斗,表面上看,打的是强敌,甚至是几路敌军中最强的。但实际上由于各种原因,或骄兵冒进,孤军深入;或不断受到袭扰而疲惫不堪;或由于地形限制,其机械化兵器难以施展,等等,其"强"已转化为"弱",只要对敌分析正确,战法得当,就会有好的战果。

抓住强敌的弱点在战术上更为不易,因而也就更能凸显指挥员的敏锐眼光和高超的指挥艺术。

战术上寻找敌人的弱点,有时并不容易。战争较之其他事物具有更大的概然性,就在于敌我双方在战争中总要将真相隐藏起来,而示假于对方。如何透过假象抓住敌之弱点,朱德给人们提供的方法就是:依靠人民,掌握辩证法。

三、要做"赚钱"生意,不做"赔本"买卖

朱德指挥作战始终坚持这样一个原则:"战术的要求是要以小的牺牲换得大的胜利,因此,我们才会讲求战术和指挥的艺术。"(《朱德军事文选》第305页,解放军出版社1997年版)

朱德的一个重要思想是，打仗要和经商做买卖那样，要做"赚钱"生意，不做"赔本"买卖。

人民解放军在战争年代实行的慎重初战，不打消耗战，打得赢就打，打不赢就走，集中优势兵力各个歼灭敌人，以歼敌有生力量为主，不以保守或夺取地方为主等方针，无不贯彻着不做"赔本"买卖的原则。从战术上说，就是要以小的牺牲换得大的胜利。1932年9月中旬，朱德在同周恩来、毛泽东、王稼祥致中央局转临时中央及鄂豫皖中央分局的电报中指出："红军尚须力求避免过大的牺牲，争取便利于消灭敌人一部，以各个击破敌人。"（《朱德军事文选》第94页，解放军出版社1997年版）新中国成立初期，朱德在回顾土地革命战争历史时指出："我们反对打击溃战或平手战。我们认为那种仗就是赔本的仗。凡是赔本的仗，我们干脆就不打。"（《朱德军事文选》第739页，解放军出版社1997年版）

以小的牺牲换得大的胜利，首先做到每战有充分准备，不打无准备之仗，不打无把握之仗。朱德主张，"仗，是必要打时才打的，不必要的仗，一定不打。"（《朱德军事文选》第490页，解放军出版社1997年版）朱德在谈到攻坚作战时指出："攻坚战的第一个条件，就是要有准备，要有计划。""只要技术上准备充分，坚固工事是可以打下来的，……战斗之前就要按照技术要求，把部队编制好，如爆炸组、手榴弹组、梯子组、架桥组、突击组等等，三个两个的组织起来，打的时候不要一拥上去，看情况变化，一组组的上去，这样伤亡小又能解决问题。"（朱德：《在华野一兵团团以上干部会上的报告》，1948年5月14日）

朱德认为这方面做得比较好的是石家庄战役。"打石家庄准备了一年，对敌情作了详细的调查，情况了解得比较清楚。这次我们准备打的时间长，准备打两个月。我们准备的兵力很充足，相当于敌人的四倍，既准备攻坚，又准备打援，甚至准备以打援为主，二纵队就是在那里准备打援的。清风店战役后，我们送了一批俘虏回石家庄去，这对于动摇他们的军心也起了作用。""我们的物质条件准备得也很充分，有充足的攻城器械，准备的炸药

和炮弹都没有用完。"(《朱德军事文选》第 626—627 页，解放军出版社 1997 年版)

以小的牺牲换得大的胜利，要求把勇敢与技术结合起来，讲究战术和钻研技术。人民军队通过强大的政治工作，始终保持着旺盛的士气，但往往对战术和技术研究不够，旺盛的士气必须与良好的技术结合起来。"旺盛的士气，在我们革命的军队中，是经常的保持着的，不畏难，不惧险，进攻在前，退却在后，视死如归。但也必须看到，我们军队之所以会有如此旺盛的士气，乃是依靠政治上的优势，而技术上则缺乏基础，这不单是我军的装备不如敌人，而且重要的是我们很多同志对现有技术的掌握还非常不够。因此，过去不知有多少可爱的同志作了可以避免而未能避免的牺牲，不知有多少可以全部歼灭敌人的机会而未能全部歼灭。这个血的教训应该好好地接受。可以设想：假定我们能进一步地掌握技术，把旺盛的士气同掌握技术结合起来，那末我军士气必然会更加高涨，作战能力与信心必然会更加提高，给敌人的杀伤必然会更大，自己的损失则会更少。"(《朱德选集》第 97 页，人民出版社 1983 年版)他要求战士们自觉学习技术，发挥战士的创造性。"军事要很快自动学习，否则牺牲很大而收获不大。如果阶级觉悟提高，技术不提高，打仗虽猛，往往伤亡大还打不好。所以要学习技术，使政治工作、党的工作、军事工作这三个东西配合起来，连队工作就搞好了。"(朱德：《在华野一兵团连、排、班及士兵代表会议上的讲话》，1948 年 5 月 15 日)

以小的牺牲换得大的胜利，还要求指挥员对战士的生命要有高度负责的精神，在战斗中尽量减少伤亡。"我们决不是怕牺牲，而应随时准备牺牲去争取抗战的胜利，但这决不是要自己消耗于敌人的面前，而是怎样去消耗敌人。"(《朱德军事文选》第 305 页，解放军出版社 1997 年版)朱德曾举例子说："陈赓部队的战士最近向指挥员提出一个问题：'你们把战术搞得好一点，少死几个人，不是比关心我们的温饱更好吗？'他们提出的问题很实际，大家要很好地从中得到启发。我们有些同志说：'我打了一辈子仗，什么战术也没有学过，只要敢冲敢打，一样打胜仗。'你不怕死，很勇敢，是好的，可是多牺牲了战友就不好了。如果把战术搞得好一点，又勇敢，又少牺牲几个人不更好吗？"（《朱德军事文选》第617—618页，解放军出版社1997年版）他强调："上级下达任务时要考虑下级能不能做得到，如果做不到，就不要乱下命令。要有高度责任心，要讲究战术，尽量减少伤亡。"（《朱德军事文选》第657页，解放军出版社1997年版）

在指挥作战的实践中，朱德特别重视要做"赚钱"生意，不做"赔本"买卖。南昌起义失败后，朱德为适应客观要求，在赣南转战途中开始研究新战术问题，主要是怎样从打大仗转变为打小仗，也就是打游击战的问题，并将一线式战斗队形改为"人"字战斗队形。这种队形的改变就是为了减少伤亡，适应游击战斗的需要。

在第五次反"围剿"中，朱德针对李德消极防御的指导思想，提出要保存红军的有生力量，反对拼命主义，坚决避免那种付出重大牺牲的堡垒对堡垒的阵地战，尽量采取"运动防御"。1934年9月15日，他以军委名义颁发的《关于战斗问题的训令》（训字第一号）指出："无论如何应该以保存自己有生力量和物质基础为我们作战的第一等基本原则。保持地域，不轻遗寸土予敌人，这应该放在前一原则之下来遂行的。"9月24日，他在给林彪、聂荣臻的电报中说："以后在抗击周（浑元）敌的行动中，第一等的原则是爱护兵力，因此主要的行动方式是防御和局部的反突击。"在对敌第五次"围剿"已不可能打破的情况下，朱德所能做的就是尽量保存有生力量，避免无谓牺牲。9月25日，朱德致电各军团，指示："诸兵团应再度估计情况，并检查自己的决心。一方面你们应给敌人相当的损失和抵抗；另一方面应很爱惜地使用自己的兵力，并且坚决避免重大的损失，特别是干部。"9月27日，当敌北路军陈诚部向石城逼进时，朱德致电彭德怀、杨尚昆指出："必须避免坚决的战斗，而首先要保存我们的有生力量。"同一天，在给罗炳辉、蔡树藩的电报中，嘱咐红九军团在阻击东线敌军的战斗中，"为爱惜兵力，应避免坚决的战斗"。10月2日，指示林彪、聂荣臻："特别要注意在开阔地作战须极端隐蔽，不要堆集一起并应利用地形，避免不应有的损失与最高度地保持有生力量。"

这些指示，完全不同于博古、李德的拼命主义，也是朱德以小的牺牲换取大的胜利思想的体现。

以小的牺牲换得大的胜利，是人民军队以鲜血换来的历史经验。在这方面，人民军队既有成功的经验，又有失利的教训。大清河北战役即为一例。

1947年8月初，国民党军华北"剿总"集中第十六军和第九十四军、第四十三师、第十三军第四师及两个保安总队，向大清河北解放区进行"清剿"，企图驱散解放军地方武装，以达确保平、津、保三角地区之目的。9月2日，晋察冀野战军第三纵队首先发起战役，奔袭漕河头及北常堡等地敌据点，但除漕河桥及附近外，全部扑空，遂改变决心，攻击涞水。主力于9月6日扫荡涞水外围，8日攻克东、南两城关，歼敌团一部，敌我双方伤亡均重。随后撤出战斗，却调动了国民党军西援。与此同时，晋察冀野战军第二、第四纵队及冀中军区部队乘敌北援，大清河北敌兵力空虚之际，出击大清河北地区。9月10日凌晨，第二、四两纵分别渡河，攻击板家窝、昝岗、吴家台等处。正赶上下大雨，各处攻击均受阻，几次攻击失利。除独七旅攻克坝县外，其他敌据点均未能攻下。由于敌援兵将至，攻击部队遂撤出战斗。向北平附近出击的第三纵队，在攻克周口店、大马村后，于13日撤至石亭地区休整，战役结束。此次战役，晋察冀野战军以6778人的伤亡，歼敌约5270人，歼敌成建制的单位仅三个整营又四个整连，没有做到以小的牺牲换得大的胜利。这是一个"背水攻坚的战役，战役的结果是一个消耗战"。

朱德认为，大清河北之役失利的一个重要原因，就是战役之初围敌过多，口子张得过大，打成一个消耗战，没有达到战役企图。"大清河北战役时想打一个大仗，遇着'啃'堡垒，围敌太多，结果只一二处打下，其余只得撤离。"（《朱德选集》第225页，人民出版社1983年版）从战术上说，也与准备不足有关，晋察冀野战军新的领导机构成立不久，对敌情侦察不周，了解不够，口子又张得太大，致使战役没能打好。

四、技术是战术的基础，技术决定一切

"技术是战术的基础，技术搞不好，战术也无法弄好，也不能解决现代战争中歼灭敌人的问题。"（《朱德军事文选》第812页，解放军出版社1997年版）在中国共产党的军事家中，朱德不仅较早较系统地论述战术问题，而且详细地论述和正确处理战术与技术之间的辩证关系。

朱德首先肯定战术是由技术决定的，技术是战术的基础。他认为："技术日益进步的现代，不仅在战争中特别加强了技术的作用，使用技术的知识训练也复杂了，并且由于技术的进步变更了战术的原则。"（《朱德军事文选》第70页，解放军出版社1997年版）"技术不好战术也不会好，技术好了战术也容易学好。所以必须先将技术搞好，技术搞好了再讲战术，战术讲好了再讲同各方面的联系。"（《朱德军事文选》第818页，解放军出版社1997年版）

同时，朱德还认为，技术是战术的基础，在一定意义上，技术决定一切。这也是朱德几十年来一贯强调的观点。这在忽视技术，只要政治，不要业务的年月里是非常难得的。

即使在红军的武器装备非常窳陋的时代，朱德也很重视技术的作用。1931年7月，朱德在《怎样创造铁的红军》一文中，专门提出了提高军事技术的意义，要求"红军在战术方面必须超过敌人，在技术方面必须努力学习使用新式武器的知识，以便我们从敌人中间得到新式武器时，一到手就知道如何使用。"（《朱德军事文选》第70页，解放军出版社1997年版）

在《纪念"八一"检阅红军的军事学术》一文中，他指出，我们要从长远的眼光来看待我们的军事技术，要使用新技术来武装我们的红军，才能战胜武装到牙齿的国民党军队。因此，争取在很短时间内加紧进行红军的教育工作，以提高红军的军事技术，是红军各级指挥员的战斗任务。（《朱德年谱》第121页，人民出版社1983年版）

"对于战争的进行，不但要在肉体上消灭敌人，而且要剥夺其继续反革命的一切物质上精神上的条件，每一次战役不是坚决的胜利便是残酷的失败。

要从长远的眼光来提高我们的军事学术,要准备使用最新式的技术来武装我们铁的红军。""革命战争愈往前发展,必然要有更新的兵器出现于战场——除飞机外,如坦克、毒气、装甲车、装甲兵舰等等。因此,提高红军军事学术不仅要很好地使用红军现有的兵器,而且要更进一步地准备使用将来可能有的新兵器。"(《朱德军事文选》第145—146页,解放军出版社1997年版)

抗日战争中,朱德提出练兵主要分智力、体力和技术三方面,指出:"现在是技术决定一切,而我们的技术比人家差得远,因此要从战术技术、马列主义等方面来训练军队。"(朱德:《在八路军留守兵团第二次作教会议上的讲话》,1941年5月)。他批评"过去我们军队中,有不尊重体力与技术的倾向,似乎认为军队只要有了政治觉悟就够了。这是很错误的。过去我们不是也打了胜仗吗?不错,过去也打了胜仗,但打了胜仗,不是说我们的技术已经好了,已经够了。我们有了政治觉悟,再加上体力好,技术好,就可以打更大的胜仗,更少伤亡"。他号召:"我们要培养很多神枪手,培养最好的炮手、最好的机枪射手,各种技术都要练好。"(《朱德选集》第103页,人民出版社1983年版)

新中国成立后,随着人民解放军武器装备的更新和发展,空军、海军和许多技术兵种的出现,他更为强调技术的决定作用。1950年3月10日,在空军政治工作会议上,他指出:"空军能不能建设好,掌握技术是个关键。在一定意义上,技术决定一切。如果我们别的都好,就是技术不好,那也不能完成任务。空军作战的胜负,有时往往是一分钟一秒钟的事情。只有掌握了技术,才能战胜敌人,不然就要为敌人所打败。"(《朱德军事文选》第717—718页,解放军出版社1997年版)在海军第一次政治工作会议上,他强调从司令员到每个战士,"都要从头去摸索、去学习,学会现代化的海军技术","要保证全体指战员学会现代化的海军技术"。(《朱德军事文选》第799页,解放军出版社1997年版)在装甲兵干部集训会议上,他指出:"要建设好装甲兵这一新的兵种,技术具有决定作用。""如果技术不好,坦克就开不出去,炮就打不准,坏了也修理不好。""如果技术不好,慢了几秒钟就会吃亏。"他要求铁道兵官兵:"你们的技术要学得很好,本领要练得很大。"(《朱德军事文选》第817—818页、第835页,解放军出版社1997年版)

朱德之所以一而再、再而三地强调技术的决定作用,一方面是因为他看到,在我们这支主要由农民组成的军队中,忽视技术的倾向是存在的,而且有时还很严重。另一方面,他深刻地意识到未来战争必然具有越来越高的技术构成。"今后的战争,将使用大量的军事技术与战斗器材,并有大量的人员参加作战,如果不能掌握复杂的武器技术和学会指挥诸军兵种的联合作战,就不能战胜敌人。"要战胜敌人,首先"必须先将技术搞好,技术搞好了再讲战术,战术讲好了再讲同各方面的联系"。(《朱德军事文选》第809、818页,解放军出版社1997年版)

在人民解放军战史上,就曾有由于掌握了某项技术或熟练运用某项技术而对战役战斗起重要甚至决定作用的例子。

第二次反"围剿"期间,红一方面军在东固预设阵地待机破敌,一直等了二十多天,仍不见敌王金钰部东进。至1931年5月14日黄昏,红一方面军总部电台意外截获了一个非常重要的情报。这就是驻在富田的王部第二十八师公秉藩同该师驻吉安留守处电台通报时,竟用明码说:"我们现驻富田,明晨出发。"吉安台问:"到哪里去?"富田台答:"东固。"这时敌仍认为红军和过去一样还没有无线电台,所以敢于大胆地用明码谈话。由于红军已缴获了电台,并熟练掌握了无线电侦听技术,所以截获了敌人的通话。这个情报的获悉对红军旗开得胜具有极为重要的意义。

1935年5月下旬,中央红军长征来到长江上游大渡河。当时,蒋介石部署重兵在大渡河堵截红军,妄图重演太平天国将领石达开在大渡河畔覆灭的悲剧。为渡过大渡河,红军组织十七勇士,在营长孙继先的率领下进行强渡。掩护强渡的是红军著名的迫击炮手赵章成和红一团机枪连的三名特等射手。他们用两门迫击炮和数挺机枪进行掩护,以准确的射击有效地压制了敌军火力,使表面阵地上的敌军几乎不敢抬头。敌一机枪手欲抢上高山阵地架设机枪,行进不到十米,即被南岸红军特等射手击毙。赵章成和其他特等射手出色的射击技术成功地掩护了突击队的强渡。过硬的军事技术为大部队渡河赢得胜利提供了保障。

技术，在未来战争中仍然具有决定作用。

在指导新中国国防和军队建设时，朱德始终不忘告诫全军同志学习技术。1951年9月27日，他在听取全国军队训练会议讨论汇报时指出："技术是战术的基础，技术搞不好，战术也无法弄好，也不能解决现代战争中歼灭敌人的问题。""技术具有决定作用。政治工作要保证技术的提高。军事任务要靠技术来完成。我们一定要全心全意地把技术搞好。""尤其是各军兵种联合作战，争取时间是很重要的。要争取每分钟每秒钟，如果技术不好，慢了几分钟就会吃亏。"（《朱德军事文选》第812页、第817页、第817—818页，解放军出版社1997年版）

1954年4月25日，他在军事学院接见各教授会主任时说："战术学得好，这是很好的。但是战术提高了，技术不学好，在现代战争中，什么也搞不成。应该深刻了解，对于海军、空军以及炮兵、装甲兵的技术，如现在不注意好好学习，将来怎样指挥呢？现代战争中，技术是一个很重要的问题。有了现代装备，没有善于运用技术的干部，便是死的东西。只有学会善于驾驭现代装备的技能，才能在战场上创造出奇迹来。必须注意好好学习技术。"（《朱德军事文选》第828页，解放军出版社1997年）

学习技术，研究战术，这是朱德一再发出的号召。那么，如何掌握技术呢？

一是必须老老实实、按部就班地学，来不得半点的虚伪和骄傲。"学习技术，也和学习其他的东西一样，必须老老实实，按部就班地来，应由低级到高级，由浅而深。比如射击瞄准，应该先近后远；学习动作，应该先简后繁。确确实实，学一个算一个。学好了一个之后再转入另一个。只有这样才能使动作准确、有力，熟练生巧，才能使学者信心日高，胆量日壮。切不可潦草从事，求数量而不重质量。"（《朱德军事文选》第461页，解放军出版社1997年版）

朱德抓技术训练是出了名的。1933年，当红军从国民党军队手中缴获一批新式的捷克式轻机枪时，他立即组织机枪训练班，并亲自主持训练班，讲授技术。在《朱德画册》中至今还保留着一张他在机枪训练班讲课的照片。红军到达陕北后，朱德强调要"提高军事技术，加强军事教育"。他说："世界所有新式武器，在抗日准备期中，我们要学会使用。飞机、大炮是会有的，不要等待那时才学习。""技术不但要学会，而且要学得熟练，使用得很灵活。"（《朱德军事文选》第243、818页，解放军出版社1997年版）

二是要立足现有装备，主要的是把现有的技术练好。抗日战争时期，他在谈到八路军、新四军的技术教育时指出："我们所谓技术教育，并不是指那些现代化的新技术而言，而是如何把现有的技术练好，务使每个战士在现有条件下，既能在部队中集团作战，又能在分散时各自为战。当然我们也非常希望八路军、新四军能够有些新的技术装备，用新的技术给敌人以更大的杀伤，给国家民族多尽一点力。而且我们也相信，总有一天八路军、新四军会获得新的技术装备。但今天我们也决不幻想新技术装备会凭空而来。""应该首先使每一个战士能熟练地掌握自己的技术。用步枪的就应学好步枪的保管、使用，练好射击、刺杀。用手榴弹的，就应学好投弹。其他如机关枪、炮等都应如斯。务使物有所用，人与技术密切地结合。""假定每个战士都能熟练地掌握自己的武器，发挥其威力至最高度，那末我们的教育便是一个空前的胜利。"（《朱德军事文选》第182页，解放军出版社1997年版）

三是要以党性来保证。朱德把学术掌握军事技术提高到党性的高度来认识。在20世纪50年代初期，全军向现代化、正规化发展的高潮中，朱德在装甲兵干部集训会议上提出，大家要以党性保证，全心全意地钻研技术，达到专业化。技术不但要学会，而且要学得熟练，使用得很灵活，能将坦克开得要快就快、要慢就慢。他要求在现代化军队的建设中，一定要学好技术。1951年9月，他在第二次全国军训会议上讲话指出："一定要搞好基本教练，要学好技术。技术是战术的基础，技术搞不好，战术就无法搞好。建设现代化军队的任务是十分紧迫的，我们要抓紧时间办好这件大事。"（《朱德年谱》第358页，人民出版社1986年版）

四是要向对手学习。朱德十分强调向拥有现代化装备和技术构成的强大对手学习，这是十分难能可贵的。抗日战争中，他指示要向对手日本学习："日本练兵的方法有些我们要学。他们先搞一个月的体操，各种操都搞，这一个月都是练体力……体力搞好，拿枪就稳了，爬山、跑散兵都行了，这也就是技术。"抗美援朝战争时期，他又号召："向当前的敌人——美帝国主义学习，从而更有效地战胜敌人。"（《朱德军事文选》第780页，解放军出版社1997年版）

五、勇敢加技术，就战无不胜

这是朱德的一个至理名言。历来讲战术的兵书，都只讲如何进行战斗的方法，只讲技术，不讲勇敢。历来军队都讲勇敢，却与战术相割裂。正是朱德将"勇敢"这一对军人的基本精神要求，与技术结合起来，引入战术之中，使战术成为简明而完整的概念："勇敢加技术就是很好的战术。"（朱德：《在华野一兵团连、排、班及士兵代表会议上的讲话》，1948年5月15日）

朱德认为，只有勇敢，或只有技术，都是不完全的。在人民军队与敌军的比较上，敌人一般有技术，但缺乏勇敢，"书本上有许多战术……敌人虽善于利用它，但因为他们缺乏勇敢，还是要打败仗"。人民军队正相反，"勇敢是无产阶级的本色，我们是具备了的"。（朱德：《在华野一兵团连、排、班及士兵代表会议上的讲话》，1948年5月15日）但有忽视技术的倾向，这在一些部队都有程度不同的存在，所以，朱德总是在肯定勇敢的同时，更强调掌握军事技术的重要性，更强调勇敢与技术相结合的重要性。

土地革命战争时期，朱德指出，随着革命战争规模日益扩大，单凭红军的英勇冲锋固然不够，单凭红军已有的战争的经验也不能满足客观的需要，必须特别加速战术方面的进步，预备在全国的范围内作战，并且要预备直接与帝国主义作战。

抗日战争时期，他指出："旺盛的士气，还应该同掌握良好的技术结合起来。"练兵的目的，一个是要勇敢，一个是要有技术。"这两个东西非常重要。如果你不勇敢,你怕死,那就打不成仗。过去我们的红军很勇敢,很好,可是技术不够高明。勇敢再加上技术,这两个东西结合起来,那就更好了。我们练兵的目的,就是要使每个人又勇敢又有技术,这样,打起仗来就有把握了。"(《朱德选集》第100页,人民出版社1983年版)并指出,我们的部队很勇敢,再加上技术,就能天下无敌。

解放战争时期,他在部队中明确提出"勇敢加上技术"的口号。他认为:打有坚固守备工事之敌,"一定要靠技术,勇猛我们已经具备了,勇敢加上技术才是很好的战术。因为,'勇猛'只能使我们靠近敌人工事,靠近了,没有技术把它打开,不仅无益反而要吃亏"。(朱德:《在华野一兵团连、排、班及士兵代表会议上的讲话》,1948年5月15日)他强调,把队伍搞好,最要紧的还是要会打仗,"没有技术不行,勇敢加技术就是很好的战术。学会了就是胜利"。

那么,技术是什么呢?"技术就是会打炸弹、打机枪、打炮、放炸药、放步哨、当侦察、打坦克、打飞机,学精了就不乱来,打胜仗就更有把握。很多同志是学得很好的,敌人用技术,我们也要用技术去打破他,比如打小碉堡用手榴弹、小炮、炸药、枪榴弹等很多办法,你懂得技术,有了武器,就能打下来。"(朱德:《在华野一兵团连、排、班及士兵代表会议上的讲话》,1948年5月15日)这是说的勇敢加上技术可以打胜仗。

另外,有了技术就可以更加勇敢,也就是民谚中说的"艺高人胆大"。"有了技术就可以壮胆,就可以更加勇敢。只要能够把勇敢和技术这两个东西结合起来,使最落后最胆小的人也能够有效地打击敌人,就达到了我们练兵的目的。"(《朱德选集》第101页,人民出版社1983年版)新中国成立后,他又说,还有些人胆子小,怕打仗,这也不要紧。人的胆子是慢慢练大的,不是生来就大的。逐渐锻炼,等到技术高明了,胆子也就大起来了。

在朱德亲自指挥或指导的战役战斗中,他认为石家庄战役中,攻城部队做到了"勇敢加技术"。

1947年11月,晋察冀野战军挟清风店战役胜利之威,乘石家庄守敌兵力空虚、军心动摇之际，发起石家庄战役。这是人民解放军进行的重要的攻坚战役。当时，石家庄守军虽然只有2.4万人，但敌在日军防务工事的基础上形成了坚固的防御体系，周围有六十多华里长的外市沟和三十多华里长的内市沟及市内坚固建筑群三道防线，碉堡达六千多个。整个防线深沟高垒，暗堡林立，电网、铁丝网交织，地雷密布，被称为"地下城墙"（石家庄无城墙）。国民党军队得意地宣称："石门是城下有城，凭工事可以坚守三年。"这是一次难度很大的攻坚作战，也是晋察冀野战军炮兵、步兵、工兵（爆破）第一次协同进行攻击大城市作战。11月6日，攻城部队全线发起攻击，野战军炮兵击中石家庄发电厂，断绝了内外市沟电网之电源；各部队在火力掩护下迫近作业改造地形，迅速完成纵横交错的交通壕，前锋直伸外市沟前沿。突破内外市沟后，各部队勇猛穿插、分割围歼，至12日，全歼石家庄市区守军，开创了人民解放军夺取大城市的成功先例。

朱德对石家庄战役十分重视，战役前和战役中，他都作了不少重要的指示。他在战前的动员中，反复强调要作好充分准备，高度重视攻坚战术与技术，并且学会把军事进攻同政治瓦解相结合，尽量减少自己的伤亡。他强调攻克坚固设防的大城市，在解放军历史上还是第一次。他对炮兵、步兵和工兵协同作战极为重视。他在战役前检阅攻城炮兵部队时说，炮兵很重要，为步兵开辟道路，可以减少伤亡。炮不打，口不开，打开缺口可以胜利向纵深推进，扩大战果。在战术上要注意，接近敌人要秘密，打炮时要猛，要突然，火力齐整集中，集中里面还要再集中，还要注意运用不同地形实施射击，不打则已，一打就打得猛，打得准，打得狠。步、炮协同好，胜仗不断打。

他还提醒指战员，要研究运用炮兵为步兵打开突破口，把敌人碉堡打掉，支援步兵向纵深发展。在作战部署上，主要进攻方向兵力、火力要集中使用，大集中里面有小集中。迫击炮要能伴随步兵一起行动，山炮、野炮、榴弹炮要组成火力队，在主要进攻方向上支援突击队。为了增强攻击石家庄的火力，朱德下令从华东野战军调一个榴炮营来加强前线。

就在这次战役前，朱德提出"勇敢加技术"的口号，这个口号随即成了野战军的自觉行动。

为顺利进行石家庄战役，朱德和晋察冀野战军共同制定了攻石门计划，确立了以阵地战的进攻战术为主要方法，有组织、有步骤地去进攻，用坑道作业接近堡垒，用炸药爆破，加以炮击，各个摧毁，采取稳打稳进的办法。战役进行过程中，朱德又不断地及时予前线以有力的指导。

朱德认为，石家庄战役很好地体现了"勇敢加技术"的口号，主要包括："第一，这次冲锋前，在冲击出发位置上挖了工事，缩短了冲锋距离，减少了伤亡。在逼近敌人的短距离上，大家散开，先挖个人掩体，然后先横后纵地挖交通壕，把它联接起来。挖工事时用火力掩护，一般没有什么伤亡。第二，炸药使用得很好，很普遍。很多连队会用炸药炸开突破口和开辟通路。在炮还不很充足时，攻城应该把使用炸药放到第一位。打手榴弹的技术也很重要。这次在打退敌人的反冲锋，特别是在巷战中，显示了手榴弹的巨大威力。第三，炮兵起了很大作用。这次采用了集中几十门炮打一个突破口的办法，学会了使用炮。炮、炸协同，打开突破口；炮、炸、步又协同，突破口打开后即占领前沿，并巩固了突破口。第四，学会了集中火力突破一点，随即向两边扩张的战术。打进去后就赶快挖工事，像钉子一样钉住，固守起来，向两边发展。打街市战就应当这样，若是打进打出，那就糟糕了。第五，一班分为三个战斗小组，互相掩护，分散前进，这很好。街市战兵力拥挤在一起没有用，反而不便于运动。第六，巷战打得很艺术，除充分使用手榴弹、炸药及冲锋枪等外，并会挖墙壁前进。"（《朱德军事文选》第627—628页，解放军出版社1997年版）

朱德多次强调，"勇敢加技术"应该成为一条重要的军事原则。过去作战需要"勇敢加技术"，今后，武器发展了，作战领域拓宽了，更需要做到"勇敢加技术"。"今后战争的胜利仍然靠勇敢，但不能只靠勇敢，而必须使军队各种成员精通技术，使各级指挥员精通现代的指挥艺术和善于组织有计划的作战，使勇敢与技术相结合。勇敢加技术，就战无不胜。"（《朱德军事文选》第809页，解放军出版社1997年版）

第五章
谋势造势　以弱胜强

《孙子兵法·势篇》中讲到:"善战者,求之于势,不责之于人,故能择人而任势。"也就是说,善于指导战争的将帅,注意力主要放在造成全局有利的态势上,寻机战胜敌人,而不应放在对下属人员的依赖和苛求上,因而能够选择胜任的部属,充分利用有利的态势。谋势造势,就是利用"势"之道,达到"任势取胜"的目的,是战争指导者在掌握敌对双方军事实力和政治、经济等各种条件基础上,通过主观的精心谋划,争取到时间、空间、力量上的我方优势敌方劣势、我主动而敌被动、我有利而敌不利的态势,进而控制和把握战争主动权。朱德用兵打仗,总是能够以弱胜强,以劣胜优,其关键就在于与敌对峙处于劣势时,能够创造出和利用好对己有利的态势,最后战而胜之。

一、让敌就我，我不就敌

力争主动，为避被动，是战争指导的一条重要原则，也是军队获得行动自由、争取战争胜利的根本条件，也是朱德指导战争的重要方法论原则之一。所谓主动性，说的是军队行动的自由权。行动自由是军队的命脉，失去了这种自由，军队就接近于被打败或被消灭。军队只有掌握主动权，才能达到保存自己、消灭敌人的战争目的。战争力量的优势或劣势，是主动或被动的客观基础。但是经过主观努力，经过双方主动能动的竞赛，劣势一方同样能够获得主动权。也就是朱德所说的，"如能经常保持主动，虽劣势之兵力，亦能战胜强敌"。（朱德：《抗日的游击战术》，1938年3月）这里，指挥员的主观指导正确与否具有决定的意义。因此，许多军事家都非常重视主动权对战争成败的作用。《孙子·虚实篇》指出，"善战者，致人而不致于人"，说的就是主动权的重要性。德国人古德里安在《坦克——前进》一书中讲的"永远要左右敌人"，表达的也是这个意思。

长期以来，人民军队一直处于劣势地位的客观现实，使朱德对军队的主动权非常重视。他很精辟地指出："游击作战的基本原则，最忌被动的应战，而须绝对地独立自主，操纵敌人。"（《朱德军事文选》第310页，解放军出版社1997年版）"主动的意义，无非是无论敌人有多少，依据当时的敌我位置、数量、质量和武器及时间等条件，抗日游击队要不断地扰惑、破坏、疲劳和消灭敌人，使敌人不愿和我们作战而又不得不和我们作战。""所谓'避实击虚'、'避强攻弱'、'声东击西'、'围魏救赵'、'能进能退'、'速战速决'等类的话，都有争取主动的意义。做到这样，不打就罢，打则常胜，就是偶然吃点亏，多少也赚回一点，不会折大本。"（《朱德军事文选》第365—366页，解放军出版社1997年版）

朱德在总结抗日战争的对敌经验时指出："事实完全证明，只有争取主动就利避害的机动战才能致敌人死命。在抗日根据地的机动战的原则，就是小股进退，分支袭扰，集中主力，乘弱伏尾，昼伏夜动，声东击西，有意暴露，及时隐蔽，利害变换，毫不犹豫，拿定火色，转入外线。在全国范围的机动战的原则，应当是在敌寇外线包围中寻找机动，在不利情况下毫不恋战，则单纯防御转到攻势防御，由被动转到主动，由散漫的队伍转到正规化和机械化的队伍。而这种机动战的运用，必须有民众的有力配合才能发挥它的伟大的作用。"（《朱德军事文选》第385—386页，解放军出版社1997年版）

这里虽然说的是游击战的作战原则，其实也适用于一般的作战。朱德认为："主动与被动的问题，战略家与战术家都懂的很清楚，但一到实际行动起来，往往一筹莫展。谁都知道，限于被动，虽握有优势之兵力，卒不能克劣势之敌人。如能经常保持主动，虽劣势之兵力，亦能战胜强敌。这样的例子古今中外的历史中不胜枚举。"他认为："争取战争的最后胜利，必要我们能够操纵自如的来应付战争，迫得敌人的左右俯仰，都要以我们的动作作为转移。这就是说，我们处于战争的主动地位。我要战，叫敌人不能不战，我要休息，叫敌人不能不休息；我要叫敌人到东，敌人就不能不到东，我要叫敌人到西，敌人就不能不到西。"（朱德：《抗日的游击战术》，1938年3月）共产党人的兵法，历来是"你打你的，我打我的"，绝不会按照敌人的设计应战，强调打乱敌人的预定部署，使其步入我之步调，在作战时机、作战方向、作战对象上使敌听命于我，而不被动地应付于敌。

朱德认为，战略上要藐视敌人，战术上要重视敌人。尤其打大仗、打强敌，必须制定出系统的斗争方针，战斗开始必须懂得摆布敌人，掌握主动权。战斗布局与策略还须因天时、地利、敌况不同而异，切不可生搬硬套教条与已得的经验。朱德以抗日战争为例指出：中国军队（指正面战场上的国民党军队）在抗战中失利的教训就在于丧失了主动权，只为防御而防御，一味等待日军的进攻，而没有坚决从防御的优势变到进攻。而日军则在战争中完全处于主动的地位，想战则战，想休息则休息。中国军队只等着挨打。

想要摆脱被动，争取主动，就是要做到"让敌就我，我不就敌"。1947年6月，朱德在冀中军区干部会议上讲话时，专门论述了集中兵力主动作战的问题。他指出："主动就是让敌将就我，而我不将就敌。我能调动敌人，不受敌人调动。这就要不怕丢地方，你要占这个城，我就退出来，你要打我这个，我就打你那个，就是你打你的，我打我的，各打各的。"（《朱德军事文选》第597页，解放军出版社1997年版）

朱德极力反对那种睁着眼睛不顾客观现实的发展变化，而固守一些教科书上的游击战术来指挥每一场战斗。朱德告诫广大抗日游击队指战员，共产党领导的游击队，大都没有精良的武器，人数也少，物资补充也不会充足，训练也不一定有素。但是，面对的现实是，一定要战胜武装齐备、训练有素、数量众多、经济来源也充足的敌人。我们不能仅停留在这些表象上，要变这些被动为主动，用变化的观点看待每一场具体战斗。一支抗日游击队应怎样打仗呢？简单地说，就是要最热心地、积极地行动，争取主动地位，集中自己的全力，用一切方法向日寇进攻。

朱德认为，要使每一个抗日游击队员都清楚地认识到自己的光荣任务和职责，他不是一个雇佣的士兵，而是一个自觉的抗日民族自卫战士。由于有了这种自觉性、主观能动性，才能产生战斗中的积极性。凭着这种积极性，才能克服困难，在最艰苦的环境中也能积极活动。

朱德精辟地论述了抗日游击队的主动性的含义及作用。他指出，主动性的意义，无非是无论敌人有多少，依据当时的敌我位置、数量、质量、武器及时间等条件，抗日游击队要不断地扰惑、破坏、疲劳和消灭敌人，使敌人不愿和游击队作战，而又不得不和游击队作战。抗日游击队大都在敌人后方，有时被敌人正式围攻。在这种情况下，游击队员要改变受围攻的被动地位，敌人要与我交锋，我偏偏不和他作战，避开敌之锐气，使敌疲于奔命。他总结抗日游击队的经验说，要随时随地依人员、武器、交通等多种条件，灵活主动地运用战术，辩证地活用战术。

抗日游击队为什么一定要积极而又主动地打击日寇呢？朱德指出，因为游击队多种条件处于劣势，积极主动正可以补救自己的弱点，且可寻求敌人的弱点。如果不积极地采取进攻动作，争取主动的地位，游击队最容易气馁。但是，抗日游击队也不能拼命蛮干，冒险打硬仗。因为这样的战术，缺乏积极主动的条件，也是不顾战场的具体环境的蛮干。在处于敌人逼迫时，无条件地乱打一阵，反而是帮助敌人消灭自己，这不是灵活的战术。

如何争取主动呢？朱德认为，"过去的战争，都是摆开架子打，敌攻我守，陷我们于被动地位，所以我们吃了亏。经验教训启示我们，现在已由被动变为主动，使我们知道在战斗中，不固守一点，专找他的弱点和空隙，也就是他打我不打，他不打我打……我们有广大的土地和人民，到处都可以建立我们的根据地，使游击战、运动战配合起来，则正面、背面固可主动，而正面亦可依山势或别的有利形势成为主动。"（《朱德军事文选》第336—337页，解放军出版社1997年版）

当陷入被动地位的时候，就要努力脱出这种被动。朱德强调，脱出方法，也必须依情况而定，而不是凭主观臆断而定。在许多情况下，摆脱被动、恢复主动的一个重要办法是"走"，就是"游"。可以说，走是脱离被动恢复主动的主要方法。他说："有把握的仗就打，没有把握的仗就不打，不打就'游'。""不知道'游'，光知道'击'，结果打硬仗，拼得干干净净，使自己遭到彻底失败。"（《朱德选集》第125页，解放军出版社1997年版）

可见朱德对通过"走"争取主动是非常重视的，通过"走"来赢得作战歼敌的时机。南昌起义时，起义军指挥上，不知道游击战争的经验，只忙于南下打广东，争海口，进行大规模正规战，结果在优势敌军的追踪攻击下，逐渐丧失主动权，最后终于在潮汕地区失败。在这种危险情况下，朱德率领的一部分起义军及时实行了由正规战向游击战的转变，以游击姿态自三河坝地区隐蔽北上，穿山西进，沿闽粤赣三省边界辗转迂回，奔赴湘南，终于摆脱了强敌跟踪，争取了主动，从而保存了这支处于困境而一度陷于混乱的起义军余部。

除了"走"这种办法外，争取主动还有一种办法就是在战役战术上，示形欺敌，通过我之积极行动，造成敌人的过失，将我之被动转化为主动，包括：示形设虚，对敌大摆迷魂阵，使敌虚实难辨、迟疑不前的缓兵之计；虚而虚之，使敌疑心我有伏兵而引兵后撤的退兵之计；以少数兵力虚张声势，麻痹敌人,主力秘密脱离接触的金蝉脱壳之计;攻其必救,打乱其部署的调虎离山之计等。在战略上,要着眼主动,预筹先机,在敌方尚未引起重视时,预先"布眼"。如抗日战争中,八路军、新四军在敌后到处建立根据地,以逐渐造成对敌的战略包围态势,使敌逐渐由主动转为被动,我方则由被动转入主动。对此,朱德指出:"发动群众游击战争,与在敌人后方建立一小块一小块的根据地,来分散敌人的力量削弱和疲惫敌人,这是战略上着眼争取主动,造成战役上各个击破敌人取得胜利的必要条件。"(朱德:《抗敌的游击战术》,1938年3月)在犬牙交错的敌后抗日战场上,八路军、新四军正是采用这种办法而最终由被动变主动,并最后战胜日本侵略军的。

二、诱敌深入,运动歼敌

所谓诱敌深入,是在强敌进攻面前,为了避免与敌人打硬碰硬的阵地战,在战略或战役上有计划地放弃一些地方,待敌分散、疲惫和不注意,诱其至预定地区加以歼灭的作战方法,这是朱德和毛泽东创造的让敌就我、我不就敌的重要战法。

1930年10月,蒋介石命令第九路军总指挥鲁涤平率三个纵队、七个师的兵力,对红一方面军进行大规模"围剿"。

当时,红一方面军内少数干部坚持按照中央和军委的指示,进攻南昌、九江,以迫使敌人转入防御,放弃"围剿"企图。朱德和毛泽东认真研究敌情我情,主张采取诱敌深入的战略方针,采取运动战的形式,先向苏区内退却,东渡赣江,将敌人引到革命根据地内部,来个关门打狗,利用苏区人民的支援和有利的地形条件,发现和造成敌人的弱点,使敌我力量对比发生有利于我之变化,然后集中力量,伺机歼灭敌人有生力量,打破敌人的"围剿"。因为敌人有七个师,在强敌进攻面前,弱小的红军决不能去冒险进攻南昌。南昌是敌人重兵驻守的地方,红军还没有足够的力量去打大城市,如果硬要以弱击强,不仅不能迫使敌人放弃"围剿",还有使红军陷入绝境的可能。

经过反复讨论做工作,最后决定退却到赣江东岸赣南地区,在根据地内待机歼灭敌人。

11月5日，鲁涤平三个纵队开始进攻，于赣西及景德镇附近地区"包剿"朱德和毛泽东率领的红一方面军。红军以少数兵力配合地方武装迟滞、消耗、疲惫、迷惑敌人，主力则向苏区中部黄陂、麻田一带转移，隐蔽待机。

鲁涤平发觉红军主力东渡赣江后，重新布兵，调第一、第二纵队尾追红军至赣江以东，寻找红军主力作战。可是，当他们于11月7日追到红军原驻地袁水两岸时，才发现上了当。在朱德、毛泽东"诱敌深入"方针迷惑下，敌人第一次扑空。

红一方面军主力东渡赣江后，是在边沿地区消灭敌人，还是退到中心区域一网打尽？朱德和毛泽东反复考虑，认为红军刚转入运动战，必须慎重作战，没有十分把握不与敌人决战。于是决定实行"向中心退却"，到根据地中心区歼灭敌人。因为那里的条件对敌人会更不利，消灭敌人更有把握。这是深谋远虑、稳妥可靠的战略方针。

为了将敌军进一步诱入根据地中部，再寻机歼灭，朱德和毛泽东又命令红军主动放弃吉安、吉水、东固、东安、永丰等地，有计划地进行第二次大规模战略后退，逐次向苏区中部的东固、龙冈地区转移，待机破敌。为了不使红军在退却中过于疲惫，朱德、毛泽东决定分两步退却：先将敌军诱至苏区中部的东固、南垄、龙冈地区；而后再将他们诱至苏区腹地的黄陂、小布、洛口一线，相机歼敌。并派红十二军军长罗炳辉率领红三十五师伪装成红军主力，分散在水南、富田、东固、龙冈地区修筑工事，处处迷惑敌人，诱敌深入苏区。

敌鲁涤平第九路军东渡赣江，马上在吉安至南丰之间实施战略展开，准备在此歼灭红军。然而，他来晚了，红军主力早已向苏区中部退却，敌军再次扑空。12月1日，四万红军大踏步战略退却，经过长途跋涉，终于到达退却终点——宁都西北部黄陂、小布地区，准备战略反攻。

就在这时，蒋介石又一次调兵遣将，使"围剿"大军达到十一个师又两个旅，共十万余人。同时设立了"陆海空军总司令南昌行营"，以鲁涤平为"剿匪"军总司令兼南昌行营主任,张辉瓒为前线总指挥,采取数路分进、南北合击的战法,从江西的吉安、福建的建宁一线,分八个纵队向苏区中心区域发起总攻,在八百里战线上,"围剿"只有四万多人的红一方面军。

张辉瓒师是鲁涤平的起家部队之一,也是鲁涤平手下最能打的部队,号称"铁军师"。张辉瓒这次领命出师"围剿"红军,一心想第一个占领东固,拿个头功。就在另一路"围剿"军公秉藩部到达东固的第二天早晨,张辉瓒利用天空大雾迷漫之际,指挥部队进攻东固。公秉藩以为是红军反攻,也集中火力坚决抵抗。双方激战达数小时之久,后来各自吹号的声音提醒对方,才知是一场误会。两师会合后,张辉瓒以为不要其他军队配合就能取胜。他与公秉藩约定,分别向龙冈、约溪转进,寻歼红军主力。

12月上旬,深入苏区的敌军,在苏区军民的不断狙击袭扰下,兵力分散,补给困难,疲惫劳累,处处扑空,士气沮丧,已暴露出许多弱点。红军先打哪一家最有把握?有人主张先打兵力较弱的左路之敌毛炳文师和许克祥师,而后由西向东横扫,再攻右路张辉瓒师、公秉藩师和谭道源师。朱德和毛泽东提出了"中间突破"的作战方案。他们认为,毛、许两师,虽兵力较弱,但其驻地群众条件不好,同时打了毛、许之后,张、谭很可能收缩到一起,以红军弱小的力量,难以啃掉这块硬骨头。而张辉瓒的第十八师和谭道源的第五十师为"围剿"军的主力,张辉瓒又是前线总指挥,两师各约1.4万人,红军有四万人,集中兵力一次打敌一个师,占绝对优势。先打败张、谭两个主力师,东西诸敌就被分隔开来,把敌人八百里连营斩断,使之不能照应,蒋介石精心策划的"围剿"就被打破了。

12月16日,国民党军开始向苏区中心区进攻。12月24日,朱德和毛泽东得到情报:敌谭道源第五十师正在源头蠢蠢欲动,准备向小布进攻。由于小布易于设伏,朱德和毛泽东决定于小布首先歼灭谭师。25日凌晨一时,朱德、毛泽东发布命令,要求红军于当日拂晓轻装前往小布设伏,并规定,白天不许煮饭,前线指挥员不许骑马。

红军由小布出发,轻装向北运动,在通往源头的道路两侧埋伏下来,专候谭道源师从芦峰山下山。可是，12月26日和27日，部队设伏两天，却不见谭师的影子。后来侦知，谭道源刚整装待发，国民党的一个间谍报告了红军在小布设伏的情况，谭道源立即改变了计划，坚守在源头等地，根本不敢离开这个居高临下的阵地。

红军向谭道源部运动的情况，却使张辉瓒产生了一个错觉，以为红军要从谭道源阵地突围出去。于是，他留一个旅守东固，自己率师部和两个旅向龙冈杀来。

朱德和毛泽东得知张辉瓒师孤军深入的消息后，当机立断，在龙冈布围，命令红一方面军横扫左翼之敌张辉瓒师等，次第歼灭之，并部署集中红军主力于29日分两路秘密西进，歼敌人于运动之中或立足未稳之际，预定战场设在龙冈。

龙冈，是一个位于永丰县南部的小镇，地形十分险要。它东靠君埠，北邻上固，南连兴国，西接吉安，卧于一条狭长山谷中，狭谷最宽处不足三公里，最窄处仅有150米，是个打伏击战的好地方。

12月29日，朱德和毛泽东率红军主力抵达龙冈以东三十华里的君埠隐蔽待机。当天，张辉瓒的先头部队一个团推进到龙冈。在那张随身携带的军用地图上，龙冈的蓝色小圈圈之外，早已被朱德和毛泽东用红笔牢牢地圈住了。朱德和毛泽东在龙冈和君埠之间的黄竹岭设立了临时指挥所，离张辉瓒司令部所在地龙冈不足五公里。

12月30日拂晓，红军主力在浓雾掩护下悄悄进入预伏地区。整个龙冈地区被锁在云水浓雾中，细雨霏霏，真是"雾满龙冈千嶂暗"。由于群众严密封锁消息，而且红军行动秘密神速，敌先头部队虽然开到龙冈，但张辉瓒对红军设伏于龙冈的消息一概不知，还以为红军主力远在百里以外，所以放心大胆地令大部队继续向龙冈前进。

上午九时，龙冈上空突然放晴，云雾消散，阳光普照，映得满山枫叶分外红，苍松翠柏也显得特别挺拔。朱德和毛泽东居高临下，密切注视着敌军。

就在这时，向五门岭前进的敌张辉瓒师先锋部队戴岳旅的一个团，在小别村前小拱桥与担任正面阻击任务的红三军第七师遭遇。第七师在激战中，一举将敌尖兵连消灭，乘胜向龙冈方向前进。同时，朱德下令出动增援部队，与敌人激战数小时，全歼敌一个旅和一个团。

下午三时，张辉瓒亲自指挥四个团向红三军阵地实施多路进攻。这时，朱德和毛泽东率红军主力迂回到龙冈侧后，占领制高点，堵住了张辉瓒主力四个团的退路，封锁了整个龙冈。

四时整，朱德下达总攻击命令。在激烈的战斗中，一时天气突变，风雨骤降，敌军锐气顿失。红军主力和地方武装乘机一起冲杀。张辉瓒师立时溃散，四处窜逃。黄昏时分，战斗全部结束。

此战，在朱德和毛泽东的周密部署、巧妙指挥下，全歼张辉瓒第十八师师部和两个精锐旅，总计近万人，活捉师长张辉瓒，缴获甚丰。

龙冈大捷，令前线敌军纷纷收缩。驻源头的谭道源师向东逃去，疾速向许克祥师和毛炳文师靠拢。朱德和毛泽东早就料到这一点，于当天疾速赶到小布，发布追击命令。

红军官兵发扬不怕疲劳、连续作战的作风，冒雨勇猛追击，担任诱敌任务的小分队和地方赤卫队截住了谭师的后卫团，一阵攻击，歼敌两个营。1931年1月3日，双方鏖战到下午三时，红军从南、北、西三面突破敌军阵地。谭道源见势不妙，率残部从东北面逃跑。红军乘胜追击，歼敌一部，俘敌三百余人，缴获各种武器两千余件。

短短五天，朱德、毛泽东指挥部队连打两个胜仗，总计歼敌约1.5万人，缴获各种武器1.2万余件。朱德、毛泽东诱敌深入的破敌法取得了巨大战果，仗打得有声有色。参加"围剿"的其他各路敌军都纷纷退走，第一次反"围剿"作战胜利结束，朱德誉之为"红军史上破天荒胜利"。对此，国民党的史书作了深刻检讨："匪军……灵活运动正规战术与游击战，行动机敏，分合自如。且熟悉复杂地形，得内线作战之利。故能彻底集中优势兵力，打击国军之一部，以达其突破围剿之目的。"（台湾"国防部史政局"《剿匪战史》（一）第113页，中华大典编印会1967年版）

红军在第一次反"围剿"中作战的特点有：当敌大举进攻时，诱敌深入，避免过早决战，实行大踏步战略退却，以保存军力；当敌深入苏区、弱点充分暴露时，则抓住战机，择其要害，集中兵力打敌一路，而后转移兵力，寻歼另一路，各个歼灭敌人。

如果说红军第一次反"围剿"作战带有很大程度的游击战加运动战色彩的话，那么，第二次反"围剿"作战，则充分展示了红军在运动战中的出色本领。

第一次"围剿"失败后，蒋介石为了不给红军以喘息的机会，仅隔四个月，就组织了第二次大规模的"围剿"，总兵力达到二十万人。蒋介石吸取前次"长驱直入"遭致惨败的教训，采取"稳扎稳打，步步为营"的战术，在西起赣江、东至建宁的八百里战线上，形成一条弧形阵地。并在富田、东韶、广昌一线筑起了坚固的工事，企图诱使红军脱离根据地去打攻坚，然后"分兵合击"，置红军于死地。

此时，红一方面军经过第一次反"围剿"作战，数量减了万余人。1931年4月中旬，苏区中央局在青塘召开扩大会议，讨论第二次反"围剿"的战略方针问题。朱德和毛泽东分析，蒋介石的战略企图，是想从北、西、南三面向东推进，将红军逼到东海边，而后聚歼。红军兵力太弱，还是应该像上次那样，依靠人民群众，实行诱敌深入，集中优势兵力，寻找敌军行进时暴露出来的弱点，各个击破。

先打哪一路呢？朱德和毛泽东经过研究，确定先打敌军中比较弱的王金钰一路，而后由西向东横扫至福建的建宁。王金钰部是蒋介石收编的杂牌军，属于北方部队，对南方水土不服，也不善于走山路。同时，这路敌人既弱，红军在该地区群众基础又好。于是命令各部于4月23日到永丰县龙冈地区集中，向龙冈、上冈方向移动。

为了更加接近敌人，便于捕捉战机，朱德和毛泽东又率领部队从龙冈向西推进二十公里，三万多名红军隐蔽在东固地区，修筑坚固工事，继续诱敌深入，待机歼敌王金钰部。朱德和毛泽东则将方面军总司令部移驻离东固二里半的墩上,离王金钰部进驻的富田只有二十公里,离郭宗化部进驻的永南、白沙只有三十五公里,南面有蒋光鼐、蔡廷锴之敌。由于红军就近隐蔽在三面临敌的位置,时刻有走漏消息的危险,有人称这种军事行动是"钻牛角尖"。

5月中旬,朱德、毛泽东率领红军在敌人眼皮底下静静等待了二十多天后,终于等到王金钰第五路右翼部队脱离富田坚固阵地,进入红军白云山埋伏圈。也就是后来朱德所指出的:"有人说我们钻牛角尖,牛角尖终于钻出来,而且把它打烂了。"

5月13日,朱德通过电台准确地掌握了敌人部署及其发动攻势的具体日期,得知王金钰部第四十七师一个旅和第二十八师正由富田向东固开进。晚上十点,朱德、毛泽东发布命令,果断决定"各个击破"敌军,决心先消灭进攻东固之敌,乘胜掩击王金钰主力,努力歼灭之,以转变彼我攻守形势。

第二天黄昏时分,红一方面军电台截获敌第二十八师师部用明码电告驻吉安的留守电台说,我们现驻富田,明晨出发前往东固。同时还获悉,敌右翼部队正分两路向东固开进。

见敌人已经上钩,朱德和毛泽东决定采取一个大胆行动——钻牛角尖,令红军主力从南、北两面的敌两个师之间五十里的空隙中隐蔽西进,以两翼包抄的方式攻击敌军后背,消灭王金钰的两个师。当天晚八时,朱德和毛泽东发出攻击富田敌军的命令。

第二天拂晓,各路红军奉命迅速出动。王金钰和公秉藩的部队果然于15日晨,离开富田,向东固开来。

5月16日清晨,黄公略率领的红三军全速赶到中洞,占据了将军帽制高点。

拂晓前,朱德和毛泽东带总部和电台,由黄沙坳村向西,沿大路往东固附近的白云山指挥所出发了,最后来到一个小山村。为抵近前线指挥,朱德和毛泽东将司令部指挥所移至东固通中洞大道北侧的白云山上,这里离前线只有十公里。

5月17日,战斗打响,插到敌第二十八师后背的红军主力部队首先向敌发起进攻，激战一天一夜，将公秉藩师全部解决，师长公秉藩被俘后，混在俘虏队伍中领了三块银元逃掉了。

随后，朱德和毛泽东下令迅速出击，向东横扫敌人！19日在白沙截住逃敌，乘敌军心恐慌之际，一阵猛打，全歼撤退中敌第四十三师一个旅和第四十七师一部。

21日中午，红军前锋部队进至中村。不料，敌孙连仲第二十六路军的高树勋第二十七师也向中村进发，几乎与红军同时到达，其第八十一旅的先头部队已到达这里。

朱德得知敌情后，和毛泽东研究对策，下定了歼灭中村之敌并乘势南下南团，歼敌第二十七师主力的决心。

按照朱德、毛泽东的命令，部队于5月22日在中村向高树勋师的先头部队发起突然攻击，只用了一个上午，全歼敌先头旅，重创高树勋的师指挥机关，打得高树勋急忙下令全线撤退。

5月24日，朱德、毛泽东得到情报，敌朱绍良第六路军的毛炳文、许克祥、胡祖钰三个师有可能经广昌向南丰逃走，遂命令主力部队取捷径先占领南丰城。

第二天，敌朱绍良率部逃往南丰，广昌城只留下胡祖钰的一个师。朱德、毛泽东决定主力开到广昌古竹集中，全力进攻立足未稳的朱绍良部。

5月26日，根据朱德、毛泽东的命令，红四军和红十二军进抵广昌城，对广昌城形成包围态势，随后发起猛烈攻势。广昌守敌凭借坚固的工事负隅顽抗。红军发起一次又一次冲锋，守敌渐渐抵抗不住，不得不撤出外围工事，闭门死守。朱德和毛泽东遂改变战法，命令围困东北渡桥的战士撤离，给守敌让出一条逃命的路。同时令担任主攻的部队再次发起强攻，黄昏时分，红军攻占广昌城。

随后，朱德和毛泽东指挥红一方面军主力，以迅雷不及掩耳之势，进抵建宁城，歼敌刘和鼎师一部，俘敌三千余人。

朱德和毛泽东指挥红一方面军，在半个月中，从赣江之畔一直打到闽北山区，横扫七百余里，五战五捷，共歼敌三万余人，缴枪两万余支，痛快淋漓地打破了蒋介石精心策划的"围剿"。

第二次"围剿"失败，使蒋介石恼羞成怒。他很快纠集三十万人马，亲任"围剿"军总司令，聘请英、日、德等国的军事顾问参与策划，于1931年6月间，浩浩荡荡又发起了第三次"围剿"，采取"长驱直入，分进合击"战略，企图先击破红军主力，捣毁苏区，然后再深入"清剿"。其计划分二步：第一步是趁红军远在闽西北地区之际，以主力迅速南下占领赣南，摧毁红军根据地；第二步是寻找红军主力作战，一举全歼。

朱德和毛泽东决定继续实行诱敌深入的方针，于6月下旬，率红一方面军主力，分兵于赣东、赣南、闽西和闽西北地区。

7月2日，朱德和毛泽东得知蒋介石已于7月1日发出对苏区总攻击的命令。三十万国民党精锐部队分成左右翼两个集团，以疾风骤雨之势向中央苏区"长驱直入"，企图把红军驱赶到赣江边一举歼灭。

考虑到敌人进攻迅速，且已逐步深入我苏区前部地区，红军主力向赣南苏区前部和腹部集中已来不及，于是，朱德和毛泽东决定仍然采取"诱敌深入"的战略方针，回师赣南，将敌人吸引至中央苏区中心区域兴国、宁都、瑞金一带来打。7月10日，朱德和毛泽东率红一方面军总前委和总部人员从建宁出发，顶着七月骄阳向赣南挺进。7月中旬当进至瑞金以北的壬田寨时，得知敌人已进入苏区，正急于寻找红军主力作战。朱德、毛泽东认为，应利用蒋系军阀的矛盾，威胁两广，加剧他们之间的矛盾，再让敌军深入赣南底部，然后红军插回敌人后方，打其空虚之处。朱德说："我们的方法，就是先躲开他（敌人），疲劳他，等不堪了，再开始打。"

于是，朱德和毛泽东率部继续退却，于7月28日到达江西兴国的高兴圩地区，绕道千里，终于完成了回师赣南集中、调动敌人的战略任务。

三十余万蒋军气势汹汹进入苏区后，在苏区内东奔西窜二十多天，遭到苏区群众和地方武装的不断阻击和袭扰，却一直找不到红军主力。红军巧妙地穿过敌军空隙，大踏步东进以后，敌人依然驱兵向西、向南急进，日夜辗转于兴国以北的崇山峻岭中。当发现红军转移到其侧后兴国地区后，蒋介石、何应钦判断红军主力有向西渡赣江的意图，便集中九个师的兵力，分路向西向南急进，进占南丰、吉安、广昌和宁都，直逼红军面前，企图压迫红军于赣江边而消灭之。

朱德和毛泽东识破了敌人的诡计，决定避敌主力，打其虚弱，从敌侧翼打起，由兴国经万安突破富田一点，然后由西向东，向敌之后方联络线上横扫过去，让敌主力深入赣南根据地置于无用之地；待敌回头向北，必甚疲劳，乘隙打其可打者。这就是"磨盘战术"，即利用红军在根据地的有利条件，大胆地穿插于各路敌兵之间，使敌人晕头转向，摸不清我方底细，随后，避敌主力，打其虚弱，以歼灭敌人。

8月5日，朱德、毛泽东率红军主力两万人，从崇贤、兴国两地敌军之间二十公里的空隙中，踏着山间小路，翻越陡壁悬崖，沿着深壑峡谷，神秘而迅速地向东穿插。为了绝对保密，朱德命令部队将一切发光、反光的物品都要隐蔽好，一切能够发出声响的用具全都用布包起来。

8月6日中午，部队到达莲塘地区，巧妙地跳出了敌人的第一个包围圈。刚到莲塘，朱德、毛泽东即获悉敌上官云相的第三路军前锋一个旅已进至莲塘附近，并与红三军团的警戒部队发生接触。朱德和毛泽东判明该旅是各路"进剿"军中较弱的一路，遂决定迅速歼灭该敌。而后向北发展，求歼第三路军主力，要求各部当夜迅速展开。

8月7日拂晓，担任前敌总指挥的彭德怀，挥师向上官云相的先锋部队发起攻击，红军指战员迅速冲下山岗，与敌军展开肉搏战，两个小时即解决战斗，全歼敌先头旅及另一个侦察营，上官云相慌乱中逃回龙冈。

随后，朱德和毛泽东挥师北进，乘胜进攻良村。朱德亲自率领一个警卫排，向良村插去。途中与敌增援莲塘的郝梦龄的一个旅遭遇，由于抢占路旁山头的红四军慢了一步，被敌人抢先占领了。朱德率部到达山脚下时，才发现这一危险情况，立即率部投入战斗，坚持到毛泽东率大部队赶到，一起将敌人赶出良村。接着，朱德和毛泽东一起指挥部队追到良村，包围了郝梦龄的第五十四师，一阵猛攻，几个小时就胜利结束战斗。

紧接着，朱德和毛泽东率部在黄陂冒雨与毛炳文师展开激战，红军打得干净利落，只用几个小时就歼敌四个团。

连打三个胜仗后，朱德和毛泽东得知敌第六师、第十师已经接近黄陂，料定敌主力很快就会赶来，红军主力不宜在黄陂久留，遂下令部队于当夜撤离黄陂，向君埠及其以东地区隐蔽集中，休整待机。

蒋介石发现红军主力东去后，立即下令转旗东向，集中于黄陂、君埠地区，从东、南、北三面对朱毛红军构成密集的大包围圈，红一方面军再次陷入危险境地。面对此情，朱德和毛泽东冷静分析，认为大敌当前，红军应避免与超过自己数倍的敌军决战，必须采取"声东击西"的战术，改变原来由西向东的战略，转为由东向西，以红十二军伪装主力诱敌，向东北方向开去，主力从敌之两路中间，隐蔽向西突围，回到兴国的北部和西部隐蔽待机。

这是一个更为大胆惊险的动作。

8月15日夜，朱德、毛泽东率红一方面军主力，悄悄地从宁都、永丰交界的尖岭垴山地出发，迎着正由西向东开进的敌军，在敌几支大军之间十公里的间隙，向西急进。部队走了二十多里路，来到永丰、宁都、兴国三县交界的地方。这里是一个峡谷的谷底，两旁高山耸立。朱德和毛泽东等讨论行动方向问题，最后决定，由红十二军向东北方向佯动，引诱调动敌人；主力通过兴国那个缺口跳出合围圈。他们率领部队披星戴月，沿着崎岖的山间小道，翻山越岭，突破重围。朱德后来回忆道："我们在敌人两路夹攻，不到二十里宽的区域中转移出去，进退自如，打得相当巧妙。这都是由于群众条件优越，将敌人'肥的拖瘦，瘦的拖死'，弄得敌人疲惫不堪。"（《朱德选集》第131页，人民出版社1983年版）

经过一夜的急行军，朱德和毛泽东率红军主力终于跳出敌军重兵包围圈，到达兴国东北部的白石、枫边地区，隐蔽于深山密林中。红十二军在罗炳辉的带领下，白天行军，一路扬旗吹号，铺设路标，与敌人周旋，且保持一定距离，牵着蒋军的牛鼻子走。果然，敌人以为这就是朱毛红军的主力，一路尾追而来。罗炳辉把敌人主力拖了近半个月，直到月底，蒋介石才摸清朱、毛的战略意图，速派重兵到兴国北部地区寻找红军主力。

此时，红军主力已休整半个多月，待敌主力开到兴国时，已不见红军的踪影。

由于朱德、毛泽东的调动，国民党几十万大军进入中央苏区两个月，却始终没能找到红军主力决战，进退维谷。同时，由于人民群众大力支援红军，国民党军已被搞得晕头转向，精疲力竭，被拖得很"瘦"了。战场上红军与国民党军的优劣之势已经十分明显。蒋介石感到短期内"剿匪"成功无望，不得不下令退兵。

得知敌军要撤退，朱德和毛泽东认为这是极为有利的战机，决定乘势实施"敌退我追"的战术，指挥部队于9月6日出其不意地先消灭了处在调动中的敌蒋鼎文师。同一天，朱德和毛泽东又指挥红军向高兴圩的蒋光鼐的两个师发起进攻。可是由于红军兵力不够集中，在徒涉高兴圩以西河流时又遭到较大伤亡，蒋光鼐部已抢先占据了有利地形，且战斗力很强，激战两天，双方形成对峙。为争取主动，朱德和毛泽东指挥部队主动撤出战斗。

随后，朱德和毛泽东又于9月15日，乘敌韩德勤不备，在东固地区方石岭伏击全歼该敌。蒋介石亲自指挥的第三次"围剿"仍然以失败宣告结束。这次红军反"围剿"作战，历时75天，歼敌十七个团共三万余人，缴枪1.5万余支。

诱敌深入，绝不是单纯地退却，而是要以主动的动作，在"诱"字上大做文章，牵着敌人的鼻子，引诱敌人步入我之圈套。如果说，战略上的诱敌深入，在敌人进攻初期我之退却主要是为保存军力待机破敌的话，那么，在战役、战术上的诱敌深入，则是已经布好口袋让敌人钻。此时，成功的关键，就在于"诱敌"的文章做得如何。要诱敌深入，还要能够与敌巧妙周旋。比如，以小牵大，即以分散的小部队伪装成大部队，采用牵牛战术，拖着敌人大旅行，而主力部队则隐蔽、休整，待机破敌。

三、集中优势兵力，各个歼灭敌人

所谓集中优势兵力，就是把我方分散在各处的兵力，在一定时间内调集或使用于一定战场，并在兵力对比上取得对敌优势。集中优势兵力是战争制胜的重要原则，是人民解放军克敌制胜的根本法则之一，也是朱德指导战争始终坚持的重要作战原则。

集中兵力各个歼敌与军事平均主义是对立的。在中国共产党领导的革命军队作战实践中，虽然总的来说是坚持了集中的原则，但是在这个问题上也常有争论。从1932年开始，伴随着军事冒险主义而来的军事平均主义提出了所谓"全线出击"的口号。到1933年，又有所谓"两个拳头打人"的说法。到1934年第五次反"围剿"时，军事平均主义表现在"六路分兵""全线抵御"。这种和集中兵力相对立的军事平均主义，往往以为可以制敌，结果却反而被敌所制。

集中优势兵力，各个歼灭敌人，要求学会打歼灭战，整师、整旅、整营地消灭敌人。

华北解放战争中期，晋察冀军区部队虽然取得了很大成绩，但同其他战区相比仍有差距。抗日战争后期，日军在冀中一带的大"扫荡"十分残酷，晋察冀部队本来底子就不厚，反"扫荡"中被迫分散作战，部队基本上散了，一下子收不拢来。抗战胜利来得很快，部队凭借原来的骨干新组织的部队又纷纷调往东北。而在华北，傅作义这个对手难以对付，有的仗没有打好，这给晋察冀部队的作战带来了不少困难。特别是由于执行中央大踏步前进、大踏步后退的运动战的方针不够大胆，思想保守，怕失去地盘，主动性不足，集中主力主动进攻敌人、大量歼灭敌人的思想不明确，造成兵力分散，在这种情况下，朱德和刘少奇于1947年春率中央工委抵达河北后，立即听取了晋察冀中央局的工作汇报和军区作战情况的汇报，确定了在运动战中集中优势兵力，大量歼灭敌人的战略，决心打集中优势兵力、主动进攻敌人的歼灭战。

朱德在充分肯定晋察冀军区作战取得胜利的同时，明确提出，要依靠人民群众，依靠民兵和地方武装，到处打敌人，让野战军腾出手来专门打歼灭战，决不能叫主力到处去抵抗，应该加强地方部队的建设，从地方部队挤出一部分人来充实野战军。要实行总决战，党政军民结合为一体，共同对敌作战。

通过调查了解，针对存在的问题，朱德提出在组织上进行调整的意见，要求改组野战军，把主力集中起来打歼灭战。要扭转这个局面，就要加强训练，加强教育，思想上、组织上、作风上、战术上都需要强化。为此，他提出要组建晋察冀野战军，建立后勤部，建立统一的补训兵团，并统一军工生产，搞好兵站运输和财政金融等工作，使野战军脱离后方勤务工作，只管训练与打仗两件事。这样，部队就可以轻快有力，灵活使用。通过采取上述两项重要措施，晋察冀乃至整个华北的战场上，就不断出现新的面貌。

1947年5月，朱德曾在晋察冀军区的一次会上很中肯地指出一些部队没有打好仗的原因："你们最近打了一些胜仗，只是仗打得零碎了些。如何打大歼灭战，你们还没有十分学会。从张家口退出来以后，没有很好地把兵力集中起来。……如果你们学会了集中兵力，一定能够打大胜仗。""你们过去缺点主要是没有善于集中兵力消灭敌人，而使敌人将我各个击破。这些应是你们经验教训，如每次集中十个团以上兵力，胜利是不可预计的。"他要求："把野战军腾出来专门打歼灭战，决不能叫主力到处去抵抗，分散兵力去保卫地方。""到处去抵抗"就是打阵地战，"到处去抵抗"就分散了兵力。他说："打歼灭战是红军的传统战略思想。我们历来靠歼灭战来壮大自己，你们一定要贯彻打歼灭战的思想。"（《朱德军事活动纪事》第691页，解放军出版社1996年版）他告诫广大指导员，"应该时时刻刻想法集中自己优势的兵力去歼灭敌人，歼灭了敌人才能保人保地。大大小小部队各级干部都要学会主动的歼灭战，不能大歼灭就小歼灭。许多战役犯了分兵的错误而没有打好。每次分兵都有一定的必要，但是这一切必要，必须服从集中，只有集中才是主要的"。（《朱德军事文选》第597页，解放军出版社1997年版）

朱德向冀中军区干部发出打歼灭战的号召。为了统一思想，提高官兵的战役战术水平，在冀中军区干部会议上，朱德亲自讲解了打歼灭战的原则。

他指出，集中优势兵力、主动进攻敌人的歼灭战思想是红军传统的战略思想。集中兵力打歼灭战主要有四个条件：

——集中兵力，主动作战。主动就是让敌就我，而不就敌。我能调动敌人，而我不受敌人调动。

——打敌之侧背，包围歼灭敌人。打侧背须要大胆。要练出"欲打"敌人跑不了，"欲退"敌人追不上的本领。要发扬迅速、秘密、坚决的红军传统。

——要利用有利地形，把敌人消灭掉。此外，不但要有打垮敌人的威力，还要有压倒敌人的气势。

——要善于发挥政治优势，组织战场宣传，不但要有打垮敌人的威力，而且要有压倒敌人的盛气。

集中优势兵力，各个歼灭敌人需要把握的另一个原则，就是要集中最大兵力于主要突击方向。

集中兵力，建立在保证对于战场作战的绝对或相对优势的原则上。对于强敌，或关系紧要的战场作战，应以绝对优势兵力临之，对于弱敌或不关紧要的战场作战，临之以相对优势的兵力也就够了。要做到战略上各个击破敌人，无论大兵团、小部队，在进攻中，每一动作都要选定主要突击方向，集中最大兵力在这一方向来决战，其他次要方向只留出可以牵制敌人的兵力，以求先打掉敌人一部，然后再打别部。对弱敌，以优势兵力突然包围袭击而消灭之。抗御强敌进攻，只以小部兵力和游击队作有弹性的周旋，主力隐蔽地迅速转向敌人侧后突然袭击，集中兵力歼敌一部。朱德指出："我们必须以集中的力量给敌人弱点以最重大之打击，来各个击破敌人。""各作战地域应根据实际情况，将其作战线分为主要的与次要的方向，而将其基干队运用于主要方向。"（《朱德军事文选》第107、110页，解放军出版社1997年版）"无论大兵团、小部队，在进攻中每一动作，都要选定主要突击方向而集中其最大兵力在这一方向来决战。其他次要方向只留出可以钳制敌人的兵力，但须积极动作吸引敌人的注意力向着本身，借此保障主要突击方向容易进攻。如有人想处处顾全，平分兵力，结果到处没有力量，将演出东不

成西不就甚或失败的结果。"(《朱德军事文选》第151页，解放军出版社1997年版)

第四次反"围剿"作战中，蒋介石纠集二十九个师另四个旅共计五十万大军，分左、中、右三路，向中央苏区"分进合击"。其中，中路军是蒋的嫡系十二个师约十六万人，担任主攻任务，由第十八军军长陈诚指挥；左路军为驻福建的六个师又一个旅，由第十九路军总指挥蔡廷锴指挥，向闽西苏区进攻；右路军为驻粤北、赣南的粤军六个师又一个旅，由粤军第一军军长余汉谋指挥，从粤、赣边界向中央苏区推进，使中央苏区面临敌军合力围攻的严重局面。

朱德根据各方面得到的情报分析判断认为，敌军在这次"围剿"中增加了更多的兵力，目前正在布置对中央苏区的大举进攻，加速修筑包围与侵入中央苏区的公路，建筑沿苏区周围的强固工事，加紧组织苏区边境的民团，实行对苏区最高度的经济封锁等，这表现出其与前三次"围剿"所采取的步骤有很大的不同，尤其是"在战略战术上，都有相当的变更和进步"。那么，要运用什么样的战略战术才能打破敌人的这一次"围剿"呢？朱德冥思苦想，明确强调红军"必须以集中的力量给敌人弱点以最重大的打击，来各个击破敌人"，要求"红军兵团特别是基干兵团(如方面军)，应依照国内革命战争的要领，集结而灵活地逐次给敌人弱点以致命的打击,各个消灭敌人"。(《朱德军事文选》第107—108页，解放军出版社1997年版)还要求"各作战地域，均应独立作战"，"部署积极运动的防御进攻战斗，发展广泛的游击战争，到敌人的翼侧后方动作起来，钳制和调动敌人许多部队"(《朱德军事文选》第109—110页，解放军出版社1997年版)，进而为红军主力部队在转移突击方向中消灭敌人。

由于成功地破译了敌军电台的密码，朱德对敌军的指挥和部队的调动了如指掌。1933年1月4日，朱德和周恩来指挥红一方面军的三个军团另一个师，以绝对优势兵力和突然动作，将驻在金溪以南二十余公里的敌军一个旅包围，激战两天，全歼该旅，并乘胜再次占领金溪县城。

2月中旬，红军主力撤围南丰后，朱德和周恩来发现陈诚准备集结第一纵队和第二纵队主力，企图将红军主力围歼于南丰、广昌地区，于是果断决策，派红十一军伪装主力由新丰东渡抚河，向黎川方向急进，迷惑和引诱陈诚部主力东向，使敌各部队拉大距离，而红军主力陆续从南丰以西地区的东韶、洛口一带转移，休整待机，歼敌于运动之中。

在人民群众和地方武装的协助下，红十一军的行动果然奏效，陈诚真的以为红军主力到黎川方向去了，便令他的两个纵队"跟踪追击"，由罗卓英率第十一师由宜黄南下黄陂，第五十二、五十九师由乐安地区东进，两军在黄陂会合后，一起向广昌、宁都进攻。该敌为蒋介石嫡系，倚恃兵员、给养充足，装备精良，不分昼夜大胆地推进，逐渐与其第二、第三纵队拉开距离，翼侧裸露，孤军深入。

2月26日，朱德、周恩来得知第五十二、第五十九师分两路间隔十余里向东开进，判断该敌与其他两个纵队距离较远，且两师之间相隔摩罗嶂大山，不易联络，而黄陂一带山高林密，道路崎岖，地势险要，有一条三十多里长的峡谷，为从宜黄、乐安到宁都的必经之路，是打伏击战的良好地区，经过周密研究，决定集中红军主力四万余人，以绝对优势兵力，在这里消灭该敌，令全方面军分左、右两翼，埋伏在黄陂一带的大山中，平行北上，包抄敌军，以大兵团伏击战法，首先歼灭敌两个师于东进途中。

当晚，朱德和周恩来率部，冒雨翻山越岭，向预定地区开进。左翼队于2月27日拂晓前先敌到达黄陂、蛟湖地区，隐蔽在深山密林中。由于山林大雾弥漫，特别是当地群众帮助封锁消息，红军如此大规模的行动，竟没有走漏一点消息。27日拂晓，天下着毛毛细雨，朱总司令踏着泥泞亲临左路纵队指挥。

下午，黄陂地区持续着连日以来的细雨浓雾，十米之外视线不清，敌第五十二师正在登仙桥和黄陂间爬山。一时许，敌第五十二师进入红军左翼队的伏击圈，朱德立刻命令红军以突然动作发起攻击。红军以两个军团另一个军对付敌一个师，经三个小时激战，歼敌师部和一个团。第二天，彭德怀指挥红三军团歼灭敌第五十二师另外两个旅。红军右翼队将敌第五十九师大部歼灭在黄陂、霍源地区。

第一个回合，红军歼敌两个师，消灭敌师长以下万余人，缴获枪万余支。

陈诚在黄陂丢掉了两个师后，判定红军主力已转至广昌地区，决定取道黄陂、东陂、新丰、村竹直逼广昌，企图在这里会合其他两路，围歼红军主力。他把中路部队的三个纵队，缩编为罗卓英第一纵队和吴奇伟第二纵队，由原来的分进合击改为重叠作中间突破，以六个师纵深配备行军，长径达三日行程以上。这是兵家之大忌。

朱德和周恩来分析认为，敌军虽队形密集，但纵深配置长度达三天行程以上，如果能使敌前后纵队拉大距离，红军就可以再次集中主力攻歼其中一部，遂决定采取诱敌深入的战法，命令红十一军进至广昌西北地区，配合独立师和地方武装，伪装主力吸引向广昌方向急进，拉大与后纵队的距离，使其首尾不能相顾，而红军主力隐蔽地向北急进，集结于东陂、草台岗一带，张网以待，寻机伏击歼灭敌后纵队。

陈诚不知是计，还误以为红十一军是红军主力，便命令前纵队加速向广昌推进，并要后纵队一个师加入前纵队。

几天后，朱德根据侦察部门的报告得知，敌军前后两个纵队形成一条长达百里的长蛇阵，后纵队先头部队第十一师正向草台岗、徐庄地区开进，第五十九师残部尾随其后，与在东陂、五里牌的后卫第九师相距三十余里。第十一师是陈诚赖以起家的部队，蒋介石嫡系中的主力，装备最精良，战斗力最强，此时正好孤立行进在险峻的山路上，兵力无法展开，火力优势难以施展。朱德和周恩来果断抓住这一战机，灵活改变原定消灭敌后卫师的计划。

这时，又接到第二个情报，下午二时敌第十一师前锋已停止前进。另据侦听到敌人的电话，罗卓英令前锋第八十旅连夜撤回五里牌。草台岗距离五里牌二十余里，敌三个小时即可走到。于是，刚起草好的命令作废，重新研究作战方案。

夜里鸡叫头遍，又来了新的敌情报告：敌第十一师并未北撤，后续部队和辎重行李于天黑前全部到达草台岗，正彻夜构筑工事。朱德、周恩来遂向方面军下达命令：于 21 日拂晓，采取迅雷手段，干脆消灭草台岗、徐庄附近之第十一师，再突击东陂、五里牌之敌。

东陂、草台岗地区四周群山环抱，峰峦起伏，丛林密布，道路崎岖，国民党军的重装备难以发挥威力，飞机也派不上用场，确实是红军发挥优势、伏击歼敌的理想战场。

3 月 21 日，敌向广昌方向加速前进的前纵队第十、第十四、第九十师并配属第五师抵达甘竹，后纵队第十一、第九师进到宜黄县草台岗、东陂地区，与前纵队相距百里。当地山高林密、道路崎岖，敌军前后两纵队难以相互策应，已不能及时回援，这就为我军在运动中分段伏击歼敌创造了极为有利的战机。朱德和周恩来抓住战机，指挥红军左、右两翼部队在草台岗、东陂之间的霹雳山对敌后纵队两个师发动猛烈攻击，一举将该敌分割包围。

红军一、三、五各军团主力，在地方部队的密切配合下，分头从左路、中路和右路，集中兵力向占据草台岗及其附近各险要高峰之敌第十一师，出其不意地突然发起猛烈进攻，红军战士端着刺刀向敌军阵地冲锋，与敌人短兵相接，"与敌接触个个勇敢坚决，反复冲锋，白刃战肉搏十余次，一直冲到最高峰"。（朱德在中共八届八中全会上的发言，1959 年 8 月）激战一日，歼敌第十一师大部和第九师小部，取得了东陂战役亦即草台岗战役的胜利。

但是，一定条件下的分散兵力，是实现集中兵力的前提和保障，在集中兵力于主要作战方向的同时，还要分散兵力于次要作战方向。无论是在防御作战还是在进攻作战中，没有主要方向上的兵力集中，就难以达成作战的胜利，而要保证主要方向上形成兵力优势，就必须分散部分兵力在次要方向上牵制敌人的兵力，把敌军力量吸引到次要方向上来，以减轻主要作战方向上的压力和阻止敌人向我主要方向上增援。

四、学会钓大鱼

1947 年 5 月，中共中央书记处与陈毅、粟裕等研究后，决定三个纵队暂不渡江，由粟裕指挥华东野战军主力和中原野战军第十一纵队，在陇海路开封至徐州段及南北地区，以寻歼敌邱清泉兵团（第五军即为其主力）等部为主要目标，力争在四至八个月内歼敌五六个至十一二个旅，完成渡江准备。歼灭第五军，即成了粟裕暂不渡江，在中原作战的最重要任务。

第五军是何物也？乃国民党军五大主力之一。国民党军五大主力分别是新一军、新六军、整编第七十四师、第五军、整编第十一师（后恢复为第十八军番号）。当时新一军、新六军在东北战场，整编第七十四师已在孟良崮战役中全军覆没。第五军、第十八军均在中原战场。

第五军是国民党军最早的机械化部队，在抗日战争中曾打过多次硬仗，著名的昆仑关之战和参加中国远征军浴血缅甸的战斗使得该军名声大振。解放战争初期，在山东和中原战场曾与华东和晋冀鲁豫野战军多次交锋，未受到大的打击，所以气焰十分嚣张，该军军长邱清泉更是骄横跋扈，国民党便造谣共产党有"遇邱不打"之说，还说"刘瞎子（指刘伯承）怕碰邱缺嘴（邱清泉）"。由此可见第五军之狂妄自大。

1948年5月10日，朱德在陈毅、粟裕陪同下由河北省阜平县城南庄出发，代表中共中央军委前往华东野战军进行慰问和指导工作。5月13日，朱德一行抵达华东野战军所在地濮阳。他不顾千里跋涉的劳累，简单地用水擦了一把脸，便开始听取华野第一纵队司令员兼政委叶飞的汇报。第二天，华东野战军第一兵团召开团以上干部大会，欢迎朱德总司令的到来，并请总司令讲话。

朱德代表党中央、中央军委和毛泽东主席向华东野战军表示亲切慰问，并着重阐明了战争形势、军队建设和革命前途等重大问题。

在战场上没有一成不变的战法，因此，朱德进一步强调在战斗中要学会对不同的敌人采取不同的办法：既要总结自己的战术，还要研究敌人的战术，特别是变化了的战术。对于不同的敌人要有不同的打法。打小敌弱敌，可用比较简单而直接的办法；打大敌强敌，必须制定出系统的作战方针。

在报告中，朱德形象地提出用"钓大鱼"的方法歼灭集结在中原地区的国民党主力部队。大鱼，是朱德对敌主力部队的形象说法；"钓大鱼"，即指抓住和歼灭敌人的主力。这里，朱德指的就是"钓"国民党第五军。

他说："国民党的几个主力部队，有的被我们搞掉了，如整编七十四师；有的搞得差不多了，如新一军、新六军；有的也遭到我们的严重杀伤，如五军和十一师。今后还要想一些办法把敌人的这几个主力部队彻底搞光，问题就可以解决一大半。特别是你们要研究如何对付五军、十一师和七师等敌人主力部队。我替你们想了一个办法，就是用钓大鱼的办法。钓了一条大鱼你不要性急，不要一下就扯上来，因为你性急往上扯，大鱼初上钩，尚未疲困，拼命扯往往会把钓索弄断。可以慢慢同它摆，在水里摆来摆去，把它弄疲劳了再扯上来，这样就把大鱼钓到手了。对第五军就要用这个办法，要用'引'的办法。它来攻，我就退，有条件就阻击一下，没有条件就不阻击，把它拖得很疲劳，弹药也消耗得差不多时，再用大部队去奔袭歼灭它。"（《朱德军事文选》第655页，解放军出版社1997年版）

5月15日，朱德在华东野战军第一兵团连、排、班及士兵代表会议上讲话，强调要学会攻坚战、阵地战。他说，同志们在豫、皖、苏跑了一圈，消灭了很多敌人，有很大成绩。你们一出击，可以带走一大群敌人，内线的仗就更好打了。去年7月以来，山东、晋察冀、山西、陕北等地，拔掉了敌人大大小小许多据点，就是因为敌人力量薄弱了，又没有力量增援。至于后方内线部队的任务，就是要把"钉子"继续拔光。

这些内容深刻、语言生动的讲话，给华东野战军指战员们很大的鼓舞。朱德讲这短短一席话，顿使大家心里透亮，取得最后胜利的信心更加增强了。华东野战军部队和所属各兵团高级将领根据朱德的讲话精神，结合实际开展批评与自我批评，大大提高了部队的军政素质，为行将到来的战略决战作好了政治上、思想上、精神上的重要准备。朱德离开不久，华东野战军在粟裕的率领下，审时度势创造战机。六七月间，在中原野战军一部配合下，发起豫东战役，创造了在一次战役中歼敌9.3万余人的新纪录。这次战役的胜利，改变了中原和华东战场的战略态势。这次战役虽然没有歼灭第五军，但也只是让第五军多活半年而已。在1948年冬展开的淮海决战中，第五军连同邱清泉都没有逃脱覆灭的命运。"大鱼"终于被钓住了。

第六章
纵横疆场　出奇制胜

指挥战争历来讲究出奇制胜。朱德用兵，一个重要特点就是灵活机动，以奇制胜。他认为，事物是多变的，情况是迁移的，决不容用一成不变的老章法来指挥军队。朱德用兵作战，从来都是根据任务、敌情和地形灵活运用，而不拘泥于固定的格式。

一、灵活机动是战胜敌人的重要条件

朱德认为，原则是不欺哄我们的，只要能灵活运用，必能顺利消灭一切敌人。在朱德的军事著述中，有许多有关这方面的重要论述。他指出，我们新战术还有一个特色，就是机动，就是灵活地运用条令的原则去执行命令；我们防御有机动，退却亦有机动；我们要了解敌人的战术，很艺术地运用条令。凡是采用灵活的战略战术的战役和战斗，我们大致就能胜利；凡是单纯防御或盲目进攻，就会遭受失败。无论进攻或退守，都要机动，都能机动，才有战胜敌人的把握。他在谈到游击战术时指出："关于游击战术的细小动作，本无不变的成法，那更需要指挥者去灵活运用与大胆地创造。"（《朱德军事文选》第310页，解放军出版社1997年版）朱德强调："应随时随地，依人员、武器、政治、经济、交通条件，来决定采取适当的战术，辩证地活用它。切忌机械地误解，以为某一种战术最有利，某一种战术应该完全放弃。"（《朱德军事文选》第327页，解放军出版社1997年版）

如果用一个词来概括战略战术的灵活机动，那就是"出奇制胜"。朱德认为，这是"弱敌强"的战争的一般战略精神。"'用优势的兵力，突攻敌人的弱点'的战略，也正是从来自军事上的所谓'出奇制胜'的战略——根据社会经济政治结构的发展，每个历史阶段随时具体变化的'出奇制胜'的战略。"（朱德：《抗敌的游击战术》，1938年3月）

做到战略战术上的灵活机动，朱德强调要打"机动战"，并对机动战原则作过很精辟的概括：事实完全证明，只有争取主动就利避害的机动战才能致敌人于死命。在抗日根据地的机动战的原则，就是小股进退，分支袭扰，集中主力，乘弱伏尾，昼伏夜动，声东击西，有意暴露，及时隐蔽，利害变换，毫不犹豫，拿定火色，转入外线。在全国范围的机动战的原则，应当是在敌寇外线包围中寻求机动，在不利情况之下毫不恋战，由单纯防御转到攻势防御，由被动转到主动，由散漫的队伍转到正规化和机械化的队伍。而这种机动战的运用，必须有民众的有力的配合才能发挥它的伟大的作用。在技术弱于敌的军队方面，奇击、伏击、夜袭，胜过正规对战；包围、迂回，胜过中央突破；在敌人后方侧翼积极活动，胜过正面抵抗。在朱德笔下，这是一幅多么机动灵活而又壮观宏伟的战争图景啊！

在朱德的作战实践中有许多不拘章法、灵活用兵的范例。

比如，在歼敌上，人民军队一般的作战原则是先打弱敌，后打强敌。中央苏区第二次反"围剿"，红军半个月内连打五仗，长驱七百余里，第一仗就是先拣弱的打，打水土不服、地形不熟的北方军队王金钰部。但第四次反"围剿"，红军则打的都是强敌，黄陂、草台岗两次伏击战，打的都是蒋介石嫡系陈诚部，这也是"围剿"军中的嫡系。这说明，一般的作战原则必须根据具体实际情况灵活加以运用。

又如，战略退却，是在敌战略进攻阶段己方必然采取的步骤。但在各个战争时期，战略退却的形式是不一样的。在反"围剿"时期，红军的战略退却一般是向着根据地退却。但第一次反"围剿"，红军退却的终点为根据地的中心地区；第二次反"围剿"，红军退却的终点为根据地的前部；第三次反"围剿"，则在根据地的后部。这是土地革命战争时期的情景。在抗日战争时期，则是另一种特殊的情景。在日军的战略进攻面前，中国抗战第一阶段表现为战略退却，但八路军的战略退却一反常规，与日军进攻的方向相反，向着敌人后方挺进。正如朱德所说，普通的退却是朝向敌人的对方退，也就是沿着大道退。这种退却，是最容易吃亏的。我们的退却却是走小路、爬山，绕到敌人的后方，把退却变为进击敌人，打敌人的后方。这实际上是一种反进攻。八路军和新四军向着敌后挺进，这种挺进是在敌人战略进攻阶段上我方的反进攻。就是说，当敌人向我进攻，而国民党军队大批退却的时候，八路军和新四军则以无比英勇的姿态向敌后反攻。这种战略是与一般的战略理论相悖的，但却达到了出奇制胜的效果。

第四次反"围剿"，朱德和周恩来运用和发展了以往反"围剿"的成功经验，从实际出发，首次创造了大规模的兵团伏击歼灭战的宝贵经验，即根据敌情的变化而灵活运用兵力，用佯攻或伪装主力转移迷惑并调动敌人，将大兵团兵力秘密集结起来，选择有利地形，出其不意地向敌军一部发动猛烈攻击，迅速击破或消灭其一翼。这种大兵团伏击歼灭战的胜利，在红军历史上没有过。

朱德对于毛泽东所总结出来的对敌作战方针和原则的正确性深信不疑，因而能得心应手地运用这些作战方针和原则。但是，他在运用中，又有自己的特点，集中到一点，是一个"活"字，也就是他自己所说的"随机应变、变化无穷"，从敌我双方的实际出发，实事求是地灵活用兵。总之，第四次反"围剿"战争的胜利，是朱德"龙韬虎略尽革新"军事生涯的光辉一章。

机动灵活，不仅为弱军对付强军所必需，而且是人民军队所具有的特性。一切反人民的军队，虽然也强调用兵要机动灵活，但都难以真正做到，其最基本的原因在于他们脱离人民。朱德在谈到两种不同的军队有两种不同的用兵方法时指出："非人民的、反人民的军队的用兵方法，不能不限于固定成规和固定格式。而人民军队的用兵方法，则是随机应变，变化无穷。八路军、新四军的用兵方法，便是属于后一种。"（《朱德选集》第167页，解放军出版社1997年版）

二、善用计策，以智取胜

故事之一

1927年，"八一"南昌起义的前夜，为了钳制国民党驻南昌的军队，保证起义军迅速全歼敌军，前敌委员会决定由朱德出面设宴，邀请国民党驻南昌的部分团级军官喝酒，以此拖住他们。

起义前夕，朱德领受特殊使命，巧使"调虎离山"计，设宴拖住了敌人的两个团长和一个团副，敌人的两个主力团失去了指挥，使起义能够顺利进行。

当时驻南昌的国民党军官，大都是朱德的老同事、老朋友，许多还是他的部下，所以他们毫不生疑地欣然前往。

7月31日晚，在南昌大士院32号，灯火辉煌，"竹战"正酣，一群军官在麻将桌上杀得难解难分。起义前夕，朱德正在完成前委交给他的一项特殊任务。这天，朱德在做好军官教育团起义部署以后，利用他的威望和社会关系，把敌第三军第二十三团团长卢泽明、第二十四团团长萧曰文和一名团副请到一家豪华饭店——佳楼大摆宴席。

被邀请的军官到齐后，朱德吩咐开席。大家吃得津津有味，赞不绝口。朱德边敬酒边和大家摆龙门阵，从自己参加云南起义讲到南昌从政，从川菜的来历谈到川酒的特色。席上谈笑风生，宾主频频举杯，气氛十分融洽。这顿宴席足足吃了两个多小时。

酒足饭饱后，开始搓麻将。突然，省政府方向传来激烈的枪声，随之全城枪声四起。朱德对大家说："你们不要惊慌，我们共产党领导的南昌起义现在开始了。"国民党军官听后气急败坏地说："朱德，你请我们喝酒，原来是没安好心！"他们企图反抗，想离开，可一看周围站满了持枪的士兵，只好沮丧地低下了头。

因为朱德巧设"鸿门宴"，拴住了国民党的部分指挥官，使他们的军队不打自乱，所以，叶挺、贺龙的部队顺利地解决了战斗，取得了南昌起义的胜利。朱德"请客"麻痹了敌军，拖住了敌军几个团级指挥官，打乱了他们的部署和指挥。

故事之二

1927年11月，朱德准备带着"赣南三整"时建立的教导队从崇义县上堡出发，去汝城同范石生部第十六军第四十七师师长曾曰唯谈判。

陈毅、王尔琢等担心朱德的安全。为保存南昌起义的革命种子，为了部队的生存和发展，朱德将自己的生死置之度外，毅然决定前往汝城第四十七师师部。

在去汝城的路上，朱德他们宿营在汝城濠头圩祠堂。夜半时分，在泥泞的山路上走了一天的朱德和随员们都进入了梦乡。突然间，枪声大作，土匪包围了他们休息的祠堂。躲藏已经来不及了，朱德灵机一动，转身向厨房走去，随后抓起一条围裙围在身上。刚系好，便听到土匪们在砸门。

朱德神态自若地打开门，一个土匪头目恶声问道："你是什么人？"

朱德机智地回答说："我是伙夫头。"

土匪见朱德满嘴胡子，军衣破烂，信以为真，"你们的司令在哪里？"

朱德朝后边的房子顺手一指："住在那边。"

土匪们没有怀疑，朝朱德指的方向匆匆走去。

朱德乘机从窗户里跳出，脱离了危险，星夜赶往汝城。

故事之三

1928年1月5日，朱德和陈毅率部由仁化来到广东乳源县杨家寨子，从这里翻过山去就是湘南的宜章县，朱德准备在这里发动年关暴动，以影响整个湘南。

朱德与中共宜章县委书记胡世俭，当地富家子弟、地下党员胡少海取得联系。当天晚上夜深人静时，朱德在住地杨家寨贤观阁（又名文奎楼）主持召开部队主要领导人与宜章县委的联席会议，决定下一步军事行动的计划。会上，中共宜章县委书记胡世俭、县农会主席杨子达和进步人士胡少海等详细地报告了宜章县城的地形和敌情。接着，朱德动员与会者献计献策。他认真听取大家发言，形成了一个智取宜章的作战方案。他告诉大家说，发动年关暴动的时机已经成熟，因为敌人正在湘北混战，而湘南敌人势力相对较弱，尤其是宜章没有军队防守，还因为地主豪绅在年关到来之际正在逼租逼债，农民与地主阶级的矛盾更加激化。而起义军在经过补充和休整之后，战斗力有了很大的提高。起义的时机虽然成熟了，但是，由于宜章县城易守难攻，起义行动决不能强攻，只能智取。由胡少海以范石生第十六军第四十七师第一四〇团团副的名义，以保护地方安全为由写信给国民党宜章县县长，准备率部进驻宜章县城。

此时，宜章城里的官绅们，正在为传闻中的"年关暴动"而惶惶不安。接到胡少海的信，当即表示欢迎。

这边，朱德主持召开党的活动分子会议，进行战前动员。他说："现在我们得到了休整和补充，又和湘南地方党组织取得了联系。这里敌人的正规部队撤走了，统治比较薄弱。这里有我们的地方党，有经过大革命锻练的革命群众，我们可以趁这个机会打起红旗，大干一场了！"接着，他希望大家一定要打好部队进入湘南的第一仗。他说："智取宜章是个完整的战斗方案，我们一定要沉着、机智，与地方党密切配合，夺取这次战斗的彻底胜利，这是我们进入湘南的第一次战斗，这一仗打胜了，对湘南人民的革命斗争将产生巨大的影响。"

1月21日傍晚，"一四〇团团副"胡少海率领"国民革命军"两个连开到宜章城。国民党宜章县长和地方官绅们，组织了声势浩大的欢迎仪式。接着，"正规军"的大部队也大摇大摆地进驻了城里。

当天晚上，宜章县县长和地方豪绅们全体出动，举行欢迎宴会，为"正规军"的长官"王楷"接风。"王楷"也不谦虚，威风凛凛地入了席。就在大家喝得正起劲时，只见"王楷"突然拔出手枪，一声令下，这些呆若木鸡的头面人物个个束手就擒。化名"王楷"的朱德当场宣布，我们是中国工农革命军，你们这些贪官污吏、土豪劣绅，作威作福，糟蹋乡里，反对革命，屠杀工农，十恶不赦，是劳苦大众的罪人。现在把你们统统抓起来,听候公审！

根据朱德和中共宜章县委的指示，1月20日，暴动的农民在彭晒、萧克率领下攻打反动地方武装据点黄沙堡城，围攻三天三夜不下。22日，正是农历大年除夕，朱德率部协助攻打黄沙堡，用"引蛇出洞"和"赶蛇出洞"的策略，攻克黄沙堡。部队打出了镰刀斧头的红色军旗，改编为工农革命军第一师，朱德任师长，陈毅任党代表。朱德宣布："我们工农革命军是共产党领导的帮助穷人打天下的军队。我们支持大家组织起来闹革命，彻底打倒反动派，实行耕者有其田。"

故事之四

1928年2月初，在工农革命军挥师北进郴州途中，朱德指挥部队在郴州南面的门户大铺桥进行了一次"打虎牵羊"的战斗。

2月4日，朱德率部到达良田镇。从良田沿公路北去七公里，就是郴州南面的门户——大铺桥村。敌第三十五军军长何键派一个团长带六个连在大铺桥阻止革命军进入郴州。这六个连是刚抓来的学生兵和贫苦人家子弟，没见过什么阵仗，也没干过骚扰百姓的事。在讨论作战方案时，有人主张消灭"拦路虎"，有人主张争取六连学生兵。

这时，朱德指着一把雕刻着武松打虎图的太师椅问道："武松为啥打虎嘛？"

有人回答说："他不打虎，虎会伤他呀！"

朱德又指着一张雕刻着苏武牧羊图的太师椅说："苏武为啥不打羊呢？"

"羊有用。""羊听话。""羊不咬人。"大家七嘴八舌地回答。

朱德因势诱导："大铺桥这一仗，正像这两幅图案，有'虎'也有'羊'。对'虎'——那些顽固的反动军官，我们学武松，要坚决地打，不然就过不了景阳冈。对'羊'——那些学生兵，我们要学苏武，耐心地去把他们牵来。打'虎'才能牵'羊'，只有把'虎'打死了，打伤了，'羊'才能得救。"

朱德这个"打虎牵羊"的方案得到大家的一致赞同。朱德还对陈毅和其他参谋人员说：这六连人都是受过教育的青年，还受过一点军事训练，我们需要这样的人。我们可以送他们到宜章重新训练，然后要求他们加入我们的队伍。

他叮嘱部队对待他们要像对待误入歧途的兄弟一样，开始攻击时先喊欢迎他们参加革命的口号，涣散他们的斗志，力争避免一战。

临战时，学生兵蹲在战壕里不动。我军就进行阵地喊话："弟兄们，我们是工农革命军，是穷人的队伍，穷人不打穷人，士兵不打士兵，欢迎你们参加革命。"迫于敌军官督战，学生兵开了几枪。顿时，机枪、步枪交织一片，向敌阵地猛烈还击，但射过去的子弹都落在沟坎、路边和空地上。敌军官说："共产党的枪是吓人的，打不中。"敌团长也来督战，他一到就枪毙一个因害怕而抖瑟不止的学生兵。就在这时，一阵排枪，敌团长滚到水沟里去了。"虎"被打死，"羊群"大乱。有几个敌军官钻进竹林，竹林里马上落下两发迫击炮弹，敌军官非死即伤，敌人完全失去指挥。这时，朱德下令冲锋。战士们跃身而起，冲向敌人。包围圈越缩越小，敌军一部缴枪投降一部逃散。

三、避其锐气，击其惰归

1928年1月下旬，朱德获悉国民党独立第三师师长许克祥率领六个团的兵力，追到岩泉圩，屯粮坪石镇。

朱德与陈毅、王尔琢等认真研究了迎敌的战略。朱德根据南昌起义以来的作战经验教训，认为不能摆开阵势打硬仗，要打游击战、运动战。朱德分析指出："的确，敌人有不少优势，我们不能低估。他们兵力数倍于我，武器装备精良，后方实力雄厚。在这种敌强我弱的情况下，决不可采取南昌起义后那种死打硬拼的方法，同敌人拼消耗。应该有勇有谋，灵活机动，扬长避短，用游击战和正规战的打法，去战胜敌人。"

于是，他们决定主动撤退，避敌锐气，"依靠山林和群众"，以逸待劳，相机作战。他们率工农革命军第一师和宜章农军，毅然撤出宜章县城，退到宜章城西南四十公里的黄沙堡、圣公坛一带大山隐蔽起来。

朱德还特别强调要做好战前的政治动员工作，组织发动军民开控诉会，控诉许克祥屠杀工农的滔天罪行，激发其对来犯之敌的极大仇恨，造成军民同仇敌忾的声势。很快就有两百多名农民自愿要求参加战斗，甚至广东的旺塘也有数百名青壮年农民与赤卫队员纷纷要求到前线与许克祥拼死一战。

当许克祥率部气势汹汹扑到宜章时，工农革命军早已退入圣公坛一带大山里隐蔽起来。许克祥找不到朱德的部队，以为是被吓跑了，更加骄横，甚至还高兴地狂叫："朱德被吓跑了！"更加骄傲与麻痹的许克祥率部进抵坪石，在这里设立指挥部，除教导团和补充团在此留守外，将两个团排成一字长蛇阵，配置在坪石、长冈岭、武阳司、栗源一线，自己率另外两个团闯至岩泉，并不断地派人四处打听工农革命军的行踪，企图与之决战。由于当地群众不配合，许克祥根本弄不清朱德的部队究竟躲在何处。于是，他又洋洋得意地自吹自擂说："自潮汕一战，朱德成了惊弓之鸟。他在宜章得手，是由于守兵麻痹受骗之故，非战之罪。于今我许某大军一到，朱德自知不是对手，故闻风而逃，东躲西藏了。"

其实，知彼知己，方能百战不殆。朱德为了进一步摸清敌情，亲自派当地共产党员、毕业于黄埔军校第一期的迫击炮手谭新去侦察敌情，并告诉他要如此这般……

谭新按照朱德的安排，化装成商人，肩挑一副货郎担，到敌军驻地走村串户，暗中记下敌人的兵力部署和火力配备等情况。他完成任务回来后，将侦察到的敌情绘成图标，交给朱德。朱德根据对敌情和我情的分析，认为只要把许克祥在岩泉的两个主力团歼灭，其余在栗源、长冈岭、武阳司、坪石一线之敌，就不堪一击了。他与陈毅、王尔琢等人研究后，决定抓住敌人的这一弱点，将工农革命军兵分两路，在当地农民军的配合下，向宜章城南二十五公里的岩泉圩之敌发起进攻。具体作战方案是：一路由熟悉地形的胡少海、谭新率领，绕敌侧面由白沙、笆篱、五拱桥，经姚家村迂回敌后背，以截断岩泉之敌后路和阻止北面之敌增援；另一路为主力，由朱德、陈毅亲自指挥，从敌正面走大路从圣公坛、百岁亭，直捣岩泉。

1月30日拂晓，朱德下令部队发起突然进攻。许克祥做梦也想不到工农革命军会进攻岩泉圩，狼狈逃窜。骄横而不可一世的许克祥被打败后，先是让人抬着轿子跑，跑到武水波头，眼看红军就要追到，不得不丢下轿子，换上便衣，脱下的军服甩在地上来不及带走，就从水路划一条小船逃命。

敌人逃至坪石，朱德率部跟踪追到，许克祥的士兵在街上抱头乱窜，完全失去了抵抗力。我军全歼许克祥部千余人，缴获步枪千余支、迫击炮和过山炮三十余门等武器装备，后来在黄洋界保卫战中使用的炮，就是这次缴获的。宜章农军在帮助工农革命军打扫战场时，都戏称许克祥为"许送枪"。

这场战斗打得很漂亮，粟裕称"这是潮汕失败之后我军改变作战方法，一次获得重大成功，并创造了我军以少胜多的典范战例"。几十年之后，朱德还记忆犹新地回忆这次战斗说，这次战斗一开始是打游击，不打硬仗。打一仗就后退几十里，退到那里有一个比较好的地方可以休息几天。当时，战士们都想打大城市，认为这样搞搞不成社会主义和苏维埃。由正规战转变为打游击不是那么容易。一路走，一路打，最后打到坪石，是用各个击破的办法打的。

在这次作战中，朱德采用敌进我退、以逸待劳、攻敌不备、敌退我追的战法，是一个"避其锐气，击其惰归"，出奇制胜的典型战例。

四、声东击西，兵不厌诈

声东击西，是朱德指挥作战看重并经常运用的作战技术。他曾解释说："我们要在东边打，就先打西边；要向西边打，就先打东边。打东边是个引子，等敌人把兵力分散到了东边，我们在西边就打胜了。"(《朱德军事文选》第739页，解放军出版社1997年版）

1928年4月底，"朱毛"红军会师不到一个星期，庆祝会师大会还没有召开，盘踞在永新城内的赣军杨如轩第二十七师两个团，便兵分两路，对井冈山根据地发动"进剿"，一路从永新城推进到龙源口，企图越过七溪岭深入根据地的中心宁冈；一路经拿山、五斗江向遂川的黄坳方向进攻，企图楔入茨坪，造成南北夹击、分进合击之势。

得到敌情后，朱德召集红十师在大陇的营以上干部会议，研究迎敌对策。会议开始后，朱德先让大家发言，自己一边听，一边思考。有的说兵来将挡，水来土掩，应该拒敌于门外，派兵到黄坳和七溪岭打阻击战；有的讲应该给敌人一点厉害看看，红军来个两路出击，直捣永新城。

大家发言完毕，朱德把自己想好了的作战计划提了出来，他说，打人为什么要用拳头？这是因为五指收拢，力量集中；出拳时，为什么总是打出一只手，而不是两只手同时打击？这也是因为力量更集中。因此，我们必须集中优势兵力，歼敌一路，先吃掉从五斗江方向来的敌军第八十一团。大家认为朱德的这个作战计划很好，继而按照这一计划拟订了具体的作战方案。会后，朱德亲自指挥第二十八团迎击敌人。

朱德与毛泽东、陈毅根据敌情，决定采取避敌主力，攻击侧翼，声东击西，集中兵力歼敌一路的战法，首先歼灭向遂川方向进攻之敌。由朱德、陈毅率领红四军主力第二十八团、第二十九团，迎战遂川方向之敌；毛泽东率第三十一团，在新老七溪岭阻击进攻宁冈之敌。

朱德和陈毅指挥由湘南暴动农民编成的第二十九团，首先在黄坳与调动中的敌军后卫遭遇。第二十九团奋勇作战，歼敌一个营，首战告捷。

接着，第二十八团奔袭五斗江，歼敌一个团大部，残敌向永新方向逃窜。为不失战机，朱德、陈毅率领两个团乘胜向永新推进，在永新附近的北岭歼敌后卫一部，继而攻占永新城。位于龙源口之敌一路，得知上述情况后，遂逃往吉安。

至此，"朱毛"红军粉碎了赣敌对井冈山根据地的"进剿"，史称"一打永新"。战后，朱德及时总结了五斗江战斗的经验，他说，五斗江战斗时，敌人第八十一团走了一夜，包围五斗江时是比较疲劳的。第二天他们袭击我们，我们第二十八团就地反击，打得很好，缴了几百支枪。但是有个缺点，就是没有追击，因为敌人一晚没有睡觉，他们爬山来包围我们，又没有吃饭，下着雨，路又滑，我们的队伍睡了觉，如果打垮他们后一直追下去，追他个六十里，追到拿山，就可以把他们消灭。

"朱毛"会师和"一打永新"的胜利，引起国民党高层的震惊。

国民党军第三军军长王均重新部署兵力，企图把红军夺去的地方再抢回来。这一次，他令杨如轩率所部第二十七师及独立第七师李世龙团、第九师吕维周团兵分两路进攻永新：一路以主力距永新十五公里的七溪岭东麓一山谷向龙源口进攻；一路以刘安华第七十九团从右翼由西乡走小路上山进攻。另以吕维周的第一营在西门外待命。

对于湘粤赣几省国民党军队的联合"会剿"，红四军军委一成立就作出了迎战方略，主要是利用湘赣两省国民党军派系林立、利害关系不同，很难协同作战的弱点和赣敌急于求战进展较快之敌情，首先打击进攻永新的杨如轩部。

5月中旬，杨如轩率五个团的兵力开始对井冈山根据地发动第三次"进剿"。朱德和毛泽东、陈毅根据敌情，决定采用"敌进我退，声东击西"的战术，采用调虎离山之计，待敌方深入根据地后再消灭它。命令第二十八团主动撤出永新县城，退回宁冈，待机歼敌；第二十九团在永新东面的高桥、天河一线，不断骚扰疲惫敌军。

朱德在前线指挥作战马不停蹄，他刚率领主力部队打下永新，旋即折回宁冈。部队刚打下位于宁冈和莲花间的国民党南京政府主席谭延闿的家乡高陇镇，还来不及休息，杨如轩率领五个团的兵力就打到永新了。红军根据既定作战方案，将原留驻永新的一个团主动撤出，往宁冈附近靠拢。

在这种情况下，在宁冈附近的毛泽东派人送信与朱德取得联系，共同决定由朱德率主力部队从高陇镇挥师东进五十多公里，再打永新。

杨如轩率部抵近永新时，得知驻守永新的红军已全部向宁冈方面撤去，只在永新县城通往宁冈道路上的七溪岭筑有战斗工事。于是，他调整作战部署，令三个主力步兵团开到永新县所属距七溪岭约五公里的南乡，监视七溪岭上的红军，自己带领其余部队在永新县城坐镇指挥。同时，他还与湘军第八军军长吴尚联络，请他派兵由莲花县向宁冈进攻，然后与他会攻七溪岭。

战斗就要打响了。这是一场比较特殊的战斗，因为交战双方的主将朱德和杨如轩曾有非同一般的关系。按杨如轩的话说："朱德和我先后在云南讲武堂求学，在护国护法战役中，朱德任滇军的旅长，我在他的部下任团长，各方面曾得到他的许多教益，我们的交情是很深的。"

红军进入永新城后，朱德召集第二十八、第二十九团全体官兵开会。他在大会上讲话，首先说："现在我们从湖南到江西来了，两天前在黄坳打了胜仗，前天在五斗江又打了胜仗，我们要在江西打出一个局面来。"接着，他针对在战斗中出现的一些不守纪律的现象，提出了严肃的批评。他说："要加强纪律性。革命军队要爱护工人、农民，不要损害他们的利益，军队要服从纪律，要守纪律，服从命令。革命没有纪律是不会成功的。有一种人以为自己会打仗，就骄傲起来，以为了不起，我们用不着这种英雄豪杰。"（《朱德军事活动纪事》第 62 页，解放军出版社 1996 年版）

当晚，朱德率领部队撤离永新，连夜赶到通往宁冈的中途设伏。原来，从缴获敌军的文件中，得到湘军吴尚军长给杨如轩来电，内称他已派一个师经莲花进攻宁冈。朱德灵机一动，决定张网以待该敌。湘军果然来了。该敌一进入袋形阵地，便遭到红军沉重打击，据杨如轩回忆，红军在这次伏击战斗中，"又围歼了湘军两个团"。

不久，赣军五个团在杨如轩的率领下，收缩包围圈，形成对井冈山根据地的钳形攻势。朱德、毛泽东按照既定战术，避敌锐气，率部出击湖南茶陵的高陇，摆出主力西出湖南的架势，迷惑赣军，将敌人引到根据地内部来打。

杨如轩果然上当，误以为工农革命军主力已西去湖南，根据地内兵力空虚，便放心大胆直奔根据地腹地而来。他留下一个团守永新城，其余三个团分两路，向宁冈推进。

朱德和陈毅得知这一消息后，决定迅速率部返回，东袭永新城。朱德在营以上干部会议上激昂地对大家说，打他的心脏，打他的指挥机关，打他的脑袋瓜子，一个铁掌把他的脑壳打碎，他们就完了。我们今天走几十里路，明晚奔袭永新城。如果你们同意，就准备爬城头。

随后，朱德与陈毅、王尔琢率第二十八团和第三十一团一个营从高陇出发，一天急行军五十多公里。当天晚上当部队逼近草市坳时，突然遇到赣军一个团也从永新方向开来，朱德率领四个营的兵力，就地设伏，出其不意，在草市坳全歼赣军一个团。而后乘胜奔袭，于当天下午再次收复永新城。杨如轩带伤逃回吉安。此战缴获迫击炮七门、山炮二门，光洋二十余担，胜利粉碎了赣军对井冈山根据地的第三次"进剿"。这就是"二占永新"。

井冈山根据地的不断扩大，"朱毛"红军队伍的不断壮大，引起了蒋介石南京政府的警觉。6月下旬，蒋介石命赣军第九师、第二十七师共五个团，以第九师师长杨池生为总指挥，杨如轩为前线总指挥，从吉安奔袭永新，向井冈山根据地发动了更大规模的"进剿"。与此同时，湘敌吴尚率第二师五个团向攸县、茶陵逼近，威胁井冈山根据地西侧。由于地形所限，杨池生的作战方案仍然是以主力由龙源口进攻，另以一个团在右翼西乡策应。

面对敌湘、赣两省大军"会剿"，强敌压境，朱德和毛泽东决定再次采取"声东击西"的战法，对湘取守势，对赣取攻势。以小部钳制湘军，集中主力打击赣军。他们分析，湖南国民党军数量多且战斗力较强，尚未与我交过手，江西国民党军兵力较少，经过红军多次打击，有畏惧心理。因此，应对战斗力较强的湘敌取守势，对战斗力较弱的赣敌取攻势，在湘赣两敌军"会剿"时，同时发动永新、宁冈一带民众，积极配合红军主力作战。这叫避强打弱。所谓声东击西，是说主力趁湘敌尚未集结之时，向湖南方向佯动，一则使湘军有所顾忌，不敢深入江西境内，二来引诱杨出洞，然后再回头来打"两杨"。遂决定由朱德和陈毅率第二十八团和第二十九团，由茅坪的西南方向进入酃县的十都，会合毛泽东率领的第三十一团，迅速占领酃县县城，击溃湘军吴尚部一个团，随即迅速秘密回师。

果不出所料，湘军挨了一击，再也不敢出头。而杨如轩报仇心切，迫不及待地指挥自己的两个团，外加杨池生的一个团，迅速从永新等地向新、老七溪岭方向扑了过来。

龙源口是新老七溪岭东麓一个地势险峻、山高林密的山谷，距永新约十五公里。新、老七溪岭这两座山，耸立在永新和宁冈之间，新老七溪岭位于井冈山革命根据地中心区域边沿，两岭东西各有一条狭窄山路，相距不过十里，像两扇大铁门拱卫着井冈山革命根据地的大本营——宁冈。它是永新通往宁冈的主要通道，是敌军从东北进攻井冈山的必经之路。朱德和毛泽东决定利用新老七溪岭的有利地形，集中兵力歼灭来犯之敌。具体部署是：由朱德、陈毅率领第二十九团和第三十一团第一营，占领新七溪岭有利地形，阻击杨池生部的一个团，朱德把自己的指挥所设在新七溪岭望月亭，抵近前线指挥；王尔琢、何长工带领第二十八团，迎击老七溪岭之敌杨如轩部的两个团，然后包抄龙源口；另外从第三十二团抽出一部兵力埋伏在白口附近的武功潭山上，配合主力袭击敌军前线指挥部；以宁冈、永新两县的地方武装之大部配合红军作战。

6月22日，杨如轩率部分两路推进到了龙源口和白口一线。杨如轩带领本部人马，从白口向老七溪岭进击；杨池生部的李文彬团由龙源口向新七溪岭进击。

当晚，朱德以军委书记的身份，主持召开红四军军委会议，决定由朱德率第二十九团和第三十一团，在新七溪岭正面阻击赣军进入宁冈，由陈毅、王尔琢率第二十八团主攻，出击老七溪岭敌人的背后。

23日上午，战斗首先在新七溪岭打响。战斗一开始就非常激烈。朱德率领部队占据制高点望月亭、风车口等地。敌人像蜗牛似的慢慢爬上来，朱德一声令下，一排排子弹打过去，将敌人压了下去。一直打到下午，仍相持不下，敌人从对面山头上往红军军部冲过来。这时，朱德身边有四支手提机关枪和一支花机关冲锋枪，他叫其他的战士和部队站到后边，派了这几支机关枪，守在那个路口上，敌人冲上来，红军手提机关枪一阵射击，把敌人打下去。敌人又冲上来，红军又把他们打下去。

可是，敌人凭借人多、枪多，很快又组织了数次冲锋，在付出重大代价后终于占领风车口。风车口上面就是望月亭，望月亭不仅是红军的指挥所所在地，也是新七溪岭的制高点。控制着这个地方，会对整个战局起关键作用。敌人离望月亭只有一二百米了。在这危急关头，朱德手提花机关枪，赶至望月亭，他高声对战士们喊道："一定要把敌人顶住！决不能让他们冲上来！"

这时，只听"叭叭"两声枪响，朱德的八角帽上冒起两股烟。原来，是帽子被子弹打穿了两个洞。朱德毫不畏惧，端着花机关枪连续向敌人阵地猛扫。两军相逢勇者胜。敌人终于撑不住了，一些人开始向下退去。朱德看到敌人已经军心动摇，立刻下令："冲出去！一定要把风车口夺回来！"

战士们随着朱德的命令跃出战壕，与敌人展开白刃格斗，用刀砍，用石头砸，硬是把敌人从风车口赶了下去，夺回了风车口阵地。

在老七溪岭，陈毅、王尔琢率部赶到的时候，制高点已经被杨如轩的两个团抢先占领。红军从前后把敌人包围。团长王尔琢组织第二十八团冲锋集群，多次发起猛攻，傍晚时分，终于夺下了制高点，占领了老七溪岭。

敌人正要准备退走，朱德抓住这一机会，袭击了敌李文彬部，而后又率部乘胜追击，在白口歼敌一部。随后直插龙源口，切断左路敌军退路，进而协同陈毅、王尔琢率领的第二十八团，将敌人团团围住。

这时，早已埋伏在附近的几千名赤卫队员、暴动队员，也纷纷摇旗呐喊，投入战斗。山上山下，顿时一片喊杀声。敌人摸不着红军来了多少人马，更加心惊胆战。下午三时，三个团的敌人被击溃，朱德指挥部队乘胜追击，直奔永新，第三次夺回永新城。

三下永新城，是"朱毛"红军会师后取得的巨大胜利，歼灭赣军一个团、击溃两个团，缴获步枪四百余支，重机枪一挺，第三次占领永新城，击破了赣军的第四次"进剿"。根据地军民兴高采烈，奔走相告："不费红军三分力，打败江西两只羊（杨）。"谭震林回忆道："朱德、毛泽东井冈山会师，部队大了，我们有力量打下永新。当然，在这之前打了茶陵、遂川，也占领了宁冈县城。那时不敢走远，因为国民党来上两个团我们就打不赢，可是朱毛会师后力量就大了，所以一打永新，二打永新，尤其是七溪岭打了一仗。这样就把江西来的三个师打败了。"朱德也说过："三打永新消灭了朱培德的主力。朱培德的主力被打垮了，国民党其他军队就不敢配合了。三打永新是一个关键，是根据地发展和红军发展的关键，与后来红军取得胜利有关。"

龙源口大捷后，井冈山根据地扩大到宁冈、永新、莲花三个全县，吉安、安福县各一小部分，遂川县北部，酃县东南部，割据区域的面积达七千二百多平方公里，共有五十多万人。用毛泽东在《井冈山的斗争》里的话来说，"是为边界全盛时期"。

1928 年 9 月，朱德、毛泽东等率领红军主力一回到井冈山，赣西独立第七师刘士毅部视红四军为"败残"之师，以为好欺负，派出五个营的兵力一直尾追到遂川。接着，又以大部兵力配置在城外，形成一个包围圈，企图以小股部队将红军诱入包围圈再加以歼灭。朱德、毛泽东得知这一情报后，当即制定了一个将计就计的作战计划。具体作战方案是：以朱德率领第二十八团和遂川地方武装一部作为前卫，跟随引诱红军的小股敌人打进包围圈；以毛泽东率领红三十一团第一营和遂川地方武装一部作为后卫，待红军前卫冲入敌包围圈后，在敌包围圈外出其不意地发起攻击，与前卫部队来个里外夹击。

9月12日，朱德率领前卫部队从黄坳向遂川方向出发。担负引诱红军任务的敌人，以为红军真的上了当，心中暗暗作喜，按上司的意图一面还击，一面向预设的包围圈撤退。红军紧追不舍，硬是闯入了包围圈。敌军指挥员为了全歼被"诱入"的红军，耐着性子等待红军尾部挑着炊具的炊事员都进入包围圈后，才命令隐蔽在城外的部队向县城移动，准备围歼红军。

就在敌军自以为得计之时，隐蔽接近包围圈外的红军后卫部队突然冒了出来，在敌包围圈外发起战斗，从外往里打。冲入包围圈里的红军当即调转头来，从里往外打。红军里外夹击，一举俘虏敌军二百余人，缴枪二百五十余支。残敌被迫退回赣州。之后，因敌军增援部队从泰和、赣州赶来，红军主动撤出遂川，返回井冈山上的茅坪。这是红四军返回井冈山后的第一个胜仗。

收复宁冈全县的战斗，是红军返回井冈山后的第二仗。此时，驻上海的赣军第五师第十四旅奉蒋介石之令调回江西"协剿"，该旅旅长周浑元率部接替杨如轩、杨池生两师的"进剿"任务，进驻永新和宁冈新城。他为了稳操胜券，先派两名女子化装后到茅坪侦察情况。没想到这两名女子一进入茅坪，就被我地方武装抓住。在审讯弄清敌军意图后，朱德有意制造红军主力不在、茅坪兵力空虚的假象，并故意让这两名女子有脱逃之机。结果，这两名"乘机"逃跑的女侦探一回去就"如实"报告。敌周浑元信以为真，觉得这是千载难逢之机，立即派出一个营的兵力会同地方武装靖卫团偷袭茅坪。9月30日，敌营长周宗昌奉命率领六个连的兵力，从宁冈新城向茅坪偷袭。该敌刚进入必经之道的场头城这条狭长山沟里，朱德指挥早已埋伏在此的红军一举将其歼灭，还活捉了准备到茅坪大烧大杀的周宗昌。接着，红军乘胜先后收复了宁冈和遂川。

攻击宁冈的战斗是红军返回井冈山后的第三仗。由于红军主力在遂川，敌周浑元旅乘机派一个团再次入侵宁冈新城，同时还准备以两个团在独立第七师的配合下进攻遂川。根据这一新的敌情，朱德和毛泽东等为使红军"避免硬战"，又率领部队主动撤出遂川，回师井冈山。继而审时度势地决定"以迅雷之势进攻敌力较弱之宁冈、永新，打破包围之一面"。11月9日，红军主力在朱德和毛泽东的指挥下，又一举将侵占宁冈之敌歼灭一个营，并乘胜追击歼敌，在龙源口又歼敌一个营。

1929年中秋节前，朱德率部粉碎三省敌军"会剿"后，胜利返回上杭县白砂，与红四军第一、第四纵队会师。

9月20日，朱德又指挥红四军在群众的配合下，一举攻占被敌军长期占领的上杭，歼灭守敌卢新铭部福建省防军第二混成旅。

战前，朱德率领参谋人员及林彪等有关纵队负责人到上杭附近的一座高山上实地观察进攻路线，根据地形和敌军的工事，立即形成了一个战斗方案。他对站在身边的林彪说："在那排山头上摆上几门迫击炮，就可以把所有敌人吸引在城那边，我们从后面爬城进攻。"

朱德令第二、三纵队为主攻，强攻北门，并抽调一部力量配合赤卫队攻取东门；令第一纵队配合一部分赤卫队袭击西门；令第四纵队和部分赤卫队做预备队，佯攻南门。朱德亲临前线，站在城东北的高地石牌岗指挥攻城战斗。

天亮时分，红军已攻下东西两城门，接着甫南也被攻下，最后只剩下北门敌人这一顽固堡垒。朱德亲自率卫士班冲到北门城墙下，向守城门的敌人官兵展开政治攻势，向匪兵喊话："缴枪不杀！红军优待俘虏！"并命令第二、第三纵队从北门两侧搭云梯入城。不一会儿城内响起了我军枪声和喊杀声，北城门从里打开了。朱德立即率红军战士从北门冲进城。

结果，坚固险要的所谓"铁打的上杭"，就成为红军的了。上杭县城四周城墙上飘扬着红旗，全城解放。

10月13日，朱德率领红四军第一、第二、第三纵队实即两个团的兵力孤军深入东江，在敌强我弱且无群众配合的情况下，以巧妙的战法打击敌军的两个精锐师，又在东江和寻乌两地各留下两百多人以加强党的地方工作之后，率部返回江西。后来，朱德回忆当时的情况说，我们打得很巧妙，主要在战略上制胜了敌人。我们用一个团打大埔的虎头洲，就打下来了，消灭了敌人有两个连，自己损失也相当的大。敌人以为我们要下三河坝，我们在那里放一个团,这里却以两个团急袭梅县等。他们往三河坝调动,在路上打了两个仗,把他一营打垮了,没有完全消灭,很快地,我们分占了蕉岭、梅县。在梅县一天一夜,我们从监狱里放出许多囚禁的革命者。松源是我们袭击进去的。

五、伏击待敌,巧妙歼之

1929年2月上旬,朱德、毛泽东率红四军主力插到江西瑞金,朱德率领红二十八团担任警戒任务,策应毛泽东率领的红三十团、红三十一团攻打瑞金城,准备进城里找些报纸,好分析政治、军事形势。毛泽东率领的部队仅用两个小时就攻进瑞金城,报纸包找到了。敌人援军很快赶到,并呈包围之势向朱德率领的警戒部队逼近。朱德立即用枪声通知毛泽东,之后,自己率领部队冲出敌人的包围,吸引敌军。

打下瑞金后撤离时,敌刘士毅的部队紧追不放,一直追了十五公里,再次将红二十八团包围。这次敌人太多,看情况,怎么也摆脱不了敌人,局势十分危急。然而,就是在这种情况下,朱德硬是指挥部队再次冲出了敌人的包围圈。朱德在路边集合队伍,进行突围前的动员。他说:

"同志们,我们愿意死呢,还是愿意活?"

"要死怎样?要活怎样?"有些战士小声议论着。

朱德看了看大家,用手指了指周围,大声地说:"前面有敌人拦住我们,后面有敌人追击我们,我们还往哪里去呢?要是贪生求活,那就等敌人来时缴枪投降,屈膝求饶;要是愿意为人民而死,那就干他一仗,把敌人消灭掉。"

官兵的情绪一下就被调动起来了,纷纷说:"我们愿意死!"

朱德满意地说了声说:"好!"

接着,朱德十分冷静沉着地观察四周敌情,发现四周已被敌人包围得水泄不通,一群群的敌人,端着明晃晃的刺刀,从四面八方围过来。他当机立断地命令说:

"全团一个方向。一营跟着我从中间突破,二、三营左右配合,全团上刺刀。"

朱德话一说完，亲自带头向敌人反冲过去。红二十八团在朱德的率领下，个个争先、人人奋勇地打反冲锋。

当面敌军被这突如其来的反冲锋打得莫名其妙，还以为是中了红军的埋伏，掉头就跑。敌军一跑，红军来个猛追，一举将逃跑的敌军四百多人全部活捉。之后，红二十八团与红三十一团会合，开到瑞金城北约十公里的大柏地、隘前一带。

此时，刘士毅的部队紧追不舍。中共红四军前委召开扩大会议，研究打敌之策。朱德分析，刘士毅的两个团还在周围，估计明天早晨就会追来；红四军左、右两侧数十里外均有敌情，行进前方的宁都城有敌军两个团守备。如果红军处置失当，明日傍晚或后天就会陷于四面受敌的险境。通往宁都的路上有大河挡道，在有敌情时要通过也很不容易。

朱德和毛泽东知道刘士毅的部队战斗坚韧性较差，如果他大举进攻，是孤军深入，态势不利。红军虽疲惫，弹药不足，但久屈欲伸，求战心切。此地虽无群众助战，但地形有利。可以全力一战，出其不意杀他个回马枪。

在来大柏地的途中，朱德留心观察过周围的地形。这一带，山峦起伏，有一条十多里长的峡谷，峡谷中间，是瑞金通往宁都的大道，大道两旁是古树参天的山冈岭，是一个打伏击战的好地方。

于是，朱德和毛泽东决定布成长形口袋阵，以红四军主力埋伏在瑞金通往宁都的道路两侧的山林中，以一部分兵力诱敌进入伏击圈，歼灭此敌。战前，召开指战员大会，人人举起拳头宣誓，不歼灭敌人，誓不生还。

这天晚上，正是农历除夕之夜。红军将士顾不上过年，悄悄潜伏阵地。

第二天拂晓，天下了蒙蒙细雨。刘士毅的部队向大柏地进逼，红军部队节节狙击，双方展开激战。

担任诱敌的部队佯装不支，边打边退。骄横的敌人不知是计，猛追不舍。上午九时，敌军全部进入伏击阵地。这时，只听朱德一声令下，东西两侧的红军迅速向敌后迂回，一下子把袋口给扎了起来。接着，各路红军一齐向敌人发起猛烈攻击，朱德也亲自提枪带队伍向敌群冲锋。

敌人遭到突然攻击，当场倒下一大片，纷纷退到大路旁，隐蔽在山石、树丛后面负隅顽抗。

此时，经过一个月艰苦转战的红军将士体力十分虚弱，弹药也很缺乏，打了一阵之后，子弹快打完了，火力渐渐弱了下来。双方出现了僵持局面。

正在这时，朱德果断地下令总预备队立即出击。冲锋号顿时响了起来，在一片喊杀声中，红军将士与敌人展开了一场肉搏战。

这是一场血泊中的恶战。整条峡谷中，只听得刺刀相撞声、喊杀声，敌人凄厉的号叫声，还有石头、树棍、空枪托沉重的撞击声，交织在一起。

关于战斗大致经过，朱德后来告诉史沫特莱说，"其实是很简单的"。"林彪率领一团人乘夜色赶二英里路，要在天亮战斗开始以前插到敌人背后。敌人装备齐全，而红军每人不过二十发子弹。当他们从四面八方，并用他们所有的各种东西向敌人打过去时，子弹很快就用光了。他们使用枪托甚至树枝当棍棒。到了太阳当头的时候，他们已经完全打垮了敌军一整师人。"

激烈的拼杀一直持续到夜幕降临。鏖战至11日下午，红军终于将刘士毅的两个团大部歼灭，活捉了敌团长以下八百余人，缴获步枪八百余支，机关枪六挺。

1929年3月12日，朱德和毛泽东率红四军抵达长汀县城西南的四都镇。盘踞长汀的是闽西土皇帝、国民党福建省防军第二混成旅旅长郭凤鸣。此人乃土匪出身，手下的队伍也是由一伙土匪改编而来的，根本不是红军的对手。偏偏郭凤鸣鬼迷心窍，听说朱、毛的人头很值几个大洋，便派出一个团的兵力，气势汹汹地向四都镇杀了过来。朱德和毛泽东早就有准备，在四都就地消灭了郭凤鸣的一个团，该团残部退到郭凤鸣老窠长岭寨凭险据守。

当天下午，朱德、毛泽东在长岭寨南麓的陂溪召开红四军前委扩大会议，讨论攻歼长岭寨郭凤鸣旅主力和占领长汀的有关问题。会议认为，郭凤鸣的部队大多是当地土匪，军纪败坏，战斗力极差，遂决定进攻长岭寨，夺取长汀城，消灭郭凤鸣部。

会后，朱德带领各路军事主官察看地形，分配任务。他们看到，长岭寨对面有一个突兀的山梁，这里利于隐蔽，视界开阔，透过林隙可以看到逶迤的长岭寨全貌，的确是山势险峻的汀州屏障。

走上山顶，朱德铺开一张福建省五万分之一的军用地图。这是上一年打郴州时缴获的，湘、赣、闽、粤各省的地形都有。朱德一直把它当宝贝带着，上山下山，转战千里，一直由挑夫随军挑运保管，比银元担子还珍贵。

朱德用细树枝指着地图，说明了长岭寨的位置和地貌，通向长岭寨的几条主要道路和可以攀登的山坡，以及绕向长岭寨侧后的迂回路线。在地图上，等高、方位和距离一目了然，对照着望远镜里的实体，指挥员们胸中更有数。至于敌人的兵力配备，只知道一个团在长岭寨上筑工事守备，另一个团在长岭寨北麓准备适时出击。朱德布置第二十八团和第三十一团主攻长岭寨，特务营迂回敌后。

当晚布置战斗，讨论战法，并派突击分队和侦察人员一同去前沿作火力侦察。

红军最初的攻击受到敌军居高临下的火力压制。这时，特务营按照朱德的部署迂回敌后，占领长岭寨以北的乌石岭，切断了敌人的退路。这时，敌人慌了手脚，阵脚大乱。朱德见机下令发起总攻，仅用三个小时便将敌人大部解决，击毙郭凤鸣，占领长汀县城，歼敌两千余人，缴获大批武器弹药，并获得了大批军饷。红军官兵每人领得四块大洋的津贴。这对于从不发饷的红军官兵来说，简直是一笔巨款。

1934年8月下旬，国民党李延年部集结四个师的兵力，于朋口、莒溪、壁州、温坊一线，直接威胁红一军团的安全。李延年部装备精良，是蒋介石的嫡系部队。

朱德从8月初起，就一直密切注意这股敌军的动向，知道李部有轻敌又十分疲惫的特点，决定在运动中给其有力的打击。他多次电令红一军团、红九军团向李延年部推进的方向运动集中，伺机给其沉重打击，由林彪、聂荣臻统一指挥。

8月23日，朱德给林彪、聂荣臻发电，命令红一方面军向西移到长汀以北的曹坊、罗溪地区机动待命。

这时，敌军放胆地集中四个师的兵力向连城、朋口一线大踏步推进。朱德看准这一机会，于8月26日电令林彪、聂荣臻，要红一军团秘密地迅速东返，会合红九军团和独立二十四师，在朋口西侧的童坊及河田地区隐蔽集结；同时，要林、聂派一部兵力，伪装成地方部队"休息整理"，或"修补工事"，诱使敌军大胆地向长汀跃进。

这一计策果然给敌军造成错觉，以为红军主力已远离闽西地区西去，便立即向长汀急进。

朱德分析，敌军从朋口向长汀急进途中，必将经过温坊，而朋口至温坊沿途二十多里多是高山地带，地势险峻，两侧高山绵亘，可以埋伏大部队，是在运动中歼敌的极好地形。他于8月31日24时，向林彪、聂荣臻发出急电，令红一军团在温坊中屋村间伏击李纵队，并指明需要注意的各项战术问题。

接到朱德的命令后，林彪、聂荣臻率部迅速隐蔽集结于温坊附近地区。9月1日凌晨，敌第三师第八旅两个团从堡线出动。由于红军主力隐蔽得好，敌人没有察觉，这两个团一下子跃进了十里路，到达温坊，脱离了主力，相对成了孤立之敌。

林彪、聂荣臻把军团指挥所设在松毛岭上，命令红一军团、红九军团和第二十四师，切断敌人的退路，防敌增援。傍晚，红军突然向尚未完全构筑工事的敌军发起猛烈攻击，先截断它的归路，再由两翼发动猛烈攻击。激战到第二天早晨，红军全歼进入该地区的敌两个团，俘敌一千六百余人和缴获众多武器弹药。

得知初战告捷，朱德感到十分欣慰，同时又发现红军现在所处位置十分危险，便立即电令林彪、聂荣臻：天明后敌机"有向我现在阵地及中屋村东西大道轰炸的可能"，"我一、九军团及二十四师现在地域过于突出，目标亦大"，因此，各部队应分别转移隐蔽。

朱德判断敌李纵队不会甘心失败，还会再派部队向温坊反扑，于9月2

日晨八时再次致电林彪、聂荣臻，指示他们，"准备遭遇和消灭朋口李三师来援部队"。

正如朱德所料，李纵队先头部队被歼后，仍没有弄清红军兵力虚实，继续派第九师和第三师三个团，再次向温坊推进，以求报复。

朱德得知这一情报后，立刻于3日凌晨二时给林彪、聂荣臻发急电，指示红一、九军团和红二十九师，"应在温坊阵地前，给敌以短促突击，以消灭其先头部队"。

林彪、聂荣臻接令后，采取同样的战法，放敌先头团深入，而后一举将其歼灭。

至此，红军胜利结束温坊战斗，先后打垮敌两个师，歼敌四千余人，缴获大批武器弹药，使中央红军获得第五次反"围剿"苦战一年以来最大的一次补充，而红军自身伤亡甚小。对此，蒋介石大发雷霆，下令枪毙了只身逃回的旅长，并将第三师师长李玉堂由中将降为上校。

抗日战争初期，在日本侵略军的疯狂进攻面前，国民党军节节败退，武器装备较差的八路军，能不能战胜日本侵略军？朱德充满信心。他分析，日军在中国不可能得到老百姓的支持，他们不熟悉地形，对山地作战的训练也不够。虽说武器装备比较先进，但武器不是万能的，要在一定条件下才能发挥力量。同时，对任何武器都可能找到制服的办法。另外，日本是小国，兵员和经济力量都有限。因此，他得出结论说："日本并不是那么可怕的魔鬼。"中国人民一定能够战胜看似强大的敌人。基于这种分析，朱德与周恩来、彭德怀等决心选择有利时机，到敌人的侧后方山西打个胜仗，给全国人民一个振奋，进一步扩大共产党和八路军的影响。

朱德率八路军东渡黄河奔赴抗日前线时，平绥线日军正分兵两路南下，其中一路是刚从日本国内调来的精锐坂垣师团，由蔚县、广灵、涞源进攻平型关。

9月21日，朱德和周恩来研究确定了平型关战役的作战计划，决定利用平型关及其东北便于隐蔽和突击的有利地形，采取伏击的战术手段，歼灭由灵丘向平型关进犯的敌人。具体部署是：八路军第一一五师在灵丘至平型关公路一侧伏击，首先实施中间突破，将进犯的敌军分割包围，八路军先集中力量歼灭敌后卫和辎重部队，然后向平型关方向发起进攻，配合防守平型关的友军歼灭敌人前卫部队。

9月23日，阎锡山电告朱德：22日夜，日军忽然奇袭了平型关中国军队阵地，双方发生激战，要求八路军配合作战。

平型关，是山西东北部古长城上的重要隘口，关前有一条公路，蜿蜒在群山之间，通向灵丘、涞源，地势险要。此时，八路军第一一五师在林彪、聂荣臻的指挥下，正向平型关附近开进。朱德、彭德怀认为，这是八路军伏击杀敌的极好时机，遂电令林彪并告聂荣臻："一一五师应即向平型关、灵丘间出动，机动侧击向平型关进攻之敌，但须控制一部于灵丘以南，保障自己之左侧。"朱德同时把部署报告了毛泽东并刘少奇、张闻天："灵丘之敌于昨晚迫近平型关附近，正在激战。我一一五师今晚以三个团集结于冉庄，准备配合平型关部队侧击该敌。另以师直属队并一部及独立团出动于灵丘以北活动。"

9月24日深夜，在林彪、聂荣臻的指挥下，八路军第一一五师主力根据总部命令，在黑夜中冒着倾盆大雨向平型关以东进发，于拂晓前抢占了通向平型关的公路两侧高地，在这里冒雨设伏。事先，林彪、聂荣臻对这里的地形进行了现场勘察，此处是日军开往平型关的必经之地，公路两侧的高地，居高临下，地形很好，正适合设伏。

指战员们冒雨等到上午七时许，见坂垣师团的第二十一旅团进入伏击圈。林彪、聂荣臻下达攻击命令，随着冲锋号吹响，指战员们立即向山沟中的日军直冲杀去，把日军的长蛇阵截为两段。八路军利用有利地形，采取伏击手段，发挥了作战的突然性和近战特点，使日军的飞机和火炮难以派上用场。经过一天激战，将日军后卫部队和辎重部队全部消灭。

而后，八路军迅速向敌前卫部队展开攻击。由于国民党军未按事先约定的计划出击，致使敌人突围逃跑。

此战，共击毙日军一千多人，缴获大量军用物资和秘密文件。战斗结束后，朱德来到第一一五师驻地，和指战员一起总结平型关战斗的经验教训。朱德后来在谈到这场战斗的战法时说："精锐而骄傲之敌，警戒异常疏忽，我主要部队已进而切断敌由南至北之交通线时，敌尚未发觉。直至我方开始射击，敌才知道。我以迅速进攻之手段，夺取敌之主要阵地。"（《新华日报》，1938年2月9日）

第七章
兵无常形　活用战法

现代大军事家、战略家毛泽东曾形象地把战略战术比作战争海洋中的游击术。在战争的海洋里，如果不想被火海铁流所吞没而达到胜利的彼岸，就必须选择最适合自身优势发挥的作战形式和战略战术。在作战形式上，朱德认为兵无常形，要活用战法，实行运动战、阵地战和游击战相互配合。他认为，在战略上，我们打的是持久战，消耗敌人的战斗力量和补给。在战术上，我们打的是速决战。因为我们在军事上比敌人弱，力避阵地战，发展游击战，扰乱、吸引、分散和消耗敌人，而混合使用运动战和游击战，打击敌人的有生力量。当我方力量发展壮大到强于敌人时，又必须重视阵地战。

一、打得赢就打，打不赢就走

游击战是弱势军队对付强敌、发展壮大自身力量的基本作战形式，在中国几十年的革命战争中，发挥了不可估量的作用，具有重要的战略地位。朱德不但是一位战略家，而且是一位伟大的游击战的战术家，练就了灵活、巧妙，任何强敌都为之战栗的游击战术，这些最拿手的游击战术正是他指挥我军能够绝处逢生、逢凶化吉的秘诀之一。

朱德对游击战争的认识和实践都很早。辛亥革命时期，他作为滇军的中下级军官，就在川、滇、黔同北洋军阀和土匪游勇交过手，那时，他不仅善于正规作战——能攻善守，有时还采取游击战法，用的就是"打圈子"的游击战术。他可以说是中国共产党内最早有游击战实践和经验的人。几十年戎马生涯中，他经历最多的恐怕也是游击战。

1911年，朱德在云南参加辛亥革命，领兵攻破云南总督衙门，立下了战功。1913年夏天，他被调到云南陆军第一师担任营长。同年秋，他的部队奉命开赴云南边疆，任务是平定经常骚扰边境的匪乱。部队驻扎在蒙自、个旧一带，这里崇山峻岭、瘴气弥漫，环境十分险恶，土匪出没无常。他们凭借地形熟，你去了，他就跑了；你走了，他又来了。有时，看上去人少，越打还越多。朱德就采取对策。他知道，这帮匪徒熟门熟路，想要制服他们是不容易的。于是，他带着几个人整天满山遍野地跑，观察地形，访问百姓，摸清土匪活动规律。他结合以往学过的军事理论，反复研究敌情，决定用机动灵活战术，也就是"以其人之道还治其人之身"，你来了，我就退；你退了，我就追；你停下来，我就打。试验了几次，果然有效。以后在两年多的时间里，他不断丰富了实践经验，终于总结出秘密、迅速、化整为零、声东击西、忽南忽北、打得赢就打、打不赢就走这样一套与众不同的战法，这就是流动游击战术。

朱德在运用这种战术时深深体会到，游击战若没有广大群众的依托，要想成功是无望的，必须依靠群众。因此，他一方面非常强调部队必须严守纪律，不得侵犯群众利益；另一方面，他又强调部队内部长官应当爱护士兵，禁止打骂和体罚。这些办法和他的特殊战术相结合，很快平定了边境的匪患。

以后，从云南到四川，又从四川到云南，朱德打了不少漂亮的胜仗。1916年，蔡锷为声讨袁世凯复辟称帝，指挥护国军在泸州纳溪地区和北洋军激战。棉花坡阵地上，双方拼命反复争夺。朱德率领护国军的三个连，顶住北洋军整整一个旅的轮番进攻。敌人枪多弹足，炮弹像雨点般倾泻山头，松树几乎被全部击倒在地，击落的松针达数寸厚。可是朱德稳如泰山，始终固守阵地。他是从来不赞成死打硬拼的，于危难中总能找出解脱的办法。他让士兵们在战壕前摆上一排排石头，每块石头上都扣上护国军的大檐帽。北洋军果然上了当，对着战壕不断地用炮轰，用机枪扫射，白白耗费了大量弹药。朱德命令部队以逸待劳，让敌人打个够，然后发起反击。结果把张敬尧的第七师打得落花流水，一败涂地。纳溪这一仗，朱德不仅守住阵地，还利用山地作战，采取了出奇制胜、以少胜多、猛攻急追、速战速决的战术。后来他在延安同美国女作家宁漠·韦尔斯谈到这段历史时说："我用以攻击敌军而获得绝大胜利的战术是流动的游击战术，这种战术是我从驻在中法边界时跟蛮子（旧称）和匪徒作战的经验中得来的。我从跟匪兵的流动群集作战的艰苦经验中获得的战术，是特别有价值的战术，我把这种游击经验同从书本和学校得到的学识配合起来。"（《朱德传》第28页，中央文献出版社1993年版）抗日战争时期，在延安编写中国工农红军第一军团史座谈会上，朱德对这种游击战术的来源再次作了说明。他说："过去从1911年辛亥革命开始，在川、滇同北洋军阀等打仗，打了十年，总是以少胜众。在军事上的主要经验，就是采取了游击战争的战法。"（《朱德军事文选》第485页，解放军出版社1997年版）

不久，朱德奉命镇守泸州。这里的匪患也是远近闻名。这些土匪全是北洋军的散兵游勇和土生土长的流氓地痞。官匪勾结，四出抢掠，祸害乡里，气焰极盛。朱德根据在蒙自取得的经验，通过周密调查，充分发动群众，又一次用他的流动游击战术有力地打击匪徒的嚣张气焰。在军事打击的同时，他还采取政治攻心的办法，公布了一项政策："奸首要，赦胁从，缴械投降者免死，仍给枪价。"这样，只经过一个多月的时间，这帮土匪就死的死，伤的伤，投降的投降，彻底土崩瓦解了。

这时候的朱德，已是川中名将了。四川军阀刘湘，企图网罗人才，要给朱德一个师长的位置，朱德不干。他后来回顾这件事时说，刘湘之所以叫我当师长，是因为我的独特战术已经打出了名声和威风。我用来击败敌人的是流动游击战术。这种战术主要得自我在中国和法属印支那的边境线上驻军时，同蛮子和土匪作战的经验。我从自己与土匪的散兵游勇作战的艰苦经历中获得的这种战术，具有特殊的价值。当然我把这种游击战经验同我从书本上和学校里学到的知识结合起来了。"

后来，朱德在苏联求学，进入一个短期训练班专学军事。讲课的教官是有游击战实际经验的人。朱德在训练班当了队长。苏联教官只是讲一些战术原则。朱德给学员具体讲解小部队如何同大部队作战，如何骚扰敌人，讲战术上如何利用地形地物，如何保存自己消灭敌人，以及如何侦察等。教官还讲苏联内战时期游击战的经验。这些对于朱德来说，是最熟悉不过的了。所以在学员中数他领会得最深最好。曾有人称赞说："朱德不是从表面而是从本质上真正懂得什么是游击战。"有一次，苏联教官问朱德回国后怎样领兵打仗，他回答说："部队大有大的打法，小有小的打法。打得赢就打，打不赢就走。必要时候拖队伍上山。""记得在莫斯科学习军事时，教官测验我，问我回国后怎样打仗，我回答：战法是'打得赢就打，打不赢就走'，'必要时拖队伍上山'。当时还受批评。其实，这就是游击战争的思想。"（《朱德军事文选》第485页，解放军出版社1997年版）可见，游击战的思想早已深深植根于朱德的心田。

可以说，人民军队成立之前就有如此丰富的游击战经验，在我军高级将领中，朱德是第一人。正是有了十多年的游击战的实践和理性认识，因而在南昌起义后，朱德最早在部队中实行游击战术。1927年8月底，攻击会昌战役打响了。这是起义军南下途中的第一场恶战，朱德奉命指挥第二十军第三师攻击会昌东北高地。朱德受领任务后向大家动员说："你们都是不怕死的中华健儿。可是，今天我要求你们一反往常猛打猛冲的常规，只同敌人打心理战。你们要分作数股，分散活动，跟在敌人后面或插到敌人两翼，向敌人打冷枪。要搅得敌人吃不下，睡不着，这就是你们的任务。"曾参加这次战斗、后当过国民党军高级将领的侯镜如回忆这一场战斗时说："会昌战斗中，朱总指挥我们和钱大钧作战，就采用了游击战法。敌人退，我们跟着进；敌人驻下了，我们就从四面八方打冷枪，扰乱敌人，不让他们休息。这就是'敌退我追，敌驻我扰'。"

南昌起义失败后，朱德进一步坚定了"打游击战争"的信念，整顿余部实行了向游击战的转变。他花了很大气力让队伍适应山地环境，根据山地环境进行游击战。他在军事训练中亲自担任教官，训练部队怎样从打大仗转变为打小仗，也就是游击战的问题。

1927年11月上旬，南昌起义失败之后，朱德带着队伍离开大庾县境，到了湘、粤、赣交界处崇义县以西的上堡、文英、古亭地区，在打走盘踞在这一带的土匪何其朗部、控制了这个山区以后，部队便以连、排为单位分散活动，帮助农民干活，宣传群众，组织群众，开展群众工作，第一次把武装斗争同农民运动结合起来，改变了过去单纯打仗的作法，从而领导部队开始实现了从城市到农村、从正规战到游击战的重大战略转变，为保存和发展革命的力量积累了宝贵的经验。

天心圩整顿时，朱德明确地指出，过去的那种搞法不行，我们从现在起要"伸伸展展"来搞一下。朱德这里所阐述的是今后相当长一段时间中国革命战争的主要形式，是打游击战而不打正规战（条件成熟时才能打）。上堡整训中，他提出了新战术问题，主要是怎样从打大仗转变为打小仗，也就是打游击战的问题。他明确指出，今后中国革命战争的主要形式，是游击战争。他对部队官兵说，我们要由硬打硬拼，转变为有把握的仗就打，没有把握的仗就不打，不打仗时就"游"。将当时起义军指挥员所习惯的正规战那一套转变到游击战上来，这是一项重大的转变。

朱德上井冈山后，打的多数也是游击战。作为红四军的军长，朱德指挥了五斗江、草市坳、龙源口等著名的战斗，通过军事指挥实践，他的游击战争思想就更加丰富了。此后一直到抗日战争胜利，除中间几年外，朱德指挥人民军队进行的主要是游击战。中国人民的武装主要通过游击战争发展、壮大，然后通过运动战打败敌人。

中国共产党以人民战争路线为指导的游击战争，集古今中外游击战争之大成，并将其推向新的高度。在古今中外战争史上，游击战争从来没有像中国的抗日战争那样具有战略上的决定意义，具有如此广泛的群众性。抗日战争中，人民群众不仅创造发挥了麻雀战、地道战和地雷战的威力，而且还创造了许多越来越巧妙的打击敌人的战法。如埋伏在敌人碉堡附近，敌人一出门便给以痛击的"堵门战"；埋伏在村边树林活捉敌零散人员的"捕捉战"；敌人走到哪里民兵就打到哪里的"车轮战"；同敌人转圈子的"推磨战"。

抗日战争中，朱德领导和指挥了世界战争史上最为宏大、最为壮观的敌后游击战争，并提出一整套抗日游击战术，与毛泽东的抗日游击战略观相辅相成，使中国人民军队的抗日游击战略战术，形成了一个完整的体系。有一次，朱德和国民党将领龙云同乘一架飞机去南京开会。在机上，他们谈论起战略战术问题。龙云认为游击战术对内可以，用来打日本，恐怕不行。朱德充满信心地指出："共产党有正规军，也有游击兵团。我们的游击大军，将以华北、东北、东南的敌占区为大战场。游击大军，集散迅速，兵员众多，要十万有十万，要百万有百万，将使敌寇陷于人民战争的汪洋大海中，打游击战有什么不行？"这一席话说得对方连连点头称是。

二、"十六字诀"巧胜敌

井冈山时期，朱德和毛泽东创立了"敌进我退，敌驻我扰，敌疲我打，敌退我追"十六字诀。

在井冈山，朱德走遍了整个山区，勘察地形和防御工事，与当地农民领袖王佐和袁文才谈话。他们对他讲起土匪朱老聋子的故事。老聋子说过："你用不着知道怎样打仗，只要知道怎样包围敌人就行了。"他们按照朱老聋子的话办事，井冈山在他们这一生中从未被攻破过，尽管他们手中的武器非常原始，甚至还有弓箭。朱德说，我学了朱老聋子的很多战术，国民党军队完全采用经常见到的日本军事战术，永远以一路纵队前进，前有前卫，旁有侧翼。除了这些，他们就什么都不懂了。可是我们分成了小股的快速部队，进入他们的后卫和侧翼，把他们切成几片。这种战术并没有什么秘密，任何人都可以学会，军阀们后来也想用来对付我们。他们却失败了，因为游击战术不但需要熟知战斗地区的地形，还要有老百姓的支持。

1928年5月至6月，朱德亲自指挥红军三打永新，三战三捷，他和毛泽东一起打开了创建革命根据地的新局面。当时他用以克敌制胜的法宝，不是别的，正是流动游击、运动战术。

在粉碎湘、赣敌军对井冈山根据地的四次"进剿"中，善于思考总结的朱德、毛泽东，根据敌强我弱、以弱胜强只能采用游击战术的原则，总结南昌起义、秋收起义、井冈山斗争多次作战的经验，提出了"十六字诀"的游击战术。1929年4月5日，红四军前委在向党中央的报告中，正式提出"敌进我退，敌驻我扰，敌疲我打，敌退我追"的作战原则。这是红四军广大指战员实践的产物，也是红四军领导人毛泽东、朱德总结的理论成果。1929年9月28日《中共中央给红军第四军前委的指示信》（即九月来信），第一次将其归纳为"十六字诀"。这寥寥十六字，包含着极为丰富的内容，它包括着战略防御和战略进攻两个阶段的作战行动。

——所谓"敌进我退"，就是在强敌进攻面前，反对死打硬拼，而是要避敌锐气，作有计划的退却，将敌人放进来打。

——所谓"敌驻我扰"，就是对于驻扎的敌人，派出正规军或地方武装，采取各种形式进行骚扰，使其穷于应付，以挫其锐气，耗其精力，分散其兵力。

——所谓"敌疲我打"，就是通过上一阶段的消耗，使敌人士气低沉、精疲力竭之后，主动发起攻击，歼灭敌人的有生力量。

——所谓"敌退我追"，就是对于溃逃的敌人要乘胜追击，坚决打击，以扩大战果。

十六字诀的基本精神是，从敌大我小、敌强我弱的基本特点出发，利用农村的政治、经济和地理等有利条件，在强敌进攻"围剿"的情况下，发动群众，利用天时、地利、人和的优越条件，扬长避短，趋利避害，灵活机动，以求保存和发展自己，消灭敌人，逐步改变敌我力量对比，以夺取游击战争的胜利。

十六字诀不但是中国工农红军游击战争作战指导原则，而且是中国共产党人指导游击战争的正确原则，是中国人民解放军战略战术形成和发展的基础，具有重要的军事学术价值。它解决了中国革命战争走"工农武装割据"道路在作战指导方针上最重大的问题。

随着朱毛红军和中央革命根据地的扩大，红军前三次反"围剿"都取得了辉煌的战绩。朱德和毛泽东在战争实践中，积累了"撒开两手，诱敌深入""集中兵力、先打弱敌，在运动中各个歼灭敌人""避敌主力、打其虚弱，乘胜追击"的战争经验，总结出"分兵以发动群众，集中以应付敌人"等带有朴素性质的游击战争的基本原则。正像第一次反"围剿"时毛泽东亲拟的一副对联所写的："敌进我退，敌驻我扰，敌疲我打，敌退我追，游击战里操胜算；大步进退，诱敌深入，集中兵力，各个击破，运动战中歼敌人。"

朱德和毛泽东一起提出"诱敌深入"的原则。对付强敌的围攻，我国古代就有"退避三舍""孙膑减灶"的成功战例。"十六字诀"表述为"敌进我退"。1930年2月，毛泽东、朱德指挥红四军，在江西吉水水南战斗中，采用"敌进我退""诱敌深入"的方针，歼敌一个旅大部，将游击战指导原则发展为游击性运动战指导原则。以后在敌人十万大军"围剿"面前，红一方面军总司令朱德和总政治委员毛泽东，根据当面情况和古今中外以弱胜强的经验，特别是几年来运用"十六字诀"的经验，于1930年11月1日，在给部队的命令中提出"诱敌深入赤色区域，待其疲惫而歼灭之"（简称"诱敌深入"）的作战原则。实行"诱敌深入"，就是在强敌进攻面前，我军先后退，放弃一些地方，引诱敌人进至预定地区，使敌人不利，自己有利，然后举行反攻，集中兵力，歼敌一路或一部，粉碎敌人的"围剿"。实践证明，这是弱军战胜强军的一种有效战略。

根据这一指导原则，朱德先与毛泽东一起，指挥红一方面军进行了第一、第二、第三次反"围剿"，歼敌七万多人；后与周恩来一起，指挥红一方面军进行第四次反"围剿"，歼敌三个师。

到了抗日战争时期，朱德在《抗敌的游击战术》一文中，总结和概括出了游击战六条要诀，是对"十六字诀"的一个发展。

熟虑断行，主动机动。对于任务，未行之先，须绵密筹算。既行之后，须决心不移，动作常能出敌意表，则常能立于主动地位。能乘敌之破绽，则常制机动之利。这一点反映了"多算胜"和争取主动的思想。"熟虑"则考虑周密，"断行"则果断坚毅。如此方能出奇制胜，处处主动，立于不败之地。

不打硬仗，不攻坚锐。游击部队，如常保持其韧强之抗战精神及实力，则敌人在精神上，及实际上，均受相当之威胁，故不须打硬仗、攻坚锐，以徒遭损伤。这一点说的是打弱敌。"雷公打豆腐，专拣软的欺"。"弱敌"除了指战斗力不强之敌外，还可指那些战斗力较强，但由于受到袭扰而疲惫不堪之敌，或麻痹大意丧失警觉之敌，等等。因此，对"弱敌"也要具体分析。

胜不骄惰，败不馁颓。新胜之后，勿骄惰而疏防，初败之余，勿馁颓而丧志，须再接再厉，以求最后之胜利。且胜败为兵家之常事，骄馁为败亡之大因，为指挥官者，当体物酌情，正躬表率，须有礼智上的统制，而免去感情上的冲动。这一条说的是在胜负面前不因胜利而骄惰，也不因一时失败而泄气。比起运动战、阵地战来，游击战一般规模小，更为注重积小胜为大胜，一时之胜利或失利，对全局都不会起决定性的作用，因此，无端的骄傲或泄气都是要不得的。游击战需要"韧性"，无数的小胜利必能对全局起重要的作用。

稳扎稳打。敌情不明，地形不利，民众不同情，则不可打，每到一宿营地，无论环境如何，均须绵密侦探各种情形（附近民情，村落大小，道路网，通信网，进出及退路之决定），使倘置警戒线，及远距离之侦察网，不可稍有疏忽。这一点指出，游击战同样需要做到不打无准备之仗，不打无把握之仗。由于游击战是在敌后活动，稍有疏忽，极易为敌所乘，而陷于极为被动，甚至全军覆没的境地。

绕圈子，打敌人。善于利用地形，或出敌之前，或出敌之后，或出敌之左，或出敌之右，奔突迂回，飘忽驰骤，使敌无休息之暇，我有奇袭之便。有大圈，有小圈，有圈中之圈（即大包围，小包围，包围中之包围），此在敌已深入我游击区，将一举解决敌人，或援救友军时用之。这一点体现了自井冈山时期以来就实行的兜圈子战术。不仅要会打圈，而且还要会打仗。打不赢就走，与敌人打圈子，瞅准机会就抓一把。

化整为零，化零为整。能聚能散，制敌自便，散而有节，聚以乘变，聚散无常，制敌机先，顽敌虽强，终必折焉。此为古人用兵者所称道，尤为游击战之要诀。化整为零，即分散之意，化零为整，即集中之意。这一点说明游击队聚散的灵活性。或聚或散，完全视情况需要。红军时代，一般的原则是"分兵以发动群众，集中以应付敌人"。抗战时，就游击队而言，朱德更强调的是"化零为整"，因为，"游击队的人数，经常并不很多，武器又劣，训练也差，如果老是分散各地，不但难于给敌人以打击，反而阻碍自己的进步……应当随时集中力量，不但要扰惑、破坏敌人，而且要随时以突然的动作打敌人一点，消灭一部分敌人，这才是有效的战术。""因此，抗日游击队如果不是在随时可以集中的条件之下，并不以'化整为零'做经常的原则。除非在敌人强力的压迫下，或者必要时为了解决粮食的问题，或做群众工作，或迷惑扰乱敌人，是不采取分散的办法的。"（《朱德军事文选》第366页，解放军出版社1997年版）

"十六字诀"的提出，正确地解决了中国共产党独立领导革命战争以后在作战指导上的一个重大问题，是对马克思列宁主义关于革命战争战略战术理论的创造性的发展，对当时的和以后的中国人民革命游击战争起了重要的指导作用。人民军队后来的战略战术，就是由它发展起来的。在长期革命战争过程中，作战指导原则日益完善，虽然有了很大发展，出现了许多新的形式和内容，但其基本精神仍然是"十六字诀"。它对未来反侵略战争的游击作战，仍有积极的指导意义。

三、巧妙袭击战术

朱德认为："抗日游击队的唯一进攻战术，就是袭击。"（朱德：《论抗日游击战争》，1938年11月）在中国共产党领导的军队和游击队中，袭击是非常重要的战术。1938年朱德所著的《论抗日游击战争》，对袭击作了许多论述。文中写道："游击队的每一次动作，都是突然的奇袭。即使袭击造成敌人的物质损失有限，甚至是一次失利的袭击，然而就其动摇敌人的军心与挫折其胜利意志而言，却有很大的影响。在敌人没有防备、相信自己安全的时候，他们却突然出现；在敌人有了准备、小心谨慎、辛苦提防的时候，他们又偏偏不来。在这种出没无常的活动与威胁之中，无论敌人有多少都会震恐。"因此，"抗日游击战术的基本形式不是别的，而是突然袭击的进攻。非袭击不能取得胜利，非袭击不能培养游击队员的信心，不能适应抗日游击队的主观的需要"。（《朱德军事文选》第366页，解放军出版社1997年版）

朱德在《抗敌的游击战术》中谈到游击战斗之一般法则："游击战须本得地不足喜，失地不足悲的原则，务使强敌在我消极抵抗中，受极大之损害，或经至崩溃歼灭，以达最后之胜利。"

游击战斗之一般法则，大致分为袭击、埋伏、扰乱三种：

袭击战术。袭击者，即出其不意，攻其不备之意。这主要是对敌人的静止部队出其不意地突然袭击。其特点是，敌静我动，以动制静，速战速决，以奇制胜；敌人不打我去打，敌打我不打。因其实施时机及方法之不同，袭击又分作绕袭、掩袭、奇袭、急袭各种。

（1）绕袭系用于敌在行军时，我由间道出敌侧背，突以猛烈之火力，攻击之之谓也。

（2）掩袭系用于暗夜，乃风雨云雾之时，而敌在行军疲困，或宿营未定，或渡河半济，或进膳未毕，或布置未妥，我突以大队合围，敌必惊惶失措，而失去统驭，此时游击队必须尽全力以猛攻之，期成歼敌之功。然在敌军深入，或后续部队较远时行之，尤为有效。

（3）奇袭系用于我主力部队遇来敌人时，另以运动灵便之小部队，出敌侧背以袭击，务使敌前后不顾，左右受胁，而自相惊扰，我得乘好机以致胜。

（4）急袭系用于敌之退却，而现紊乱之状态时。敌既陷于退却之紊乱状态，必已失去统驭，无心战斗。故应急剧进袭，使其无夺路之暇，而歼灭之。

伏击战术。这是对正在行动之敌施行的袭击法。事先将部队隐蔽地埋伏在敌人必须经过的道路，突然发起攻击，迅速歼敌于运动之中。其特点是，敌动我静，秘密隐蔽，歼敌于不意和无准备之中。伏击战就性质而言，属于遭遇战，有预期的、不预期的两种。预期的采用埋伏的形式，不预期的采用急袭的形式。

埋伏者即系在敌之进驻地内，或经路线侧，配备所要兵力，以突击敌人之意。因其实施地域之不同，又分地区埋伏、经路埋伏两种：（1）地区埋伏。系在敌之进驻地内，预行配置多数队员，化装潜伏，利用各种行艺、游技，接近敌人，窥探其内容，以期伺机扰乱，或歼灭之。（2）经路埋伏。在预想敌人必须经过路线之侧方，配置所要兵力，以伺敌来而突击之，常能以少而击众，惟在敌人严密搜索之下，常是不易收功，故在地形之遮蔽上，应加以研究之。抗日战争中，朱德在指挥八路军的敌后抗战中，用于歼灭敌人有生力量的主要方式，就是伏击战。

扰乱和破坏战术。扰乱者，即系随时随地，拂逆敌人之企图，使不能按照预定之计划，稳固其强力之基础之意。如善于运用各种机会及手段，亦可予敌以致命伤。这一战术应与广大民众的清野空舍的工作同时进行，互相配合。破坏的种类很多，往往以交通为要。在交通线上，游击队破坏铁路、炸毁桥梁、阻塞隘路。在交通线附近，运走粮食，牵走牲口，男女老少一齐避开，这样才能使敌人后方接济困难。破坏战术的几个原则是：破坏交通线，以不妨碍正规军作战为原则；熟悉敌情形，来去迅速，隐遁无踪；划分掩护队和作业队；破坏的时间、时机和地点要选准；附近群众要进行解释；要有掌握爆破和各种技术人才的执行和指导者，不能盲目蛮干。

朱德说到的游击战斗之一般法则中，其核心是袭击。从广义上说，上述

"埋伏"和"扰乱"也是一种出其不意的袭击。

朱德认为,袭击有两种,一种是对敌人的静止部队,即普通的袭击;一种是对敌人运动的部队,即所谓伏击。在实际战斗中,这二者常常是互相联系的。袭击之前,规定详细进攻计划,选择有利条件,乘敌人不备向敌人力量薄弱的一点突然进袭。如果当时没有这种条件或是条件不够,就要设法创造,设法补足。根据敌人的素质、指挥者的个性以及战术等,创造这种条件是可能的,只要抗日游击队能根据争取主动的原则随机应变,例如声东击西、忽南忽北、虚张声势、散播谣言、围村打扰、清野空舍、利诱敌人、激怒敌人等,总可以找到一个非常好的袭击机会。

袭击成功的关键,在于出其不意,攻其不备。因此,秘密隐蔽接敌,是袭击行动所必不可少的条件。袭击的实施必须是突然而迅猛的。要乘敌无备,以突然的动作,猛击敌人要害,歼灭敌人有生力量。

朱德一生曾多次成功地指挥袭击战斗。

1928年5月中旬,朱毛红军刚会师不久,国民党军便集中赣军第二十七师和第七、第九师各一个团,对井冈山革命根据地发动第三次"进剿"。朱德、毛泽东根据敌情,决采"敌进我退,声东击西"战术,待敌深入根据地内后再消灭之。命令第二十八团主动撤出永新,退回井冈山根据地中心——宁冈,积极备战,待机出击;第二十九团在永新东面的高桥、天河一带,不断骚扰敌军,使敌处于疲惫不安之中。5月中旬,赣军第二十七师师长杨如轩率师部、第七十九团和第二十七团一个营进占永新城,主力近四个团南渡禾水河,企图由龙源口进攻宁冈。此时,朱德率红四军主力位于永新城西三十五公里处的小西江区活动,以"声东击西"战术诱使赣敌放胆前进。当得知赣军主力已南渡禾水河,永新兵力比较空虚后,即决心由小西江区东进,沿禾水河北岸大道奔袭永新城,首先端掉杨如轩的指挥部,随后协同在宁冈的毛泽东的部队,击破敌军"进剿"。随后,朱德率部冒雨奔袭永新城。途中,在草市坳与由永新城跟进澧田的敌第七十九团遭遇。朱德根据敌情和地形,迅速作了伏击部署。经近两小时激战,将该敌全部歼灭。继而又乘敌空虚攻进永新城,二占永新,歼敌第二十七师师部和第二十七团一个营,击伤敌师长杨如轩,缴获大批武器、弹药和军需物资,彻底粉碎了赣军的第三次"进剿"。

这次战斗集袭击与伏击为一体,既打了运动之敌(第七十九团),又打了静止之敌(第二十七师师部和一个营)。当时任红二十八团党代表的何长工说:"朱德同志出色地领导这次奔袭草市坳、二占永新城的战斗,是有远见,有预见的。""特别是二占永新的胜利,表现了朱德同志非凡的指挥才能。"

四、迅速、秘密和坚决的作战原则

"迅速""秘密""坚决"这六个字,是朱德始终主张、反复强调并认真实践的重要作战原则。

"迅速、秘密和坚决,是抗日游击战术的基本原则。一个抗日游击队的行动,如果经常能合乎这三个原则,它才能胜利,才能生存,才能扩大。相反地,如果违背了这三个原则,它必然地将要失利,将要被削弱,被消灭。"(《朱德军事文选》第367页,解放军出版社1997年版)朱德同时认为,这六个字,不仅是游击战的基本原则,也是其他作战形式必须遵循的基本原则。

关于"迅速",朱德解释说:"迅速不单指高度的运动性,而且也包含灵活巧妙的意义。一个抗日游击队的行动,固然要快,不但行军、袭击、进击、退却、宿营要快,就是其他一切行动都要迅速。但单是快还不够,更需要经常地移动位置。积极方面,能够出敌意料之外随时破坏、扰乱和消灭敌人;消极方面,也不会为敌所算,遭受敌人突然的袭击。"(《朱德军事文选》第367页,解放军出版社1997年版)

朱德曾以牛斗不过狗来说明灵巧的重要性。"一条牛常常斗不过一条狗,还被狗追得要命,这个是什么道理呢?当然,不外乎一个是笨重,一个是灵巧,打仗也是一样。游击队的长处,就是它能灵活,能够迅速。"(《抗敌的游击战术》,1938年5月)"迅速为游击队制胜之要诀——一个战役的结束要快,行动要敏捷,迅速确实,飘忽无定。使敌人不知我之主力所在。我们的运动自如,才有歼灭敌人的把握。"(《朱德军事文选》第337—338页,

解放军出版社 1997 年版）

他在讲到第四次"反围剿"作战时指出："突击敌人时采取迅速干脆的手段，使敌人受到纵的各个击破——成为措手不及，如破竹一般。"（《朱德军事文选》第 141 页，解放军出版社 1997 年版）

关于"秘密"，朱德指出："秘密是保护抗日游击队安全的护符，它和迅速一样，是游击队活动的必要条件。一个抗日游击队要能够经常地出没无常、声东击西，使敌人不知道我们究竟在何处；要能够在一段短时间内出现于十几个不同的地点，并且在每一个地方完成任务，使敌人感觉到处都是游击队，增加敌人行动和进攻的困难。在广大的群众拥护之下，秘密并非一件困难的事。我们经常能够做到'游'则敌不知我所往，'击'则敌不知我突来。"（《朱德军事文选》第 367—368 页，解放军出版社 1997 年版）

扩展到其余，朱德指出："秘密是保持机动的要着。因科学的进步，我们的有线电无线电均有被敌人窃知的危险，尤其因为汉奸、敌探、间谍密布，消息很难封锁。因此，我们必须认真保守机密，使敌无法察知我们的行动，自然，我们可以运动自如了。"（《朱德军事文选》第 337 页，解放军出版社 1997 年版）

关于"坚决"，朱德指出："坚决是保障抗日游击队胜利的必要条件。一个抗日游击队经过妥贴的考虑，拟定一个计划，明了地规定了任务之后，就应当立刻坚决地去执行，干脆地消灭敌人的一部，或是迅速地破坏目的物。如果不够坚决，在略一犹豫之间，危险之际，就会改变了企图，在胜利前的一瞬间发生了动摇。只要我们行动坚决，常常在众寡悬殊、于我极不利的生死关头，也能够征服敌人，克服敌人的抵抗。稍微迟疑一下，就错过了良机，在紧张的一刹那，给敌人以时间准备，得以从容镇定。结果，我应当成功的都不能成功。相反地，无结果的战斗是不应当继续的，应该撤退的就毫不迟疑地坚决撤退。"（《朱德军事文选》第 368 页，解放军出版社 1997 年版）

他还指出："坚决为各级干部必须具有的条件。一个战役须速战速决，处置果断。千万不要游移不决，对于敌人不能取全部的胜利，也必须保持战役中

一部的胜利。"(《朱德军事文选》第338页，解放军出版社1997年版)

他在总结第四次反"围剿"作战的经验时指出："我们抓住先机之利，坚决勇敢地冲锋，接连冲破敌人设置的几层梯队孙连仲师，以至最后梯队号称铁军的吴奇伟师。另一方面，我们又能坚决抓住蒋介石的嫡系周至柔师，使我主力能横扫该师，继以猛追，故该师扑河而死的亦很多。""此次全部战线均遵守统一的命令，坚决作战，毫无犹豫迟疑的现象，实为争取全部胜利的主要因素。"(《朱德军事文选》第141页，解放军出版社1997年版)他在谈到对日作战时指出："对敌人的进攻与冲锋，应保持着高度的突然性质，突击一开始应最迅速坚决地、猛烈地、连续冲锋歼灭敌人，迅速干脆解决战斗。在这种情况下，一切犹豫、动摇、迟缓都不应有的。"(《朱德军事文选》第297页，解放军出版社1997年版)

秘密、迅速、坚决不仅是游击队的基本原则，而且是正规部队的作战原则之一。早在红军时代，朱德就规定红军战术的主要原则是迅速、秘密、坚决。在中国共产党领导的战争中，不乏这种体现迅速、秘密、坚决特点的战例。

1933年1月，朱德和周恩来指挥的黄狮渡、浒湾两次战斗就是体现秘密、迅速、坚决原则的一个范例。1932年年底，以何应钦为总司令的国民党赣闽粤边区"剿匪"总司令部下达了对中央苏区第四次"围剿"的命令。红一方面军决定冲破敌在抚州河流域的围攻线。朱德、周恩来随即指挥红军向北隐蔽急进。1933年1月4日至5日，歼灭黄狮渡守敌第五师第十三旅，俘敌旅长周士达以下千余人。由于红军的行动迅速而秘密，北上首战告捷。被俘的周士达供称："红军包围了黄狮渡后，才知道大部红军到了。"接着，朱、周又指挥部队向金溪秘密运动，敏捷占领该城。此时驻临川的国民党三个师经浒湾分两路向金溪、黄狮渡增援，企图南北夹击红军。针对敌这一意图，朱、周决乘敌尚未会合之际，于1月7日果断下达攻击浒湾命令。经一日激战，将援敌三个师全部击溃，红军占领浒湾，歼敌两千余人。作战结束后，朱德写了《谈黄狮渡到逼近抚州的一个战役》，及时总结经验教训，指出这次红军作战的主要战术原则是："秘密、迅速、坚决、大规模协同作战、务须服从命令与机断专行。"

抗战爆发,八路军首战平型关。这次战斗,同样运用了这一原则。1937年9月24日深夜,第一一五师主力根据总部命令,在黑夜中冒着倾盆大雨向平型关以东前进,拂晓前抢占了通向平型关的汽车路两侧高地,在这里冒雨设伏。朱德后来说:"精锐而骄傲之敌,警戒异常疏忽,我主要部队已进而切断敌由南至北之交通线时,敌尚未发觉。直至我方开始射击,敌才知道。我以迅速进攻之手段,夺取敌之主要阵地。"由于利用有利地形、采取伏击手段、发挥了战役的突然性和近战特点,日军的飞机和大炮也难以发挥威力。经过一天激战,共毙敌一千多人,缴获大量军用物资和日军的秘密文件,其中包括标有日军华北作战计划及目标的日文地图。"能够取得胜利的原因便是秘密、迅速、坚决,是采用白刃战解决的。"

五、运动战里逞英豪

朱德非常重视游击战,但是也非常重视运动战,因为"游击战是不能解决最后胜负问题的,它只能使敌人受着某一部分的损失,某些时间的延滞,增加某些困难。要取得部分的较大的胜利,必须配备适当的正规部队,在广大游击队的掩护隐蔽之下,采取运动战,以突然的袭击,短时期间的解决战斗,是可以逐渐消灭敌人的"。(《朱德军事文选》第326页,解放军出版社1997年版)

运动战,是正规兵团在较长的战线和较大的战区,从事战役和战斗的外线速决进攻战,它是我军在革命战争中歼灭敌人有生力量的主要作战形式。它有四个基本特点:一是正规性。正规兵团是歼敌的骨干力量,地方兵团、游击队和民兵予以积极配合。二是进攻性。运动战基本上是进攻的,一切的走都是为着打。三是流动性。即没有固定的作战线。主力兵团在广阔战场上,实行大踏步地前进和后退,适时集中和分散,灵活机动,力求歼敌于运动之中。四是集中优势兵力打歼灭战。运动战主要执行歼灭任务,因此,在战役战斗上集中优势兵力,采取迂回战术,是全歼敌人的基本手段。

朱德认为，我们的战略方针是积极防御，积极防御的要诀，在于趁敌在运动中或敌立足未稳时，集中优势兵力，以坚决、勇猛、迅速的手段歼灭敌人，减少敌人空、炮及其他机械、化学兵种配合的效能，只有在运动战中解决了敌人，打击了敌人，才是达到防御目的的最好手段。防御也是为着节约兵力，用在运动战中消灭敌人的手段。

运动战与歼灭战密不可分，歼敌主要靠运动战。对此，朱德曾有许多论述。他曾在一个报告中说："自红军以来打的都是歼灭战，我们是靠歼灭战起家的。不是包打胜仗，而是要打胜仗，不打不得了。消灭敌人主要在运动中消灭……在运动中消灭敌人之一点，其他地方敌人用小部队钳制起来。""我们常用的战术原则是集中兵力，打敌人分散或比较孤立的一路。对于作为攻击目标的敌人，进行四面包围，一打便要全歼，不使漏网。我们在战略上是以少胜多，但在战术上就要以多胜少，以很多人集中打击敌人的一路；其他方面我们就用另外的方法，如用群众力量或地形险要等来钳制它。无把握的仗就不打，每次都打歼灭战。"（《朱德军事文选》第739页，解放军出版社1997年版）

运动战以歼敌为目的，这就需要最大限度的集中，在战役战斗上对敌形成绝对或相对优势兵力。在三种作战形式中，运动战更需要，也更容易发挥集中兵力的长处。而游击战，由于作战规模较小，集中兵力一般人数较少，"化零为整"，也难以与运动战集中的兵力相比；阵地战，以分兵把口、固守一地或阵地攻击为特点，在兵力机动、运转上不如运动战灵便，也不如运动战便于集中兵力。

运动战在打法上一般实行以一部打正面，以主力打侧背，大胆迂回，分割穿插，以歼敌大部或全部为目的。1938年2月4日，朱德、彭德怀在总结入晋抗战以来的经验教训的基础上，曾提出指导运动战、游击战的五条基本原则：

（一）自主的有计划的进攻和进扰敌人，切忌被动的应战。

（二）集中优势兵力，突然包围袭击薄弱之敌而消灭之。

（三）避免无把握的战斗。万一被迫应战，见无胜利把握时，应毫不留恋地向安全及便利于进行作战地带撤退。

（四）如遇敌人进攻，只以极小部与敌作有弹性的周旋，主力应隐蔽地迅速地转向敌侧后突然袭击。

（五）战斗胜利，应估计敌之援兵可能与否，自己部队应作战斗准备或转移适当地带，不要久驻一地。（《朱德军事文选》第316页，解放军出版社1997年版）

这五条原则的核心是集中优势兵力主动打击敌人。它发挥了朱德在红军时期提出的"迅速、秘密、坚决"这三项基本原则。

选定主要突击方向，是运动战在打法上的一个特点。朱德强调："无论大兵团、小部队，在进攻中每一动作，都要选定主要突击方向而集中其最大兵力在这一方向来决战。其他次等方向只留出可以钳制敌人的兵力，但须积极动作吸引敌人的注意力向着本身，借此保障主要突击方向容易进攻。如有人想处处顾全，平分兵力，结果到处没有力量，将演出东不成西不就甚或失败的结果。"他要求指挥员"善于使用主力，而不是处处用主力"。（朱德：《关于今后工作的战术问题的报告》，1947年）

各个击破是运动战战法的一个重要特点。运动战之所以成为我军以劣胜优的基本作战样式，其根本之点在于它有利于我军在敌强我弱的整体格局下，形成局部的优势，在每一次作战中以优胜劣。而其中的诀窍，则在于正确地选择作战对象，坚决地贯彻各个击破的作战原则，先打弱的，后打强的，所谓弱的是指兵力上比较弱，配备上比较弱，素质上比较弱；选择目标，既是敌之薄弱环节，又是敌之要害部位。

打敌侧背，是运动战战法的又一个特点。朱德一贯反对正面硬攻，主张硬打加巧打。他在谈到打仗时，曾说过这样的话："我们不能光硬打，硬打要加巧打，要灵活，打了就走，不要贪多。"（《朱德传》第119页，中央文献出版社1993年版）

打侧背就是打敌人的软处和弱点。朱德认为，红军第二次反"围剿"就是"由侧背打下的","这是摆五个莲花阵歼敌的,就是引敌脱离工事,而引到我之阵中歼灭的。打的都是歼灭战,不是歼灭战不打"。(朱德:《关于今后工作的战术问题的报告》,1947年)他提出,打侧背须要大胆。这就是说打侧背时要大胆迂回,大胆穿插,大胆分割敌人,这样才能歼灭敌人。在形势不利时,也应迅速转移兵力至敌之侧翼,跳出敌之合围,"于敌人的侧翼改变我之不利局势"。

运动战要发挥灵活机动的特长,在高度机动中创造战机。在敌强我弱的条件下,要歼敌于运动之中,首先遇到的问题是如何调动敌人、分散敌人,以造成我之各个歼灭敌人的战机。而调动敌人的途径是多种多样的,但其中最基本的一点就是善于兵力机动。在战役战斗中应采取突袭和伏击战法。朱德指出,部队在运动中要采取突然袭击或打埋伏的办法来消灭敌人,如数次布置无效也不必灰心,能长此灵活运用,则可大量歼灭敌人。

不要进攻已占领阵地或稳固的敌人,寻求在运动中逐渐地消灭敌人。这是人民解放军作战的基本原则,也是未来作战仍应遵循和借鉴的原则之一。

朱德和毛泽东指挥的四渡赤水战役,是一场大规模的行云流水般的运动战。

"打得赢就打,打不赢就走","走路的时间通常多于作战的时间","一切的走都是为着打",是运动战的基本特点,而开展一场运动战的首要条件必须是拥有一片广大而又熟悉的区域。四渡赤水是在云贵川边进行的,此间河流众多,水流湍急,山势陡峭,地形复杂,道路崎岖,少数民族众多,且部署有川军、滇军、黔军和国民党的中央军几十万敌军,被蒋介石称为红军的"绝地"。红军能够在几十万敌军围追堵截的"绝地"里发起大规模的运动战,正是借重了总司令朱德十分熟悉这里的地理民情敌情。

遵义会议制定了红军北渡长江,在成都西南或西北建立根据地的战略方针。在讨论过长江的军事会议上,朱德和刘伯承建议从赤水北上,选择泸州、宜宾之间的江面作渡江点。他们曾在滇军、川军任过职,在这些地方打过仗,了解这段江面较宽,水流较缓。

仅隔三天，以朱德为首的中革军委在紧张的运筹谋划后，就提出了贯彻中央战略意图的《关于渡江的作战计划》，规定红军的基本方针是由黔西北地域经过川南渡过长江转入新的地域，协同红四方面军由四川西北方向实行总的反攻，而以红二、红六军团在川黔湘鄂边活动钳制四川东南"会剿"之敌，配合此次反攻，并争取赤化四川。为此，规定了实现这一基本方针的具体任务：由松坎、桐梓、遵义地域迅速转到赤水土城及其附近地域；渡过赤水，夺取兰田坝大渡口江安之线各渡河点以便迅速渡江；在沿长江为川敌所阻，不得渡江时，我野战军应暂留以上川南地域进行战斗，准备渡过金沙江，从叙州（今宜宾）上游渡河。

在这份详细的作战计划中，朱德估计了两种可能性，一是顺利渡江北上，二是渡江受阻后则应渡金沙江北上。这一计划的估计与后来战场变化几乎完全一致。

1935年1月20日，朱德电令各军团："应迅速向赤水及其附近地域与追击和截击的敌人的一路进行决战。"两天后，朱德又电令各军团："接近赤水河时应查明渡河点及其下岸上岸的地形和架桥占领左岸的要点，并规定各军团执行任务的地段。"（《朱德年谱》第135页，人民出版社1986年版）

朱德精心的计划与周密的部署，使中央红军于1月29日胜利完成一渡赤水战役。从此，中央红军进入川南，准备实施渡江北上战略计划。此时，蒋介石匆忙调集川、滇、黔军和中央军一齐扑向川南，企图围歼红军。而四川军阀刘湘以一部兵力固守叙永、古宋、兴文、长宁等地和长江、横江沿岸，防止红军北进，主力则向中央红军集结地扎西推进。

2月9日，中革军委在扎西召开扩大会议，决定作战方向转向黔北，寻找有利战机，消灭敌人，准备回师东进，再渡赤水，重占遵义。

2月上旬，毛泽东在扎西召开的中央政治局常委会上提出中央红军杀个回马枪、二渡赤水河的建议时，朱德立即表示赞同。会后，他又和毛泽东一起，亲自到红一、红三军团作动员报告。他在红一军团的动员大会上，操着浓重的四川乡音说：

"我们现在到了黔、川、滇交界的扎西山区,这里是少数民族地区,交通不便,还是封建社会、奴隶社会,山大王修建的土围子多,常对我军打冷枪,造成我军伤亡和减员。到了这里是有点像宋朝陆游诗中说的'山重水复疑无路'的样子。我们不能在这里建立革命根据地。但我们是共产党领导的红军,没有克服不了的困难。现在还有不少从井冈山下来的同志,大家都记得我们七年前上井冈山的情形吧?眼下全军还有三万多人,怕什么?比那时候多好几倍呢!我这个人从来是乐观的,因为我相信,代表剥削阶级利益的蒋介石的军队,一定会被代表劳苦大众利益的工农红军所消灭。我们最近在这里进行了整编,留下一部分人和群众在这三省交界的山区打游击,牵制敌人,大军则东进,同蒋介石打运动战,打他个冷不防,敌人就莫奈我何了。今天是2月11日,正是'柳暗花明又一春'的好时光,我把'村'字改为'春'字,意思就是春天有青春活力,可以施展才能,我们打回遵义去,一定能打胜,要树立坚定的信心。"

当蒋介石寻得中央红军踪迹,令川、滇军分进合击,纷纷向滇北杀来,企图南北夹击红军时,朱德和毛泽东研究决定,于2月11日命令各军团向赤水河东发展,指挥红军离开滇北向川南古蔺及其以南地域前进,争取渡河先机,使中央红军再次化险为夷。

随即,朱德在2月15日发布了《二渡赤水河的行动计划》,明确提出了二渡赤水战役的主要作战目标:我野战军以东渡赤水河,消灭黔敌王家烈军为主要作战目标。同时确定了渡河地点和渡河后的进攻方向,即"先由林滩经太平渡至顺江场地段渡过赤水,然后分向桐梓地域前进,准备消灭由桐梓来土城的黔敌,或直达桐梓进攻而消灭之。"(《朱德军事文选》第184页,解放军出版社1997年版)

这实际上为二渡赤水制定了详细计划。

为使红军将士接受运动战、认识运动战,并将这种新的作战方式转化为广大红军指战员的自觉行动,2月16日,中共中央和中央军委联合发布了《告全体红色战士书》,号召全体红军指战员充分发扬红军运动战的特长,机动灵活地消灭敌人有生力量，指出："红军必须经常地转移作战地区，有时向东，有时向西，有时走大路，有时走小路，有时走老路，有时走新路，而惟一的目的是为了在有利条件下，求得作战的胜利。"（中央档案馆编：《中共中央文件选集》第10卷，第491页，中共中央党校出版社1992年版）

《告全体红色战士书》以通俗易懂的语言，概述了运动战的基本特点，使红军官兵理解了运动战，克服了消极思想，为二渡赤水战役作了思想准备。

朱德、毛泽东等指挥红军神速东返后，于1935年2月18日再次渡过赤水河，二度进入贵州，把蒋介石的重兵抛在了长江两岸，使蒋介石企图在滇东北地区"一鼓荡平"中央红军的企图成为泡影。

随后，朱德和毛泽东、周恩来以红五军团一个团向温水开进，一路招摇，吸引追敌，主力红军则以奇袭的战法，迅速占领桐梓，直逼娄山关。

娄山关是桐梓通往遵义的必经关口，地势险峻。黔军王家烈派其精锐部队两个团固守。红军部队在彭德怀指挥下，经过一天一夜苦战，打下了娄山关。随后，王家烈又派出三个团企图夺回娄山关。红军打退敌人的多次反扑，歼敌大部，残敌逃往遵义城。

朱德和毛泽东、周恩来乘黔军刚败，仓皇混乱之际，抢在敌军增援部队到达之前下令再次夺取遵义城，以打开黔北地区的局面。

按照这一部署，红军部队发扬连续作战的作风，一鼓作气，粉碎黔敌三个团的阻击，于2月28日再次占领遵义城。

这时，敌前来增援的中央军第五十九、第九十三师进至遵义城附近的忠庄铺地区。朱德和毛泽东、周恩来当即决定除留一小部在遵义打扫战场外，集中主力迅速南下。红军部队在老鸦山一带与敌增援部队展开激战。敌人被红军突如其来的冲击打慌了神。当天下午五时，红军对进攻之敌实施全面反攻，敌军招架不住，慌忙向乌江方向逃窜。红军部队追了整整一天，追到乌江边，俘敌一千八百余人。

遵义之役，红军部队在敌情非常严重、处境十分艰难的情况下，按照朱德、毛泽东的部署，充分施展了运动战的优势，由西向东，从北向南，横扫五百五十余公里，以三万余人的少数兵力，歼灭和击溃敌两个师共八个团，俘敌三千余人，大大鼓舞了红军士气，打击了蒋介石的嚣张气焰，取得了长征以来最伟大的胜利。

红军取得的遵义战役胜利令蒋介石大为震惊，他不得不亲自出马，统一指挥川黔各军与中央红军作战。3月2日，蒋介石飞抵重庆后，为"洗雪""国军建军以来的奇耻大辱"，故伎重演，搞堡垒主义，企图采取"碉堡推进，步步为营"的方法，将红军围歼于乌江以西黔北大道地区，企图在遵义、鸭溪狭小地区消灭红军。

这时，中央红军已转移到遵义城西南三四十里的鸭溪、八流水地区休整。面对数万敌军的包围，新组成的红军前敌司令部司令员朱德和政治委员毛泽东决定将计就计，故意在遵义地区徘徊以吸引更多的敌人前来围攻，以利于红军摆脱强敌尾追。以一部在遵义、桐梓之间挡住北面之敌，造成敌军以为红军"大的方针未定"的错觉，从而继续调动大军进逼遵义。

3月4日深夜，朱德和毛泽东、周恩来决定以红九军团在"桐（梓）、遵（义）间地域吸引川敌向东而钳制之，主力则西进遵（义）、仁（怀）路上突击周（浑元）敌"。次日晨六时，朱德和毛泽东率前敌司令部离开遵义，前往鸭溪。

蒋介石果然上当，命其部队火速向遵义逼近。但是，已被红军打怕了的敌周浑元部一是不敢单独与红军较量，二是固守蒋介石传授的机宜，不管红军怎样调动，硬是躲在鲁班场附近筑堡固守不走。于是，朱德与毛泽东、周恩来指挥红军在鲁班场打了一仗后，随即主动放弃遵义，避开北渡乌江、从后面抄袭遵义的薛岳纵队，西进至茅台，于3月16日在茅台及其附近地区向西，第三次渡过赤水河，再入川南，向古蔺方向前进，佯作北渡长江的姿态。

蒋介石在遵义扑了空，见红军又入川南，立即感到红军又要北渡长江与红四方面军会合，便故伎重施，制定了一个企图在遵义桐梓以西、赤水河以东地区，将红军一网打尽的计划，令其所有"追剿"部队再向川南进击，想在追堵中，迫使中央红军"自投罗网"；并在云、贵、川边境赶修碉堡工事，构筑封锁线。

就在蒋介石手忙脚乱时，朱德和毛泽东又将计就计，派红一军团的一个团伪装成主力，由铁厂、两河口地区大张旗鼓地向古蔺挺进，给敌人造成要北渡长江、"自投罗网"的假象，牵着敌军主力的鼻子继续西进不止。而红军主力却突然神速动作，出敌不意地掉头东进，于3月21日晚至22日由二郎滩、九溪渡、太平渡一线向东，第四次渡过赤水河。这样，就把敌人的主力全部抛在后面。

当时，红军主力东进，敌军主力西进，两军逆向行军，来回穿插而过。待蒋介石得到红军已经渡过赤水河的情报时，敌周浑元部已经赶到古蔺地区了。3月22日，蒋介石命令尚未西渡赤水河的滇军马上停止渡河，并回驻赤水河、亮岩、燕子口、八寨坪、孙家铺、瓢儿井等地，赶筑工事布防。同时，还令其他各军向遵义附近集结，企图在遵义地区将中央红军"一网打尽"。为了抵近前线督战，蒋介石又于3月24日由重庆飞抵贵阳，当天召开军事会议，"会商剿共事宜"。但是，蒋介石对红军主力的行动方向一直没有弄明白。他曾三令五申地命薛岳迅速把红军主力动向侦察清楚，并派飞机空中侦察，但一连几天都不得而知。在敌军重新布置合围时，红军调头向南，在敌军间隙中穿插猛进，直指乌江。之后，中央红军以红九军团伪装主力在乌江北岸迷惑与牵制敌人，主力乘机于3月31日在江口、大塘、梯子岩等地南渡乌江，一下子就把正在集结的敌主力全部甩在乌江以北。

朱德和毛泽东又布迷阵，让红九军团向长干山、枫香坝之敌佯攻，引敌北上，红军主力则向南急进。4月2日，以一部佯攻息烽城，主力继续南下，直逼贵阳。本来，蒋介石坐镇贵阳，除留一个师在贵阳附近警备外，还对号称天险的乌江南岸，复派有一个团沿江扼要防守，他以为这种防范是周密的。可是，红军居然从天而降似的打到贵阳来了。这一下，可急坏了蒋介石，大有"笨人下棋，死不顾家"之叹。当时国民党在贵阳周围只有四个团，蒋介石一面急调滇军孙震部火速来贵阳护驾，一面准备飞机、轿子以便随时逃跑。

四渡赤水，威逼贵阳，是一个极具胆略和战略勇气的惊人之举，也是一首行云流水般的战争诗篇，朱德和毛泽东率领红军三万余人，灵活运用声东击西之法,在蒋介石的几十万重兵之间,忽东忽西,忽南忽北,大范围迂回往来,如入无人之境,最终甩掉了围追堵截之敌,顺利实现了渡江北上的战略意图。

整个四渡赤水之战,朱德都积极参与制定战略方针,认真贯彻执行党中央的战略意图,及时制定作战方针、计划,及时作出战斗部署,从而在指挥上保证了四渡赤水战役的胜利。

朱德兵法的一个重要特点,就在于能够在敌大我小、敌强我弱的条件下,发挥运动战、游击战的特长,声东击西、瞒天过海,造成主观上、心理上对敌的优势,在灵活多变、出敌不意中求生存、求主动、求胜利。

六、灵活运用游击战和运动战

朱德认为,在战略上,我们打的是持久战,消耗敌人的战斗力量和补给。在战术上,我们打的是速决战。因为我们在军事上比敌人弱,我们永远避免阵地战,而混合使用运动战和游击战,打击敌人的有生力量,同时,我们发展游击战,扰乱、吸引、分散和消耗敌人。

朱德主张通过战略上以弱抗强,战役上以多胜少,来实现持久作战的最终胜利。他认为,处于劣势的一方,必须以弱抗强,然而在战役或战术方面,必须求得以强攻弱,即使在战役上自己的力量小于敌人,也要求得从战术上来解决以多胜少的问题。如何才能求得以强攻弱的战术原则呢?朱德举例说,假设敌我都是四百人作战。这是相等的兵力,应该采取进攻的战术,以小部"百人"向敌人积极进攻,吸引敌人主力应战,我以少数兵力钳制敌人的主力,以自己的主力采取迅速、坚决、勇猛的手段从敌侧后突击,首先消灭敌人一部。假若首先消灭了敌之一百人,敌已由均势变为劣势,则我集四百人再以同样的手段,最后解决敌人。因此,虽是相等兵力作战,我仍维持战术上的优势。

1937年4月12日,在延安举行的西北青年救国会第一次代表大会开幕式上,朱德发表讲话,指出抗日战争必将是长期的,战线必将是很宽的。并希望全国青年紧密地团结起来,勇敢地奔赴抗日战场。同年7月26日,朱德在《解放》周刊第 1 卷第 12 期上发表《实行对日抗战》一文。文章分析了日本经济上、军事上的各种弱点，指出日本并不可怕，恐日病是严重的错误，让步、妥协与退让是亡国灭种的自杀政策，只能在抗战中找出路，求生存。在这篇文章中，朱德又指出，抗战将是一个持久的、艰苦的抗战。这就需要动员与集中全国一切人力、智力、财力与物力。全力以赴，动员民众，武装民众以充分的救国抗日的自由，这是争取胜利的最必要的条件。8 月 4 日，朱德与周恩来、叶剑英一起飞赴南京参加蒋介石召集和主持的国防会议，在会议上发言指出，抗日战争在战略上是持久的防御战，在战术上则应采取攻势。并强调抗战开始以后，应当根绝各种和平妥协言行，坚持持久抗战。会前，他还同周恩来等致电洛甫（张闻天）、毛泽东，指出红军要独立自主地担负一方面的作战任务，以发挥红军运动战、游击战、持久战的特长。

如何实现战略上的持久作战呢？朱德赞成打消耗战。不过消耗战的主要目的，在于消耗敌人的物力、人力，引起战局的变化，改变敌我的形势。为长期地消耗敌人力量，唯一的就是发动群众的游击战争，在敌人后方建立小块小块的根据地，分散敌人力量。此外，就是战役战术的灵活运用，就己之长，攻敌之短，以战术胜利的发展，来求得战役胜利的展开，绝不是同敌人对拼消耗。他认为："敌我力量的对比，决不是一成不变的东西。在持久抗战的过程中，是必然会变动的，我们的力量会逐渐变强，而敌人的力量会逐渐变弱的。"（《朱德军事文选》第 301 页，解放军出版社 1997 年版）这个变动，就是通过不断地消耗敌人、壮大自己来实现的。

战略上的持久，需要灵活运用游击战和运动战。游击战与运动战二者间并没有一道长城间隔开来。游击战争虽然十分重要，但不能解决战争的最后胜负问题，须随形势的发展和革命力量的壮大，逐步向运动战发展，增加运动战的分量，扩大运动战的规模。地方游击队也应逐步向配合正规军打运动战的方向发展。

游击战与运动战这两种作战形式有着十分密切的联系，两者都是速决的进攻作战，不过规模大小不同。后者一般由正规军执行，作战规模较大，有时还伴随着阻援所需的运动防御或阵地防御等作战形式；前者则规模较小，常由小部队、游击队或民兵执行，作战更为灵活和分散。在抗日战争中，在有正规军的情况下，要较多地消灭敌人，要创造和保卫根据地，就不能不打运动战。抗战初期，八路军在总的战略方针指导下，根据不同情况，完全允许交替使用游击战与运动战这两种作战形式。朱德指出："游击战的目的，不只是破坏交通、劫夺粮械，消耗和分散敌人兵力，创造敌人的弱点，它也需要集中兵力消灭敌人的有生力量。因此，一般游击战也可以说是小的运动战，而且，事实上几个游击队也常常联合起来，在敌人进攻时或运动战时，突然集中力量消灭其一股。这种打法，实际就是运动战。相反地，正规军也可以打游击战。总之，打游击战需要运动战配合，打运动战也需要游击战掩护。在二者之间，并没有一道长城把它们间隔开来。"（《朱德军事文选》第368页，解放军出版社1997年版）

他在总结抗日战争第一年的经验时指出："我们一年来的战争，是以运动战和游击战的互相转易与互相并用，这是根据八路军所负担的战略任务及其活动范围的宽度，并依当时实际情况而决定的。然而，游击战是占着主要地位的，但在有利时机之下，并未放松运动战的争取，求得在运动中比较大量的歼灭敌人，起着转变战役形势的决定作用。如去年9月25日的平型关之战，11月2日的广阳之战（正太路以南），今年3月至4月初晋西北粉碎后宫师团黑田旅团进攻之战，4月4日至14日，我晋东南部队粉碎敌人九路围攻之战等，都是运动战的典型。"（《解放》1938年第44期）

1940年，在纪念抗战三周年时，他又谈到运动战和游击战关系问题，指出："我们在正规军中，曾适时地调剂了游击战与运动战的分量；我们在游击队中，又曾融合了游击战向运动战发展的连贯性，这就不断地帮助了地方游击队的发展，同时又不断地壮大了正规军。"（《为争取抗战最后胜利而奋斗》，《新中华报》1940年7月5日）"所谓运动的防御，决不是死守口子，坐待敌人进攻的消极防御，而是以坚固的防御线，在敌人进攻前，层层向敌人进逼，敌人进攻步步抵抗，使敌人时时展开，以阻碍它的前进，同时运用基干游击队到敌后扰乱截击，更须集结基干兵团，灵敏地选择敌人弱点，给以致命的打击，以击破敌人的进攻。"（《朱德军事文选》第 110 页，解放军出版社 1997 年版）

七、打好阵地战必须搞好"两个结合"

朱德认为："阵地战、运动战和游击战三种的配合，是战胜敌人所必须采取的战法，是每个优秀的军事家所应当郑重考虑的原则。"（《朱德军事文选》第 346 页，解放军出版社 1997 年版）人民军队在长期的武装斗争中，有两种作战形式是拿手好戏，一是游击战，二是运动战。当革命力量处于非常弱小而敌人异常强大时，一般实行的是游击战；当革命力量有所发展时，主要是进行运动战或带游击性的运动战。直至抗美援朝战争中，志愿军在朝鲜才进行过比较正规的阵地战。在这三种作战形式中，最能达到歼敌目的的还是运动战。

阵地战，是军队在相对固定的战线上，进行阵地攻防的作战形式。它是典型的正规战。作为一种作战形式，分阵地防御和阵地攻击。在人类战争史上，它是一种最古老、最基本的作战形式之一，特别是在现代战争中，阵地战为世界许多国家军队奉为主要作战形式。在第一次世界大战中，协约国和同盟国攻防相持主要是这种战线固定的阵地战。

但对于处在弱势的我军来说，始终注重的是侧翼迂回攻击的运动战和敌后活动的游击战，阵地战是必须尽量避免的，它多是为运动战创造条件的辅助作战形式。朱德认为，红军的长处是野外攻击，是游击战和运动战，无论是阵地防御还是阵地攻击，对红军都是一场灾难。

阵地防御失败的例子有第五次反"围剿"。在外国军事顾问李德的指挥下，红军采取以堡垒对堡垒的阵地防御战，迫使红军以己之短击敌之长。朱德对此非常不满，告诫他不能打阵地战死守，不能处处设防。

而 1930 年夏攻打长沙，1932 年 2 月攻打赣州，都是红军阵地攻击的战例，结果均是受损撤围。打长沙时，朱德即指出，红军的装备和训练都不宜于打阵地战。如果执行这政策的话，今后就完全要打阵地战了。光是敌人开到长沙的增援部队就布置了三道防御工事，还有通电的电网。武汉的防御工事更为坚强，还有许多外国军舰停在长江里，准备红军一旦来时就开炮轰击。攻打这样强大的敌军，这样坚强的工事，其结果将是红军全部被消灭，革命力量在几十年内也无法抬头。关于打赣州，朱德也是不赞成的。时隔12年后，他谈到打赣州失利时还指出："1932年1月10日，中央命令红军打赣州，结果打不开，这又是不应打大城市的一个证明。"（《朱德军事文选》第489页，解放军出版社1997年版）

到了抗日战争时期，虽然朱德就全国抗战战略方针曾提出："在战争形式上主张以运动战为主，阵地战、游击战为辅。"（朱德：《抗敌的游击战术》，1938年3月）但对于共产党领导的八路军、新四军，他更强调的是运动战和游击战，"游击战是占着主要地位的，但在有利时机之下，并未放松运动战的争取，求得在运动战中比较大量的歼灭敌人，起着转变战役形势的绝对作用"。（朱德《抗敌的游击战术》，1938年3月）他在华北前线与美国友人史沫特莱谈到八路军的战略战术时，也说道："在战略上，我们打的是持久战，消耗敌人的战斗力量和补给；在战术上，我们打的是速决战。因为我们在军事上比敌人弱，我们永远避免阵地战，而混合使用运动战和游击战，打击敌人的有生力量。"（史沫特莱：《伟大的道路》第411页，三联出版社1979年版）这里所说"永远避免阵地战"当是极而言之，主要在于强调阵地战对于八路军是不合适的，阵地战这一作战形式难以发挥弱小军队灵活机动的战略战术。

朱德解释说："在游击战争的广泛开展的条件下，可以调动敌人，分散敌人，封锁敌人消息，使我正规军得以采取大步前进、大步后退的战术原则，求得运动战的机会。至若单纯地防御，不了解寻求出击的机会，不了解操纵敌人、调动敌人的巧妙办法，而晓得摆在一个阵地上拼消耗，这无异帮助了敌人发挥现代技术的威力。须知，一个孤立无援的阵地是没有打不破的。"（《朱德军事文选》第304页，解放军出版社1997年版）

朱德对阵地战有着相当的研究。他不因为人民军队主要进行游击战或运动战而排斥阵地战。他认为：中国人民在对日作战中，"可以进行胜利的运动战，而且也可以进行胜利的阵地战"。

朱德指出，进行阵地战要做到两个"结合"，即：与运动战、游击战相结合，与人民群众的援助和支持相结合。

在打法上，阵地战只有与运动战、游击战相结合才能发挥威力，这是一条重要军事原则。朱德以"一·二八"淞沪抗战和长城抗战为例说，无论在上海，在长城，对日阵地战的支持和胜利，也正是由于这种阵地战和运动战的结合。关于长城战争，我们知道，义勇军和各地民众，自发地，在日军的侧面和后方，或进行大规模的突击——运动战，或进行散漫的游击战，实是助长喜峰口阵地战的胜利，而长城战争在战略上最严重的错误，实是在于没有把阵地战自觉地展开为运动战，死板地死守阵地战的战略，来对付武器优良的敌军，在军事上来说，这是一种愚昧，而且最后失败的覆辙，政治上的基本原因，和上海战争的覆辙，还是一个。

阵地战要做到两个"结合"，确实是朱德对阵地战的精辟、独到理解。1938年春国民党军取得台儿庄大捷，事实上也是做到这两个结合的结果。台儿庄守军在全国人民的支持下，以台儿庄为坚守防御的战略支点，牵制消耗日军主力，而以主力在翼侧迂回，进行运动战。八路军、新四军又以敌后游击战予以战略配合。中国军队终于取得歼灭日军一万余人的辉煌胜利。

如果忽视了这两个"结合"，阵地战必然会陷入消极防御战略的泥潭。国民党军对日作战败多胜少，除政治上实行片面抗战外，军事上的原因就在于注重消极防御，而忽视积极防御。

尽管如此，阵地战对于处于弱势的人民军队来说，也是必要的补充作战形式。朱德在总结第一次反"围剿"作战时指出，龙冈战斗打得很漂亮，敌人没有走掉一兵一卒，张辉瓒也被我们活捉。但东韶战斗打敌谭道源师，只消灭敌军两个团，是因为阻击战没有打好。可见阵地战有时在整个战役战斗中是不可缺少的。

到解放战争后期，解放军的阵地战大大增多，尤其是阵地攻坚战大为增多，成为歼灭敌人和夺取大中城市的重要方法。因为人民力量的壮大，在局部战场上对国民党军队已经形成相对优势，因而以攻坚战消灭敌人有生力量，夺取敌占大中城市的任务，便摆在党和军队的领导人面前。当时我军虽有一些夺取小城市的经验，但缺乏夺取大中城市的经验。朱德说："二十年来我们在军事上所苦恼的，即对敌人坚固设防的城市无法攻破。"在这种情况下，朱德作为党中央工作委员会主要负责人之一，在晋察冀解放区，组织和指挥了石家庄攻城战役。

带有决战性质的攻坚战，是阵地进攻作战中最为难打的。因为它所进攻的目标，一般都是敌人的重兵集团且有完备防御体系和坚固防御工事，它的成败对战争的进程和结局将产生决定性的影响。

当时，晋察冀野战军领导准备打石家庄，而石家庄是战略要地，要打下这样一个设防坚固的大城市，必须把周围敌人的主力加以歼灭。为此，朱德同杨得志、罗瑞卿、杨成武等野战军领导人商定，发起青沧、保北两个战役，攻克青县、沧县、徐水、故城等地和若干铁路沿线车站，共歼敌约17700人，有力地配合了东北战场的作战。

1947年六七月间，朱德致信中央军委、毛泽东说，青沧战役和保北战役之所以取得胜利，是由于打堡垒及攻城的战术都有相当的提高，步兵炮兵能够协同作战，步兵并善于使用炸药。今后华北作战已转为主动，但仍以围城打援为宜。对较坚固的城堡，如准备得好，时间宽裕也可攻破。建议晋察冀军区部队7月份进行休整，每个团补足两千人以上；在一个军区作战时，野战军加上地方军，要出动十个旅以上的兵力，争取消灭敌人十个团。还提出，下一战役拟打石家庄。随后，朱德又致信毛泽东、周恩来、任弼时，说到我军将来反攻时，最重要的是炮弹、炸药的补充，晋察冀野战军只要休整、补充好，很有可能打好歼灭敌人十个团以上的歼灭战；并认为在冀东、冀中消灭蒋、傅主力，比在察、热一带消灭更有利。毛泽东回电说：朱总司令意见很好。

8月中旬，朱德同刘少奇、聂荣臻致电晋察冀野战军：如暂时各方不好打，可多整训10—15天，将部队补充完整，好好训练，待秋高时大举进攻三角地带（指北平、天津、保定之间的地带）、三条铁路（指平汉、津浦、北宁三路）或打石家庄。

就在这时，中共中央于9月发出《解放战争第二年的战略方针》的指示，指出，人民解放军第二年作战的基本任务是：举行全国性的反攻，即以主力打到外线去，将战争引向国民党区域，在外线大量歼敌，彻底破坏国民党将战争继续引向解放区、进一步破坏和消耗解放区的人力物力、使我不能持久的反革命战略方针。指示系统阐述了我军在战略进攻中必须遵循的作战方针和原则，特别着重地提出了全军在新的战略阶段的努力方向：必须力求调动敌人打运动战，但同时必须极大地注重学习阵地攻击战术，加强炮兵、工兵建设，以便广泛地夺取敌人据点和城市。一切守备薄弱之据点和城市则坚决攻取之，一切守备强固之据点和城市暂时弃置之。

朱德多次出席中共晋察冀中央局会议，并同许多指战员谈话，了解干部情况和部队存在的问题。晋察冀野战军领导机关重新组建后的头一仗，是大清河北战役。为了保证这次战斗打好，战斗之前，朱德和刘少奇致电野战军军政主要领导，就具体的战略战术指示说："你们应该寻求在运动中消灭敌人。敌地堡坚固应研究对策，筹备技术与材料后再设法攻破。""部队行军宿营都要紧缩、灵敏，避免笨重累赘，善于利用群众掩护和地形熟悉的条件，即能寻求在运动中突然袭击或打埋伏的好机会，去消灭敌人。如多次布置无效亦不必灰心，下级亦不宜说怪话，能长此灵活使用，一年内能一二次收效亦可算成功，或可大量歼灭敌人。"（《朱德军事文选》第616页，解放军出版社1997年版）

经过充分准备之后，晋察冀野战军于9月初发起大清河北战役。由于胃口太大，战役之初围敌过多，虽然消灭敌军五千余人，却打成了消耗战。首次歼灭战便不理想，刚组建的野战军部队情绪便有些波动。有人发牢骚说："肉没吃到，倒把门牙顶掉了。"朱德对这一情况非常重视，决定亲自到晋察冀野战军再整顿一个时期，帮助他们打好一两个胜仗。

经过一个时期的整顿，野战军的战斗力大增。在朱德的指导下，晋察冀野战军于1947年10月中旬，成功地进行了清风店战役，在定县清风店地区全歼敌1.7万余人，俘敌第三军军长罗历戎、副军长杨光钰和第七师师长李用章等人，是晋察冀战场转入战略进攻后所取得的第一个大胜利。这正是朱德到晋察冀军区以来一直强调并亲自精心指导所结出的丰硕成果。

清风店战役消灭敌第三军主力后，驻守石家庄的敌人削弱了一半。晋察冀野战军在分析敌情我情基础之上，认为攻打石家庄的条件已经成熟，提出攻打石家庄的建议，并得到了朱德总司令和聂荣臻司令员的支持。为了保证战役的胜利，朱德深入前线部队，亲自审问俘虏，调查敌军情况，研究战役部署，组织部队学习攻坚战术，并亲临前线指导石家庄战役。

石家庄当时叫石门市，它是华北平原上的一个重镇，是华北敌人的战略要地，平汉、正太、石德铁路交会于此。因为它地处平原，无险可守，敌人便在石家庄建起了坚固的城防，筑有三道防御体系，在石家庄修筑的大小堡垒达六百个之多，兵力为两万四千多人。所以敌军扬言："石门城下有城，固若金汤。"

在敌我装备悬殊的情况下，拿下石家庄的确是不容易的。

10月下旬，朱德和刘少奇复电聂荣臻、刘澜涛等，同意乘胜攻打石家庄，认为石家庄无城墙，守军不多，其主管官被俘，内部动摇，情况易于了解，有可能打开。也可能引起北平、保定敌人南援，在保定、石家庄之间寻求大规模的运动战的机会。朱德并致电中央军委报告此事，准备到野战军司令部具体指导。

为了突破石家庄攻坚战这一关，朱德宵衣旰食，席不暇暖。他和聂荣臻对攻打石家庄的有利条件和困难作了具体分析，多次听取前线指挥员的情况汇报和各种预案，广泛、认真地同前线指挥员交换意见，研究战役部署，给前线指挥员解决疑难问题。

10月25日，晋察冀野战军领导人杨得志和杨成武主持召开晋察冀野战军旅以上干部参加的前委扩大会议，研究分配作战任务和布置战前的准备工作。朱德专程从西柏坡赶到河北省安国县南关村的晋察冀野战军司令部，同野战军领导人一起进行了紧张的战前动员和攻坚准备。

会上，朱德与前线指挥员共同研究拟定了攻打石家庄的作战部署，向晋察冀广大指战员发出了"勇敢加技术"的号召，要求指挥员认真发扬军事民主，通过打石家庄学会攻坚战。他系统地提出，一是要精心计划，统一指挥；二是要加强组织性纪律性，规定民兵不进城，野战军不住城；三是要爱惜民力物力；四是要加强党委领导和支部工作的保证作用；五是要培养出能攻善守的作风。会后，晋察冀野战军司令部把朱德提出的"勇敢加技术"的号召作为一个口号传达到所有部队，要求坚决贯彻执行。

10月27日，朱德又风尘仆仆地赶到驻扎在安国县西北的西伯章村军区炮兵旅阵地视察，先听取汇报，然后又骑马连续到六个村庄视察了部队。

当天，朱德又给炮兵旅团以上干部讲话：用炮兵为步兵打开突破口，把敌人碉堡打掉。他向第一团排以上干部说："要打石家庄了，打下石家庄，可以学会攻坚战，学会打大城市，还可以把晋冀鲁豫和晋察冀两大解放区连成一片，在军事上、政治上、经济上的意义都很大。"接着几天，朱德召集部分连、排、班干部战士座谈如何打石家庄，还找俘虏兵了解敌方的情况。

10月30日，在朱德的提议下，晋察冀野战军司令部由参谋长耿飚主持，在安国召开了炮兵、工兵会议，集中研究阵地攻坚战，研究如何打低堡、找暗堡的问题，研究如何进行坑道作业和如何运用炮兵、工兵配合的问题。

为了能先期发现敌援军动向，朱德指示野战军组成一支骑兵快速侦察支队活动于保定附近。为了增强攻击石家庄的火力，朱德下令从华东野战军调一个机炮营来加强前线。

第二天，朱德参加野战军司令部召开的旅以上干部会议，与杨得志、罗瑞卿、杨成武等共同拟定了攻打石家庄的战斗部署，决定以阵地战的进攻战术为主要方法，用坑道作业接近堡垒，用炸药爆破，加以炮击，各个摧毁，采取稳打稳进的办法。他对干部们说："要把打石家庄当作一所难得的学校"，

"要从这个学校练出一套能攻善守的本领来"。

11月上旬，朱德离开安国前往河间县前致电聂荣臻、萧克等，内称：

"我到此已看过炮兵，召集炮兵、工兵干部开过会，讨论攻石门技术问题。又召集旅以上干部会议，共同决定了攻石门计划，……有组织有步骤地去进攻……采取稳打稳进的办法。请你们注意几件事：

（一）物资必须准备充足，特别是炸药、炮弹。兵工局必须有突击月（11、12两个月）加工制造，开昼夜班，派员去做工人运动，配合前线，并准备攻石门后的大量补充。

（二）人员补充，请派大员率党政人员及医疗队、慰问队等巡视各医院，迅速医好伤兵……

（三）军队干部家属、子弟不能自给者，必须发生活费。"（《朱德军事文选》第624页，解放军出版社1997年版）

一切部署就绪以后，11月6日，野战军发起石家庄战役。11月7日午夜，战役打得正酣时，朱德打电话给正在前线指挥作战的杨得志，询问攻坚战情况。朱德再次提出要亲自到前线看一看，杨得志等坚决不同意，朱德才没有再坚持，他在电话中勉励大家说："打得好，祝贺你们！按照原定计划，继续打下去，后边的同志都在望着你们哪！一定要拿下，而且要打得漂亮！"

11月9日，总攻击发动前夕，他又打电话指示杨得志等，叮嘱说：一、突破内市沟后，一定要猛推、深插、狠打，不让敌人有半分钟喘息；二、充分作好打巷战的准备；三、全歼一切敌人，包括还乡团在内。

战斗发展顺利，我军按照朱德的指示，把大部分火炮集中使用到关系战役全局的关键地段，还把配同步兵的山炮、迫击炮也集中起来，和野炮、榴弹炮组成了强大的火力队。这样，把装备处于劣势的炮兵变成了优势，有力地支援步兵突破了敌人前沿。

在战斗向纵深发展的时候，指战员们根据朱德关于"勇敢加技术"的指示，在火线上发扬军事民主，大搞近迫作业，改造地形，挖掘地道和交通壕。以这些工事做掩护，从四面八方插向敌人核心工事下面，使用炸药爆破敌人火力点，对粉碎敌人的顽抗，扩大战果，减少我军伤亡起了很大的作用。

由于准备充分，部署周密，仅仅用了七天，就攻克了第一个敌人设防坚固的大城市石家庄，歼敌 24000 余人，戳穿了敌人所谓"不可攻破的石家庄"的神话。

朱德称赞石门之战"是夺取大城市之创例"。战后，朱德将攻城经验整理成材料，发给全军，对全军的阵地进攻战是一个有力的推动。朱德强调指出："二十年来我们在军事上所苦恼的，即对敌人坚固设防的城市无法攻破，但近半年来学习的结果，已经能够攻破敌人较大的坚固设防的城市了，攻克石家庄是第一个试验成功的，然后陆续攻克了洛阳、潍县、开封、兖州等城市。"（《朱德选集》第 240—241 页，人民出版社 1983 年版）

为了在相同或类似条件下积极推广，攻下更多的敌人设防坚固的大城市，战后，朱德用很大精力总结石家庄攻坚战经验，对攻坚战术作了科学的总结，形成了连续爆破、坑道作业、对壕作业、集中兵力火力、突破一点、穿插分割等一整套攻坚战术。11 月 18 日，朱德在晋察冀野战军政治部召开的座谈会上强调："必须极大地注意学习阵地攻击战术，这是我军建军以来经过三次革命战争的新课题，它意味着中国革命战争已经跨入一个新阶段。打下石家庄，只是上了第一课，而更大的课题、更艰苦的实践还在后面。"12 月 1 日，他在野战军干部会议上作了《打下石家庄的意义和经验教训》的重要报告，总结出一套攻坚战的战术。他强调指出，阵地攻坚战，这是我国革命征途上的一个里程碑，一个新课题。它意味着中国革命战争已经跨入一个新阶段。

1948 年 5 月 14 日，朱德在濮阳华东野战军第一兵团团以上干部会议上讲话，强调"要学会攻坚战、阵地战"。他说，去年 7 月以来，山东、晋察冀、山西、陕北等地，拔掉了敌人大大小小许多据点，今后内线部队的任务，就是要把"钉子"继续拔光。当有人问："长春、沈阳何时可下？"朱德回答道："今年有希望……东北解放军有家务，十多个纵队，有大炮、坦克，飞机也可以撒撒传单。接济快，有铁路运输。队伍较坚强，能攻坚。"

朱德还总结出了"连续爆破、坑道作业、对壕作业、集中兵力火力、突破一点、穿插分割"等一整套攻坚战术。

在朱德的高度重视和具体指导下,在朱德总结的一系列攻坚战术原则的启发下,人民解放军经过半年多的实践,"已经学会了攻坚战术","已经能够攻破敌人较大的坚固设防的城市",以攻克石家庄为起点,相继攻克了运城、四平、洛阳、宜川、潍县、临汾、开封、兖州等城市,为突破带决战性的攻坚战这一关积累了丰富而又宝贵的经验。

在率领全军突破攻坚战这一关上,朱德功勋卓著。

第八章
大道无形　将帅本色

在重大历史关头,朱德总是挺身而出,捍卫革命旗帜,魂系疆场,纵横驰骋,运筹帷幄,决胜千里,表现出一个无产阶级军事统帅的超人胆略和卓越才能。萧克上将回忆说,朱德不但具有政治远见和战略天才,而且是一个善于指挥每一个战斗的战术家。南昌起义失败后继续战斗的人,不管遇到什么样的危险,只要朱军长在,就感到踏实。

一、坚定信念，为实现伟大理想而奋斗

朱德具有坚定的共产主义信念，坚信人类这个最美好的理想一定能实现。自从他确立这个伟大理想后，就终生为之奋斗。他深知，实现这样一个美好的理想绝不可能一帆风顺，中间会遇到种种难以预料的困难，探索前进的过程中也需要付出种种代价，甚至会遭受巨大的挫折。但他坚信历史的潮流是不可逆转的，一时的困难总能找到克服的办法。因此，在革命遭受严重失败的危急关头，他坚如磐石，从不动摇。他曾坚毅地表示："要为拥护工农劳苦群众的利益，兴奋布尔塞维克的勇气与热忱，要提高战斗精神，下拼死的决心，要集中一切力量，准备一切牺牲，抛弃一切动摇，来争取战争胜利到底。"（《朱德军事文选》第102页，解放军出版社1997年版）这既是他对部队广大指战员的指示，也是他对自己的严格要求。

当南昌起义部队的主力在广东潮汕地区失利后，余部还有两千余人。在潮州东北的饶平，他们与从潮汕撤退的起义军官兵相遇。这时，才知道主力已经失败了。"没有泪，只有血！"几次战斗失利，四面临敌，孤立无援，强敌尾追，饥寒交迫，军心涣散，士气低落，处境极其险恶，失败主义的情绪笼罩全军。在生死存亡的严重时刻，朱德泰然自若，挺身而出，担起历史赋予的重任。为了统一全军干部的思想，把部队带出危险境地，朱德在茂芝全德学校主持召开了有二十余名排以上干部参加的会议。

他如实地介绍了起义军在潮汕失利的情况，并鼓励大家说："你们许多人是参加过北伐的，打过许多胜仗，不要因为我们一时受了挫折就灰心丧气。胜败乃兵家之常事，不要悲观。我们要经得起胜利的考验，也要经得起失败的考验。主力失利了，我们吃了败仗，但革命没有完。留得青山在，不怕没柴烧。黑暗遮不住光明，只要保存实力，革命就有办法，就能成功。我们要保留南昌起义的革命种子，要把实力保存下来！"

朱德与失败主义者的言论进行辩论。当听到有人说要解散部队，他立即果断地说："起义军虽然失败了，但是'八一'起义这面旗帜不能丢，武装

斗争的道路一定要走下去。我是共产党员，我负责任把'八一'南昌起义的革命种子保留下来，决心带领好这支部队，甩开敌人重兵，摆脱险恶处境。我们一定要团结起来，把革命干到底！"

朱德进一步指出，我们打的是一场殿后战。一场殿后战，如果不打起精神继续斗争，那就会军心涣散。工人和农民穷得已经到了不作战便死亡的地步，打死了总比当奴隶而死光荣得多。成千上万的老百姓心头燃烧着希望的火焰，他们需要的是领导，而我们也可以领导。华南许多地方都已举行秋收起义。这些起义有很多已被打垮或者被赶到地下了，可是农民们夺到了武器。我们也有武器增援他们，放弃了他们就是背叛。至于我自己，只要还有一个人和我留下来，我就继续战斗；就是这个人也开了小差，我敢说，我还能发动起另外的人。我拒绝向军阀主义投降，我已经选定了人民革命的道路，我要坚持到底。

朱德要求党团员充分发挥作用，做好部队的思想政治工作，他说："要继续对全军做艰苦的政治思想工作，要发挥党团员、干部的先锋模范作用，坚决扭转对革命失却信心的混乱思想，安定军心，更要防止一些失败主义者自由离队，拖枪逃跑，甚至叛变投敌的严重事故发生。"

他的坚定和乐观，强烈地感染并鼓舞着大家。就这样，朱德把一支孤立无援的部队，带出了绝境，踏上了新途。

这支部队边打边走，跨过闽赣边界，于1927年10月下旬到达赣南安远县的天心圩。这时，朱德发现部队还是处于涣散状态，尤其是官兵离队的现象仍然十分严重，两千五百人的队伍减到只有九百人，军心不稳，士气低落。为了使大家认清革命形势和坚定革命信心，朱德对部队进行了初步整顿。他把队伍召集起来，集体讲话。他拿俄国革命胜利所走的曲折道路作比喻：1905年俄国革命失败了，留下来的"渣渣"就是十月革命的骨干。1927年的中国革命，好比1905年的俄国革命。俄国在1905年革命失败后，是黑暗的，但黑暗是暂时的，到了1917年，革命终于成功了。中国革命现在失败了，也是黑暗的，但黑暗也是暂时的，中国也会有一个"1917年"的。只要能保存实力，革命就有办法，就能成功。蒋桂战争一定要爆发，蒋冯战争也一定要爆发，军阀不争地盘是不可能的，要争地盘就要打仗，现在新军阀也不可能不打。他们一打，那个时候我们就可以发展了。

他还说："不愿革命的可以回家，不勉强。无论如何，我是不走的。只要有二百条枪，我就有办法。"

朱德的这次动员足足讲了一个多小时。他精辟地剖析了当时的政治形势，展示了革命必然要继续向前发展的光明前景，掷地有声、铿锵有力的话语，令人信服，感人至深，使同志们在黑暗中看到了光明，增强了胜利的信心，很快振作起来，尽管有一些意志不坚定的人在这次整顿中离队了，但留下来的，都是革命的精华，其中许多人以后成了人民军队著名的高级将领，为中国革命作出了不可磨灭的贡献。

在漫长的革命生涯中，不论遇到什么艰难险阻、惊涛骇浪，朱德从不动摇，总是立场坚定，挺身而出，顽强奋斗，表现出革命者的大智大勇和坚强意志。红军时期，他要求红军官兵要有革命加拼命的精神："我们的支部和党员要至死不背叛阶级，在最危急的时候，要准备拼命。子弹打完了，刺刀用不得了，用牙齿都要咬他几口，直到最后一刻。"（《朱德军事文选》第155页，解放军出版社1997年版）

朱德对革命充满着乐观主义。在延安，他回忆红军长征时说道："当过草地的时候，大家都认为是困难极了。我还认为是很好玩的。有草有花，红的花，黄的花，都很好看。几十里地都是，还有大的森林与树木。草又是青青的，河流在草地上弯弯曲曲的，斜斜的一条带子一样往极远处拐了去……牛羊群在草地里无拘束地自由上下，也是极有趣的。"（《朱德自述》第188页，手抄稿本）这就是朱德的革命乐观主义，不管路途多么艰险，前途多么崎岖，只要抱定了革命必然胜利的信念，在别人看起来无比恐怖的雪山和草地，在他看起来都会是那么美好和有趣。当遇到困难或者挫折时，如果能像朱德一样乐观地看待结果，相信自己和同伴的能力，努力迎接到来的挑战，而没有因为惧怕失败而畏首畏尾，最后的结果即便仍是失败，自己也不会因此后悔。

朱德用不懈奋斗的一生，实现了他那"革命到底"的伟大誓言。

二、度量大如海，意志坚如钢

作为中国人民军队的总司令，朱德始终坚持军队一定要听党的指挥，必须"无条件地在共产党领导之下"。他认为，人民军队的建军原则应该是民族的、人民的、民主的，"而归根到底，一个总的原则，即是从人民出发，为人民服务"。对周围的同志，他却敦厚慈祥，关心体贴，相见以诚，循循善诱，使人如坐春风。

朱德，人如其名，他的身上生动具体地体现着共产主义道德和中华民族的传统美德。他一向严于律己，宽以待人。他对国家和民族有大功而从不言功。他受到不应有的委屈时也襟怀坦荡，泰然处之。他善待同志，关心部属，相见以诚，使人如沐春风。在党内斗争中，他一向实事求是，与人为善，从不整人，也从不冤枉好人；而在重大原则问题上，他又立场坚定，是非分明。

红军长征中，朱德在领导人中走的路最多、经历的磨难最多，他坚定地贯彻党的北上方针，维护党和红军的团结，克服了漫漫征途上的一个个危机和艰险，铺平了通向胜利会师的道路。

1935年6月，红一、红四方面军在夹金山下会师时，两大主力部队合起来兵力超过十万人，如果能在党中央统一领导下合力北上，将十分有利于红军完成战略转移，开辟中国革命的新局面。但是，由于红四方面军领导人张国焘（会师后他代替周恩来成为红军总政委）怀有个人野心，自恃人多枪多，对抗党中央的北上方针，导致红一、红四方面军会师三个月后又在草地分离了。

8月，中央政治局在毛儿盖召开会议。在会上，朱德察觉到张国焘的一些错误思想，曾同毛泽东交换意见。毛泽东嘱咐朱德对张国焘须加小心警惕。后来，张国焘策划召开了所谓川、康省委扩大会议，实际上是围攻斗争朱德，逼他表态，写文章、发表声明反对党中央和反对中央北上抗日的方针。朱德坦然自若，坚定沉着，任他们怎么斗、怎么骂，他总是一言不发，埋头看书，就如后来他的一位战友说他像"不沉的航空母舰"。

张国焘等人威胁说:"你既然主张北上,那你就离开部队北上好了。"

朱德看穿了他们的阴谋,严词反驳道:我是红军总司令,我是中央派到这里工作的,既然你们坚持南下,我只好跟着你们。你们到哪里,我也到哪里,我一定要执行党中央、军委交给我的任务,带领左路军北上。

红一、红四方面军分离后,朱德面临两种抉择:一种是脱离张国焘单独北上,或率留在红四方面军中的原红一方面军的人马寻机转而北上。这样虽冒一定的风险,但可以早日回到党中央和红一方面军的队伍里。另一种是继续和南下的部队走,并设法把南下部队引向重新北上陕甘的道路。这第二种选择,不但要经历更多的艰难困苦,而且难免受到张国焘的挟制甚至迫害。朱德经过反复考虑,毅然选择了后者。朱德分析,红一、红四方面军分离后,随党中央北上陕甘的红一方面军主力仅有七千余人,加上陕甘苏区的红军也不到一万五千人,而随张国焘南下的部队仍在八万人以上,这是一支十分重要的革命力量,不能把它丢给张国焘不管。而且他坚信,红四方面军广大干部、战士都是好的、革命的,"搞分裂活动只是张国焘等少数几个人",一旦广大指战员通过实践认识到张国焘的错误,就会拥护北上抗日的方针。只有与南下队伍在一起,才能克服张国焘分裂主义。所以他坚持跟着这支队伍,其宽阔胸怀和刚柔韧性表现得特别顽强,用他的韧劲与张国焘的野心抗衡,无论遭受怎样的陷害、排挤、冷落,就是不离开左路军,铁下心要将左路军最终带回党中央的正确路线上来,与毛泽东、党中央会合。

朱德同一向专横跋扈的张国焘一起行动,处境是十分艰难危险的。但他在重大原则问题上决不妥协,坚持拥护党中央的北上方针,坚决维护党和红军的团结统一。

红一方面军主力于 1935 年 9 月 10 日凌晨随党中央先行北上后,张国焘企图迫使他们背离中央,于 12 日致电红一、红三军领导人,称"一、三军单独东出,将成无止境的逃跑","望速归来",朱德断然拒绝在电报上签字。

红一、红四方面军分离后,张国焘大肆制造反对党中央的舆论。他要朱德写反对中央北上的文章，朱德没有答应。他又在阿坝、卓木碉等地开会，攻击中央率红一方面军主力北上是"逃跑主义"，并逼迫朱德当众表态"反对北上，拥护南下"，"同毛泽东向北逃跑的错误划清界限"。

面对这些大是大非问题，朱德寸步不让，义正词严地说，党中央北上抗日的方针是正确的。现在日本帝国主义侵占了我国的东三省，我们红军在这民族危亡的关头，应当担起抗日救国的责任。北上决议，我在政治局会议上是举过手的，我不能出尔反尔。我是共产党员，我的义务是执行党的决定。"南下是没有出路的。"中央北上抗日的决定，我是赞成的、拥护的、举了手的。我不能写文章反对我亲自参加作出的决定。如果硬要我发表声明，那我就再声明一下，我是拥护党中央北上抗日的决定的。

张国焘支支吾吾半天，道："你不要转移话题，你必须回答大家提出的问题，承认毛泽东他们北上是逃跑。"

朱德回敬道："我再重复一下，中央北上抗日的决定是正确的，我决不会反对。毛泽东同志我信得过，你可以把我劈成两半，但你绝对割不断我和毛泽东同志的关系！"

由于全军仅有的一部手摇发电机掌握在朱德手里，加上朱德是号令全军的总司令，张国焘决定以武力手段使之屈服。有一天晚上，张国焘带着红四方面军的特种部队，包围了司令部，把朱德和他的参谋人员都抓了起来。张国焘要求朱德接受两项命令，一是谴责毛泽东，并断绝与他的一切关系；二是谴责党中央的北进战略方针。然而，朱德根本不怕张国焘的这一套。关于第一项命令，朱德回答说："你可以把我劈成两半，但你割不断我和毛泽东的关系。"关于第二项命令，朱德回答说："党是一个整体，不能分裂，红军行动应按党中央的决定执行。中央北上抗日的方针是正确的。北上决议我是举过手的，我不能反对它。我是共产党员，我的义务是执行党的决定。"张国焘见朱德这样强硬，就限定时间让朱德思考，称如果还拒绝这两项命令就要枪毙。朱德更坚定地回答说："你愿意枪毙就枪毙，我不能拦你。但我决不接受命令！"10月上旬，张国焘公然在卓木碉宣布另立"临时中央"，还宣布朱德为"中央政治局委员"、"中央书记处书记"。朱德严正表示：你这个"中央"不是"中央"，"你不能另起炉灶"，"我是总司令，不能反对中央，不能当你这个'中央委员'。你要搞，我不赞成"。"我按党员规矩，保留意见，以个人名义做革命工作"。他还幽默地说："朱毛、朱毛，人家外国人都以为朱毛是一个人，哪有朱反对毛的？"他表示："你张国焘可以把我劈成两半，但你绝对割不断我和毛泽东同志的关系！"

这关键的一票，朱德没有也不可能给张国焘。他心平气和却又柔中带刚地规劝张国焘等人说：大敌当前，要讲团结，天下红军是一家。中国工农红军在党中央统一领导下是个整体。大家知道，我们这个"朱、毛"，在一起好多年，全国和全世界都闻名，要我这个"朱"去反"毛"，我可做不到呀！不论发生多大的事，都是红军内部问题，大家要冷静，要找出解决办法来，可不能叫蒋介石看我们的热闹！

张国焘就变换手法，监视并迫害朱德，故意纵容一些人闹事，抢朱德乘坐的牲口，甚至有两天不给朱德及身边人员打饭吃。朱德临危不惧，打电报给党中央，揭穿张国焘的阴谋和野心。

其实，这时的朱德，为了维护党和红军的团结，早已作好了牺牲的准备。

朱德对和他一起行动的刘伯承讲，与张国焘的这种分裂活动作斗争，关系到党和红军的前途和命运，必须讲究方法和策略，决不能以个人生命为赌注，而应该采取一切的折中办法促使红四方面军北上。他对刘伯承说："现在为党奋斗而死，是可以的，在这里，一个人无所谓，这事情演变下去，对革命不好。"后来，刘伯承回忆他和朱德与张国焘作斗争的情况时，认为朱德的办法是正确的。他说，在与张国焘作斗争的方法上："我是不如总司令的，我是暴躁的，时常不给张国焘留一点余地，总司令说：'这样是要不得的！'——那时，只有我们两个，如同俘虏，张国焘的阴谋是很危险的，想把党中央在草地上断送了，而他自己来篡夺去。结果，我们能脱险出来，是很大幸运，这一年生活是很痛苦的生活。"

朱德对待张国焘的分裂活动，深谋远虑，既讲原则，又讲策略；既坚持原则，又讲究艺术；既讲斗争，又讲团结，而且是以团结为重，把问题作为红军内部的矛盾来解决，防止矛盾激化，作无谓的牺牲。为此，朱德忍辱负重，"胸怀大如海"，不计较张国焘及其追随者对他的刁难、攻击、谩骂和种种不公正的待遇。同时，做好那些反对张国焘的同志的工作，要他们耐心等待，顾全大局，不激化矛盾。

他耐心地教育红一方面军部队的同志说，我们要坚持真理，坚持斗争，坚决拥护中央北上抗日的路线，但要有正确的斗争方法，要顾全大局，搞分裂活动的只是张国焘等少数几个人，红四方面军也是红军，他们也打蒋介石，打土豪，分田地。只有加强全体红军的团结，才能克服一切困难，争取革命事业的胜利。他教育大家要小心忍耐，不要灰心，要好好地干，是非总有一天会弄清楚的。当张国焘另立"中央"的文件发到随红四方面军南下的红五军团时，有的同志气愤地一把将文件撕碎。整个部队像一座火山，大有一触即发之势，有些人甚至提出，单独北上，找党中央去，张国焘要拦我们，就跟他干。朱德清楚地知道，这一危险局面稍有不慎，就会造成一场无可挽回的灾难。为了革命和红军大局，朱德在危难之际，毅然担起了维护红军内部团结的重任，他不顾自身的荣辱与安危，主动给同志们做工作，耐心教育大家掌握正确的斗争方针和策略。他专程来到红五军团部驻地，给营以上干部讲话。他开导大家说，我们一定要顾全大局，讲团结，无论如何不能扩大矛盾，红军和红军冲突起来，那意味着革命犯罪。红一、红四方面军都是党领导的工农红军，红四方面军广大干部、战士都是好的，要革命的，都是我们的阶级弟兄，他们有很多优点：英勇善战，吃苦耐劳。你们要很好地向他们学习。你们红五军团善守能攻，勇敢顽强，优点也不少，可是你们人少嘛！革命光有你们也不行，团结就是力量。同志们一定要注意搞好团结，切不要上敌人破坏团结的当。大家团结起来共同奋斗，革命才能胜利。

他特别嘱咐一些对张国焘不满、有可能遭到打击迫害的负责干部：要慎重，不要作无代价的牺牲。斗争是要斗争，不过是又要团结又要斗争，眼前的曲折总是能克服的。对被张国焘抓住把柄、加以打击迫害的干部，朱德则竭力给予保护，使他们免遭不测。

朱德还主动找红四方面军的同志谈心。红四方面军的许多同志聆听朱总司令的教诲后深受感动，他们冲破张国焘设置的封锁和监视，经常主动去探望总司令，表达对总司令的敬意和对张国焘反党分裂行径的不满。

对于张国焘本人，朱德也十分注意讲究策略，不激化矛盾，不轻率采取任何决裂的做法，给张国焘"留下转圜余地"，才使张国焘不敢在分裂主义的道路上走得更远，避免了革命队伍的最后破裂，使红军最终走向团结统一。时任红四方面军总指挥的徐向前曾回忆说："朱德同志坚持反对另立'中央'，对张国焘也起了有力的制约作用。朱德总司令在党和红军中的巨大声望，人所共知。也只有他，才能同张国焘平起平坐，使张不敢为所欲为。自从张国焘另立'中央'起，朱德同志就和他唱对台戏。他对张国焘的斗争，绝不像'左'倾教条主义者那样，牙齿露得越长越好，而是心平气和，以理服人，一只手讲斗争，一只手讲团结……张国焘是个老机会主义者，没有一定的原则，没有一定的方向。办起事来，忽'左'忽右，前脚迈出一步，后脚跟说不定就打哆嗦。朱总司令看透了他，一直警告他，开导他，制约他。因而张国焘心里老是打鼓，不敢走得更远。"（《历史的回顾》中卷，第475页，解放军出版社1986年版）

朱德虽不同意张国焘的分裂主义行径，但认为部队既然已经南下，就应打开战局，找块立脚生存的地方。那么多红军，没有地盘，没有饭吃，无异于不战而自毙。同时，他又坚信，只要大家是革命的，最后总会走到一起。因而，他积极行使总司令的职权，及时了解敌情，研究作战部署，定下决心。

红四方面军南下后，广大指战员英勇战斗，曾取得一些胜利，但由于张国焘南下方针的错误，终致不能在川康边立足。经过几个月苦战，部队由南下时的八万余人锐减到四万余人。挫折和失败使红四方面军广大指战员逐渐认识到张国焘的南下方针是错误的，朱德开始在同张国焘的斗争中取得主动。

1936年2月初，南下红军被迫撤出天全、芦山。在战局日益严重不利的情况下，朱德和徐向前一起提出放弃建立川康边根据地的计划，主动撤离川西地区，转移到康定、炉霍、道孚一带休整部队，然后北上与红一方面军会师。这时，接林育英、张闻天从陕北来电，就红四方面军的行动方针提出三个方案：一是北上陕甘；二是就地发展；三是南下转战，并指出第一个方案是上策，如何实行，由红四方面军视敌情、地形条件而定。朱德和刘伯承、徐向前、陈昌浩等都赞成第一个方案，张国焘因南下碰壁，也不得不同意。于是，南下部队又踏上了重新北上的道路。

到了8月，红二、红四方面军通过茫茫草地从川北进入甘南，势若雷霆，在一个月内先后攻克控制了漳县、洮州等八座县城和岷县、陇西、临洮、武山、礼县等县的广大地区。党中央为策应红二、红四方面军北上，令红一方面军一部向静宁、隆德地区运动。三个方面军形成南北呼应、夹击敌人、实现会师的有利态势。

9月初，蒋介石平息"两广事变"后，调胡宗南部由湖南兼程北返，企图抢占西（安）兰（州）公路静（宁）会（宁）定（西）段，隔断红军会合的通道。据此情况，朱德和张国焘、陈昌浩致电毛泽东等，提出"红一、红四方面军乘胡敌现在西兰公路上运动之时，协同消灭其一部；红二方面军尽力阻止和迟滞胡敌西进"的作战建议。毛泽东等回电说："彼此意见大体一致，惟我们意见，四方面军宜迅以主力占领以界石铺为中心之隆、静、会、定段公路及其附近地区，不让胡敌占领该线，此是最重要着。""我们已派一个师向静宁线出动，如此，当可滞阻胡宗南之西进，而便于红四方面军之出到陇定大道并准备作战。至红一方面军主力如南下作战，则定、盐、豫三城必被马敌（指马鸿逵部）夺去，于而后向宁夏进攻不利。故在未给马敌以相当严重打击以前，不宜离甘宁边境。对东敌作战宜以红二、红四方面军为主力。"（《朱德传》第479页，中央文献出版社2000年版）随后一连四天，毛泽东等天天来电，通报敌情，要红四方面军迅速北出至隆静大道，进占界石铺及以西地段，否则将被截堵隔断。

军情急迫，而张国焘却按兵不动。他畏敌如虎，看到红一方面军主力不能南下，将以红四方面军为主同胡宗南部作战，就改变主意，准备西渡黄河进入甘肃西北。朱德力主按中央要求迅速北上，做张国焘的工作，天天争论到深夜。当时正在岷州三十里铺开西北局会议，会开到第三天，张国焘突然宣布辞去西北局书记一职，躲到岷江对岸的红军供给部去了。

朱德说，他不干，我干！立刻找来作战参谋，制定部队行动计划。当天黄昏，张国焘又同意继续开会。会上，多数人都支持朱德的主张，张国焘则表示"少数服从多数，牺牲个人意见"。于是，会议制定了《通（渭）庄（浪）静（宁）会（宁）战役纲领》，决定："四方面军在胡敌未集中静宁、会宁以前，相机占领静、会及通定西大道，配合红一方面军在运动中夹击该大道上之胡敌与静宁之骑七师，相机占领静宁，争取与红一方面军会合为目的。"

岷州会议一开完，张国焘就带着他的警卫部队先行北上，赶往在漳县的红四方面军前敌指挥部。

可是，张国焘回到前敌指挥部后，不顾岷州会议的决定，又提出西渡黄河，抢占永登、红城子作立足点的方案，并断然向部队发出停止北进、掉头向西的命令。他还向红军总部通信部门发出密电："所有未经我签字的电报一定不准发出，请兄等绝对负责。"企图切断朱德同党中央及各方面的联系。

朱德得知张国焘擅自改变行动部署、变北上为西进的情况，十分忧虑和气愤。他意识到，这是关系到红军前途命运的大问题。他彻夜未眠，于9月22日凌晨三时致电张国焘等，说："国焘同志电悉，不胜诧异。为打通国际路线与全国红军大会合，似宜经静、会北进，忽闻兄等不加同意，深为可虑"；"静、会战役各方均表赞同，陕北与红二方面军也在用全力策应，希勿失良机，党国幸甚"，并提议在漳县再召开西北局会议，"续商大计"。同时，朱德不顾张国焘不准对外发报的禁令，致电党中央和在陇南的红二方面军贺龙、任弼时、刘伯承，告以："（甲）西北局会议通过之静、会战役计划，正在执行，现又发生少数同志不同意意见，拟根本推翻这一原案。（乙）现将西北局同志集漳县续行讨论，结果再告。（丙）我是坚决遵守这一原案，如将此案推翻，我不能负此责任。"（《朱德军事文选》第234页，解放军出版社1997年版）朱德又发电通知西北局成员立即赶往漳县开会。天一亮，朱德就飞马疾奔漳县。

9月23日，西北局会议再次在漳县召开。一向以平和、宽容著称的朱德，在这关键的时刻，同张国焘展开激烈的争论。他一再阐明，红四方面军北上同红一方面军会合，对整个形势是有利的；现在迅速北进，可以不经过同敌军决战而实现会合。"可能会合为什么不会合？"岷州会议决定是西北局成员集体讨论作出的，张国焘即使是党的书记，也要根据决议来工作，为什么到漳县就完全改变了？这是关系组织原则的严重问题，应当弄清楚。张国焘蛮横狡辩地说他是书记兼政委，调动部队他完全负责，又宣传他主张西进，是因为此时黄河容易渡，可避免同胡敌在西兰大道上决战，并且将来也可以达到会合的目的，等等。会议通过了张国焘的西进方案，朱德严正表示，他坚持岷州会议原案，"要强使我赞同是不可能的"。要张国焘对这个改变负责任，并向中央报告。

但是，张国焘的西进企图因黄河对岸已进入大雪封山季节而难以实现，西进的先头部队只好返回洮州。张国焘骑虎难下，致电中央，表示愿意听从党中央的指挥，停止西进，东出会、静，与红一方面军会合。

随后，朱德安全地把红二、红四方面军带到了陕北，作为红军总司令的他，一直挺进在这支钢铁队伍的前列。红军长征，别人走了二万五千里，而朱德却走了三万五千里，过了三次雪山草地。张国焘的分裂主义给党和革命队伍带来一次空前严重的危机，身陷逆境的朱德总司令，以其特有的坚定和智慧，挑起了克服危机的重担。他把高度的革命原则性和策略灵活性结合起来，不离开队伍，用行动感召官兵；不放弃原则立场；以大局为重，维护团结，不激化矛盾，在同张国焘分裂主义的斗争中发挥了中流砥柱的作用。朱德到达陕北保安，向毛泽东谈起同张国焘斗争的经过时，毛泽东称赞他"斗得有理有节，临大节而不辱"，"度量大如海，意志坚如钢"。

一位伟人说过，意志是人生事业的先驱。谁要想成就一番事业，谁就首先应有坚强的意志。从朱德身上人们可以看到顽强的意志在闪光。沧海横流，方显英雄本色，这英雄本色中更多的是意志的考验和升华。

三、为人之所不敢为，行人之所不敢行

朱德指挥打仗，智勇兼备。"勇"为军人武德之一，岳飞论何谓天下太平时说："文官不爱钱，武官不怕死，是谓天下太平。""武官不怕死"，说的就是"勇"。可以说"勇"是对军人的最基本的要求。正如朱德所说，敢战者成功，不敢战者不成功。

1930年，朱德在以他和毛泽东名义发布的红四军司令部关于《加强体力与提高射击技术的训令》中，曾这样写道："我们红军作战既没有强盛的火力压倒敌人，又没有军用化学可以制胜，全凭着已腾沸的热血、誓死斗争的决心和敌人肉弹相搏，用血去染成赤色区域。所以每次胜利全靠官兵奋勇猛进，以我们的勇敢骇倒敌人。"（《朱德军事文选》第18页，解放军出版社1997年版）朱德的"勇"，表现在他每当危急关头，关键时刻，总是挺身而出，身先士卒，或一夫当关，或冲锋陷阵，每每拯救全军于败亡之际，扶大厦于将倾之时。朱德的"勇"又非一蹴即跳的匹夫之勇，他的"勇"与他的"智"是紧密联系在一起的，有勇有谋，两者交相辉映，互为表里。

朱德投身革命后，就常伴着逆境险情，或处绝境身先士卒，冒险犯难，杀出一条血路；或逢险情泰然自若，机智应付，从险境中走出坦途来，表现了一名伟大军事家的大无畏精神。朱德曾谈到，作为革命军人必须具备两个素质，"一个是要勇敢，一个是要有技术。这两个东西非常重要。如果你不勇敢，你怕死那就打不成仗"。（《朱德选集》第100页，人民出版社1983年版）特别是军事指挥员更应该勇敢不屈，身先士卒，不怕牺牲，面对强敌要有沉着冷静的心理素质。

故事之一

朱德最初以英勇善战声誉闻名的，是在护国战争时期的泸州、纳溪之战中。在这次具有决定意义的战役中，他以敢打敢拼、屡挫强敌的实际行动，赢得护国军上下的一致赞誉。

1915年12月25日，蔡锷在云南宣布独立后，迅速出兵川南北上讨袁。

1916年元旦，护国军第一军分左、右两纵队挥师北伐。朱德为右纵队第三梯团第六支队支队长。护国军进入川南后，最初进展比较顺利。但当护国军进逼川南重镇泸州时，袁世凯任命的川湘两路征滇军总司令曹锟、前敌总指挥张敬尧也率部抵达泸州，形势顿时紧张起来。2月16日以后，两军在泸纳之间，形成了以棉花坡为中心的拉锯战。双方兵力对比悬殊，战事吃紧，蔡锷命第三梯团赶来增援。

于是，朱德便率领第六支队急行军两日急赶二百里，在2月17日赶到纳溪前线，连饭都来不及吃便投入了战斗，进入纳溪城东的最高点棉花坡阵地。此时，棉花坡阵地正处在危急之中，阵地前后遭到敌军的强攻。朱德临危受命，被任命为第三支队的指挥。在阵地上，朱德宣布了铁的战场纪律。他环视着衣衫单薄但精神抖擞的官兵们，高声说道：

"要消灭北洋军，打倒袁世凯，就得不怕死，勇敢冲锋。在战斗中，士兵退，班长杀；班长退，排长杀；排长退，连长杀；连长退，营长杀；营长退，团长杀；我朱德退，全军杀！这是铁的纪律，人人都得遵守。"

朱德率部坚守阵地，在北洋军发动的多次凶悍的攻势面前，屹立不动，与敌人进行了十个昼夜的浴血奋战。他指挥所部顽强抗击北洋军一次又一次的进攻，并以攻势防御，采用侧击战术，夺回失去的阵地。朱德率领的支队以善打夜战和白刃战出了名，曾见过他指挥作战的人说，他每晚只睡三四个小时就够了，似乎有无穷的精力。

2月28日蔡锷又组织了一次反攻。发动全面进攻前夜，朱德召集各营、连主官，宣布组织敢死队突袭敌军阵地的计划。敢死队由朱德亲自率领。

凌晨四时，趁着夜深人静，朱德带着八十名敢死队员，潜入敌人阵地前的开阔地。黎明时分，随着护国军总攻信号的发出，朱德带领敢死队率先插入敌阵，同敌人展开白刃搏斗。面对突然出现的护国军，北洋军吓得魂飞魄散，拼命向四处逃窜。一杆绣有"朱"字的队旗率先指向敌阵，朱德率敢死队员如猛虎下山，在一片喊杀声中，越战越勇，接连夺下敌几处阵地。

史沫特莱在《伟大的道路》一书中记述说："也就在这一仗里，朱德赢得了勇猛善战、忠贞不渝的声誉。"

3月17日，蔡锷根据全国风起云涌的反袁形势，决定对泸州发动第二次进攻，朱德被任命为前敌总指挥。这天拂晓，朱德按照预定计划率两个营自白节滩分三路出发。他亲率炮队、机枪队向北洋军左侧白花坎进攻。当进击女儿井、背猪坳之敌时，发现敌军之主力全在此线，工事又坚，地形困难，运动不易。朱德命炮兵向背猪坳之敌猛烈射击，同时，步兵发动猛烈进攻。在这场恶战中，朱德的衣帽被纷飞的弹片打烂，坐骑被打死，但他毫不畏惧，率部英勇奋战，经过五天激战，连续突破北洋军数道坚固防线，直插离泸州只有十几里的南寿山附近。这时，传来袁世凯被迫宣布取消帝制的消息，护国军的进攻遂停顿下来。正如朱德在《辛亥革命回忆》一文中所说：第一军人数不过六千人，与北洋军阀曹锟的十几万"征滇军"相持于叙府、泸州之间，护国军凭着人民的拥护，巧妙地利用山地战，结果以少胜多，打了许多胜仗。

故事之二

1927年8月南昌起义军南下过程中，朱德身先士卒，冲锋陷阵。当时，蒋介石的嫡系部队钱大钧部两个师又两个团共九千人，从赣州调往瑞金、会昌一带，其中一部已到达距瑞金三十里的壬田市，准备阻击起义军。桂军黄绍竑部十个团也从赣州兼程赶来。起义军指挥部决定将第二十军第三师拨归执行先遣任务的朱德指挥，以迎击敌人。

8月25日，第三师一个前卫营在壬田市与敌钱大钧部两个团接火。起义军官兵奋勇冲击，与敌军展开了殊死搏斗。在滚滚硝烟和激烈的枪炮声中，朱德屹立在火线，一边指挥县城东北的起义军坚守阵地，一边使用两支马枪，轮换着向敌军射击。在战斗最激烈、最艰难的时刻，他毅然从阵亡战士手里拿起步枪，就地卧倒，一发一发准确地向敌人射击，同战士一起顶住了反冲锋的敌军。这次战斗，共击溃敌军两个团，消灭了一部分敌人。

8月27日，起义军进入瑞金后，从缴获的文件中，得知敌钱大钧部纠集了十个团的兵力，企图阻止起义军南下。前委准备在会昌集中全力歼灭钱大钧部，扫除南下障碍。然后再折转瑞金，取道长汀、上杭，由水路南下广东潮汕。以叶挺指挥的第十一军为右纵队，向会昌西北之山头阵地进攻；以朱德指挥的第二十军第三师和第二十军教导团为左纵队，向会昌东北高地之敌进攻。

8月30日发起总攻后，朱德率部同敌人展开激烈战斗。由于第二十五师由瑞金出发走错了路，没能按时赶到，所以，右纵队第十一军未能向敌发起攻击。这样，敌人就把兵力集中到了朱德攻击的方向上，战斗打得非常残酷，我方伤亡很重。师军需主任蒋作舟英勇牺牲，师参谋长袁仲贤、教导团团长侯镜如、第六团一营营长陈赓等身负重伤，有人提出要求转移。朱德非常坚定地说："现在只能进，不能退！要坚决顶住。顶住了，把敌人吸引过来，十一军那边打起来就好办了。"在朱德的指挥下，起义军同敌人展开了惊心动魄的血战，大量毙伤敌军，俘敌官兵九百余人，缴获各种枪一千余支，钱大钧部全线崩溃，起义军占领会昌，钳制了敌人，有力地配合了右纵队主力的进攻。这是南进途中的一个大胜仗。

10月，南昌起义部队在粤东北战败，主力第二十五师的师团干部除了搞政工的陈毅外，全都逃跑或离队，这支叶挺铁军的老部队面临散伙的危险。在这危急时刻，"客居"在这支部队中的朱德站了出来，自愿担任指挥。对这个旧滇军将领，干部战士们起初只感到他面容慈善，为人谦和，对其他方面并不了解。几天后，在闽赣交界的武平县石径岭的一次遭遇战，使朱德树立起威信。

当时，敌钱大钧的两个师跟踪而至，向起义军余部发起攻势。这时，朱德沉着指挥，作风干练，哪里最关键、最危险，他就出现在哪里。只见朱德登上城墙指挥部队御敌，一举打退该敌的进攻。而后，他命令粟裕带领一个排占领武平城西门外的山坡，掩护部队向预定目标转移。

部队顺利转移至武平城西北五公里的石径岭附近时，前面必经之隘口却被反动民团占领了，朱德的队伍陷入一条山沟，后有追兵，每支枪只剩几颗子弹。起义军新收容的几部分队伍还未整编，在仓促应战中一时颇为紊乱。在千钧一发之际，朱德来到部队前面，亲自指挥部队疏散隐蔽，以减少伤亡。

朱德率领两个连，沿着长满灌木的悬崖陡壁攀登而上，出其不意地在把守隘口的民团侧后发起攻击。敌兵在惊慌之中搞不清有多少人来包抄，落荒而逃。当起义军官兵急速前进时，大家清楚地看到朱德登上一块较高的石壁，手举驳壳枪，威武地站在一块断壁上，指挥队伍通过了隘口。在这次战斗中，朱德给部队官兵留下的一个深刻印象是："宽宏大度、慈祥和蔼的长者"和"英勇善战、身先士卒的勇将"。

故事之三

1929年2月上旬，朱德、毛泽东率红四军主力插到江西瑞金，朱德率领红二十八团担任警戒任务，策应毛泽东率领的红三十、红三十一团攻打瑞金城，准备进城里找些报纸，以便分析政治、军事形势。毛泽东率领的部队仅用两个小时就攻进瑞金城，并找到了报纸包。这时，敌人援军很快赶到，并呈包围之势向朱德率领的警戒部队逼近。朱德立即用枪声通知毛泽东，之后，自己率领部队冲出敌人的包围，吸引敌军。

敌刘士毅的部队紧追不放，一直追了十五公里，再次将红二十八团包围。这次敌人太多，局势十分危急。就是在这种情况下，朱德硬是指挥部队再次冲出了敌人的包围圈。朱德在路边集合队伍，进行突围前的动员。他说：

"同志们，我们愿意死呢？还是愿意活？"

"要死怎样？要活怎样？"有些人小声议论道。

朱德看了看大家，用手指了指周围，大声地说："前面有敌人拦住我们，后面有敌人追击我们，我们还往哪里去呢？要是贪生求活，那就等敌人来时缴枪投降，屈膝求饶；要是愿意为人民而死，那就干他一仗，把敌人消灭掉。"

广大官兵的情绪一下就被调动了起来说："我们愿意死！"

朱德满意地说了声说："好！"他冷静沉着地观察四周敌情，发现四周已被敌人包围得水泄不通，一群群的敌人，端着明晃晃的刺刀，从四面八方围过来。他当机立断地命令部下道：

"全团一个方向。一营跟着我从中间突破，二、三营左右配合，全团上刺刀。"

话一说完，亲自带头向敌人反冲过去。红二十八团在朱德的率领下，个个争先、人人奋勇地打反冲锋。

当面敌军被这突如其来的反冲锋打得莫名其妙，还以为是中了红军的埋伏，掉头就跑。敌军一跑，红军来个猛追，一举将逃跑的敌军四百多人全部活捉。

一篇题为《红军总司令朱德》的文章写道："前任白军官兵，在自愿投入中国苏维埃区以后，常惊叹说，他们生平才第一次遇见这样一位指挥员，具有战略上这样敏锐的才智：敌军的器械非常精良而充足，而他与敌军作战，决定理论上最复杂的军事任务，却极容易，极高明，也极清楚。"这样评价朱德是完全合乎实际的。没有这种军事家的雄才胆略和大智大勇，也就没有后来的朱德身无片伤。

故事之四

红军时期，朱德曾引用古人"能身先士卒与士卒共甘苦者为名将"一语，来说明红军里的干部个个都是能够身先士卒与士卒共甘苦的名将。

1934年红军长征到达遵义土城时，川军的四个团很快随红军向土城杀来。当红一军团在土城前面的复兴场与敌人先头部队遭遇后，朱德和毛泽东决定集中红三、红五两个军团迎击川军，消灭它两三个团，然后渡赤水河。由红三军团司令员彭德怀和政委杨尚昆统一指挥。

可是，直到战斗打响后才发现，敌人开来的不止四个团，而是六个团上万人，川军的装备和战斗力都比黔军要强得多，而且敌援兵源源而至。形势发展对红军越来越不利。敌军不断突破红五军团的阵地，一步步向土城压来，后面就是赤水河，红军将面临背水作战的困境。

见此情景，彭德怀忧心如焚。朱德赶到一线阵地，彭德怀向他报告说，我们怕是在打糊涂仗，敌人远不止两个旅！

朱德轻易不流露出他的不安，总是给人一种沉静如水的感觉。他继续前行，一直走到红一军团和红三军团的攻击阵地结合部，在靠近赤水河的一棵大树下站定，举起望远镜，从不同角度观察着战场情形。很快，他确信了彭德怀的判断，对随行的作战参谋吩咐道："你去告诉老彭，让他转告恩来和老毛，这仗不好打，我的意见是撤。听听他们的意见。"

毛泽东也意识到战局的严重性，立即派人通知红一军团急返增援。可是，红一军团距此地约二十里，返回需要一定时间。

此时，战斗愈益激烈，红五军团阵地一度被敌军突破，敌人抢占了有利地形，步步向土城进逼。

朱德心想，如此紧急时刻，需要有领导到前线直接指挥作战，他决定亲自去，而由毛泽东、周恩来等坐镇大本营，掌握全军。在总部讨论战况时，朱德语气十分坚决地对毛泽东、周恩来、王稼祥等人说，打好这一仗，就走活了一盘险棋，我到前线走一趟。语气十分坚决、恳切。

朱德总司令亲临火线，震动了在场的红军高级将领们。大家的目光一齐投向总司令，眼睛里充满信任、敬佩和担心。大家相信朱总司令能率领前线指战员解除危难，可是他毕竟已年过半百，前线极其危险。大家的心里都很矛盾，看着毛泽东，等他下决心。

毛泽东也犯难了，自井冈山会师以来，"朱毛"已成为一个整体，红军离不开朱总司令。可是，眼下红军正处于绝境中，朱总司令一向是稳定的象征，有朱总司令在，就会军心稳定、士气大振。毛泽东在思考着，大口大口地抽烟。

朱德看着毛泽东，等他表示态度，可是久久听不到他说话。朱德明白，老毛也在为自己的安全担心，就把帽子一脱，说："得咯，老伙计，不要光考虑我个人的安全，只要红军胜利，只要遵义会议能开出新天地，区区一个朱德又何足惜？！敌人的子弹是打不中朱德的！"说完哈哈大笑。

1935年1月28日上午，毛泽东和总部其他领导为朱德亲上火线举行了欢送仪式。随后，朱德在刘伯承的陪同下，来到前沿阵地，亲自率领红一、红三、红五军团及干部团，分路向敌人发起猛烈攻击。红军官兵听说朱总司令来到阵地，士气大振，勇气大增，奋勇拼杀，很快阻止住了敌军的猖狂进攻，为红军渡赤水河赢得了十分宝贵的时间。

这时，毛泽东下令精锐的中央干部团立即发起反冲锋。朱德又赶到干部团亲自指挥。

下午二时许，红一军团第二师增援赶到，立即投入战斗，与干部团协同作战，终于打退了敌人的进攻，巩固了阵地。

随后，红军部队准备渡赤水河西进。红一军团第二师四团奉命到青杠坡阻止气势汹汹的川军模范师的尾追，以掩护主力安全渡过赤水河。朱德又直接来到了红四团前沿阵地。

朱德仔细观察敌情，见时机已到，果断下令后撤。敌人子弹飞来飞去，情况相当危险。萧华等一再请求总司令先走一步，朱德每次都回答说："不行！"

部队全部都从前沿撤下来了，朱德依然留在阵地上观察敌情，稳如泰山，不动声色。

这时，彭德怀来到红一军团第二师，着急地问道：总司令呢？周围的人不知如何回答。彭德怀明白了，立即命令红四团团长王开湘、政委杨成武带人掩护朱德后撤。

王开湘和杨成武立即带上二十多名战士，重新冲上山坡，顶住追上来的敌人。红六团团长朱水秋、政委王集成也带人赶到阵地，请求朱总司令立即撤下去。只见朱德仍在用望远镜观察着战场，似乎周围激烈战斗的一切全然与他不相干。过了很久，他才收拾地图、望远镜，从容地撤到阵地后面。

时任红一军团政治部组织部长的萧华回忆说："当时，天下着雨，刘湘的模范师向我们阵地压来。朱老总手提驳壳枪，来到我们这里亲临指挥，掩护大部队过河，我很担心朱总的安全，几次劝他赶快撤下去，都被他拒绝了。他一直同我们坚持到天黑，才和我们一起渡过赤水河。"

故事之五

1938年2月，侵占了太原的日军，获悉蒋介石准备反攻太原，抢先发动了攻势。日军兵分两路从北面、东面分两路向晋南临汾一带大举进攻。其中东路日军由于没有遇到正面国民党军的有效抵抗，沿临（汾）屯（留）公路长驱直进，对晋南重镇临汾构成极大威胁。

2月20日，朱德和八路军副总参谋长左权率八路军总部离开洪洞县牧马村，迎敌东进，准备开赴太行指挥右翼军作战。

这时，从平汉路西进的日军苫米地旅团约三千人，已占领长治，并很快继续西占屯留、长子，逼近总部所在地安泽。

2月23日，朱德率部行军到安泽县以东的古县镇时，突然传来消息说，前面不远发现敌情。朱德立即派人侦察，发现敌先头部队正在快速推进，已占领良马镇，将于第二天经过古县以东的府城镇西进，离总部越来越近了。

当天深夜，朱德又接到毛泽东从延安发来的电报：日军此次进军的目的在夺临汾、潼关，然后进攻西安、武汉。要求朱德和阎锡山、卫立煌两部"在好的情形下，力图在临汾以北、以东两地歼灭敌人，顿挫敌之进攻"。

此时，总部特务团的大部分指战员都分散到太行山区发动群众，总部身边只有特务团警卫通信营两个连的兵力，约二百人，敌我兵力悬殊。

军情紧迫，兵力又极少，身陷危局，如何处置？有人建议立即甩开公路，向南面山区转移，发电报给驻临汾的友军，通报敌情。当时，朱德等正在临屯公路北面，周围都是山地，要把总部转移到安全地带是很容易的。

可是，如果避而不打，必然使尚未作好迎敌准备的临汾军民遭受重大损失，特别是临汾不守，将有牵动大局之虞。朱德、左权没有考虑个人的安危，决定：一是打，坚决顶住这股敌人；二是拖，拖延敌军的西进。他说，电报可以发，但我们绝不能后撤！就地阻击，一定要顶住敌人，使临汾大批军需品从容转移，给临汾的军民争取几天疏散的时间，阻止日军长驱直入临汾。

日军攻占了良马镇，如入无人之境，气焰十分嚣张，在通往临汾的大道上，耀武扬威，毫无警戒，一直向西开拔。这条东西方向的公路两旁高山耸立，是潜伏部队的好地方。

为了阻滞敌人的进军步伐，朱德派左权副总参谋长于2月24日，带着两个连和安泽县自卫队，在这一带依据地形组织了纵深防御，采用节节抗击战术。左权充分利用公路两旁都是山地的有利地形和敌人不熟悉当地情况的弱点，以及敌人害怕被八路军突然袭击的心理，巧妙地利用路边山地地形，阻击敌人。

警卫部队神出鬼没，打打停停，节节抗击，三千敌军被拖在太岳山区的盘山道上，既不能集中，也不能展开，前进不得，后退不成。这里离临汾城至少还有一百里路。

当天下午，朱德致电毛泽东，说明：手中无兵，阻击不易，总部现在古县，拟于明日向南转移。

日军摸不着头脑，不知道遇到了多少部队，停下来打了一天，不敢前进一步。

第二天，敌人通过侦察，得知遇到的并不是大部队，而是朱德和跟随他的少数警卫部队，便以为是立功受奖的大好时机到了。一小时后，日军的十几架轰炸机，满载炸弹，飞到沁县西南上空，来了个轮番轰炸，小镇顿时变成了一片火海。

日军的指挥官们惊喜若狂，又是饮酒祝贺，又是发电报捷。

正当大家为朱德的安危担忧的时候，传来了进攻临汾的日军在半路上被阻截的消息，说明朱德并没有遇难，还在指挥作战。

原来，日军指挥官误把沁县附近的故县当作安泽的古县了，结果故县被炸成一片火海，而古县却安然无事，朱德仍在那里坦然自若地指挥着战斗，以极少的兵力阻击着强大的敌军。

2月25日傍晚，友军曾万钟部已接近屯留，朱德命令他截断屯留、良马之间的大道，李家钰部一个团也向府城急进，准备与曾部夹击日军。另外阎锡山准备抽一个团，卫立煌抽调一个师星夜驰援，危情有所缓和。因此，朱德又立即致电彭德怀及各部并报毛泽东等人，告知：准备以手中现有两个连尽量迟滞日军，以待援军赶到而消灭此敌。总部明日仍在古县指挥。

不料，友军未能阻止日军西进的势头，府城战场局势愈发严重。当晚七时，日军攻占古县镇。敌人的炮弹不停地在总部驻地附近爆炸，枪声越来越近，子弹在头顶上呼啸而过。朱德非常沉着地率部队甩开大路，转移到临屯路以南的刘垣村，并致电彭德怀，要他迅速向总部靠拢。

这时，朱德得知从临汾来了五个营的援兵，立即派身边的两个连与增援部队夹击日军。左权指挥警卫部队从侧面伏击日军，取得成功，毙伤上百敌人。而正面的友军不但没有出击，反而被日军突破防线。

日军大部队继续向临汾逼近。朱德已经把敌人拖了三天，但这里终究不是久留之地，此次行动的目的是建立太行根据地。左权非常关心总司令的安危，再三向他建议，把鬼子拖了三天，为友军赢得了宝贵时间，该撤了！

恰在这时，后面总部警卫团新组建的两个新兵连赶到了，除班长以上人员外，全部是徒手新兵，每人只有两颗手榴弹，但大家跃跃欲试，求战心切。朱德、左权觉得这是锻炼他们的好机会，正赶上日军的后续辎重部队过来，便决定由这支部队打一个伏击战。两个新兵连在警卫部队的掩护下，打了一个漂亮的伏击战，炸毁敌人大车几十辆，歼灭一部日军，又一次打击了西进的日军。

日军从府城沿临屯公路到临汾，中间不过百余里路程，却被朱德率领的两个连阻击了四天三夜，伤亡达三百多人。至28日，日军苫米地旅团才进入临汾。随后，朱德率部冲出日军的包围圈，胜利地到达太行山区。

这一传奇式的经历，充分显示了朱德过人的胆略与超人的智慧。

解放战争时期，已是堂堂三百万人民解放军总司令的朱德，还亲身经历了一次与国民党军大队人马擦肩而过的险情。那是1948年5月朱德赴濮阳视察华东野战军的路上。那天，朱德与陈毅、粟裕率一个车队乘夜南下，突然前头发现正在徒步行军的国民党军，后面又发现几辆国民党军车朝他们开来。有人提议躲一躲，朱德考虑了一下，果断地命令："前后敌人都不用管它，车子继续前进！准备战斗，没有命令不许开枪！"车子一路前开，行军的国民党军纷纷躲向路边。他们做梦也没有想到，这一闪而过的车队里正坐着解放军的总司令。

朱德就是这样，哪里需要，他就出现在哪里；哪里危险，他就战斗在哪里。令人惊奇的是，他身经百战，却从未受过伤，尽管他的坐骑被打死，他的帽子被打穿，敌人的子弹却从未擦破他的皮，仿佛是炮弹、炸弹和子弹都长了眼睛似的，不敢去碰这位伟人。

四、慎重判断，果断决策

作为人民军队的总司令，必须既能从大处着眼，全局在胸；又能从小处着手，洞悉下情。只对全国局势作出分析和预测，这是谋略家；只对局部战役战斗进行指导，这是指挥家。只有能将二者完美地结合，即既有高超的谋略水平，又有丰富的指挥经验，才是一个富有远见的出色的战略家和卓越的指挥家。

朱德深谙战争胜利的关键，在于高级指挥员根据实际情况制定正确的战略方针和作战计划，既注重从战略上把握全局，又善于周密组织计划与指挥。

1937年10月12日，朱德与彭德怀、任弼时就华北抗战形势与八路军战略方针问题致电中央军委，对八路军各部在华北的部署提出了一个周密的全盘打算。电报说："华北形势危急，友军作战着着失利，但是尚无军队叛变；晋东北、冀西的广大地区十分重要，但如果局势发展到某些不利时期，主力转向晋西晋西南，此地域只能留适当兵力，派得力干部主持。"并表示："我们目前应以一切努力，争取以山西为主来支撑华北战局的持久，使友军一下子不过黄河，消耗日寇力量，逐渐提高友军胜利信心，渐次改造友军，推进民主，扩大（八路军）本身。"

毛泽东对此复电指出，八路军总部的部署是正确的。

朱德在执行中央战略方针过程中，并不是机械被动的，而是积极发挥主观能动性，提出自己的主张。9月28日，朱德和彭德怀致电毛泽东等，就八路军的战略部署提出建议，认为"敌人深入山西后，我们在山西发展前途，应以山西人民、地形、交通诸具体情形及华北大势来作一总的估计"，河北涞源、山西灵丘和广灵地区山脉很大，地形比晋西北好，人口不少，粮食不缺，可在上述地区连同山西浑源、繁峙、五台、孟县、河北阜平一带创建抗日根据地，与晋西北互相呼应。朱德认为，这无论对现在和长远来说，都是上策。从现在的情况看，整个黄河北岸被敌人占去，有极大的可能。无论怎样，我们应有决心争取晋东西两大山脉，巩固游击区，使入晋之敌陷入我群众的重围中。我们应以一切力量争取抗日运动的扩大，只有我们有力量才能克服国民党的动摇。我们执行独立自主的作战原则，在有胜利的把握下，部分袭击敌人，以扩大我军声威、提高友军士气是必要的。

每次指挥作战，朱德总是先了解敌情，查看地形，研究兵力的部署，作战斗动员，认真细致地对待每项工作。他特别强调侦察对于指挥员决策的重要性。侦察工作是组织战斗的第一步工作，是首长下定决心的基点，是完满作战计划的主因，是战斗过程复杂环境中达到机动的先决条件。它能使战略更加巧妙，使红军的战斗力更加发扬。他认为："侦察的主要任务，是弄清敌情、地形，供指挥员定下适当决心。所以，各级指挥员都应在自身任务范围内进行侦察。但侦察情况只能得到相当的了解，特别在遭遇战斗中更欠明了的了解。指挥员不能因侦察而迟疑徘徊，放弃良机。故指挥员要常到先头警戒部队中赶早侦察，以便迅速定下决心，下达命令而不误时。"（《朱德军事文选》第151页，解放军出版社1997年版）

对于看准了、把握大的作战，朱德是坚定不移的。解放战争中对待临汾攻坚战，即是一例。

临汾是晋南敌军最后一个据点，因状似卧牛，内高外低，易守难攻，故有"卧牛城"之称。当时，整个晋南只有临汾一座孤城仍为国民党军队所盘踞，守军虽然只有2.5万人，但装备精良，城防坚固，山西军阀阎锡山吹嘘临汾城是"打不破的铜墙铁壁"。华北军区副司令员徐向前率部从1948年3月7日发起临汾攻坚战。由于担任攻城的部队是新组建的，装备较差，又缺少攻坚经验，故经月余作战，屡攻不下。朱德认为，为了夺取内线敌占城市，需要培养、锻炼出专门的攻坚部队，而培养攻坚兵团又是争取战争胜利、解放全中国的重要一环。因此坚决支持攻打临汾，并给予具体指导。

4月12日，朱德与刘少奇联名致电徐向前、薄一波提出，攻打临汾可采用攻打石家庄的经验，首先是"炮炸协同，击开突破"，即以大量重迫击炮、榴弹炮和野炮，集中打一点，并利用挖好的坑道，用1000公斤到5000公斤黄色炸药进行爆破，必能炸开突破口。大量炸药爆炸后，敌守兵在十数分钟内，均聋哑不能行动。趁此时以步兵冲进，再以大量手榴弹及少量炸药，就可占稳突破口，再向两面发展。请充分准备炸药2.5万到5万公斤，炮弹须有5万到10万发。

5月11日，朱德代表中共中央赴濮阳对华东野战军进行慰问并指导工作。在劳累的征途中，他仍然心挂着晋南战场。朱德从和陈毅、粟裕的谈话中了解到，有些领导干部中有一种"暂时放弃临汾，回师东向，集中力量保卫石家庄"的议论，而指挥临汾战役的徐向前"尚有决心打开"，于当晚在石家庄宿营时，写信给华北军区政治委员薄一波、副司令员滕代远，说："我很顾虑你们怕伤亡，又打不开，不如不打，这样决心，那就前功尽弃，敌人守城更有信心，我们攻坚的信心又会失掉，部队也学不会攻坚。如此损失更大，又毫无代价。请你们考虑，如向前有决心，应支持他一切，如炮弹炸药手榴弹之类，源源供给向前，撑他的腰。我在军委动身时已告剑英，打临汾绝不可自动放弃，更不可由后方下命令叫他放弃。""我意临汾在敌人无增援的条件下，一定可能打开；又在敌人增援不多而我又能打援队，而援队被消灭或打退之后，也一定可打下临汾城。不过是时间早迟而已，绝不是城中守兵能长期维持打不下去的。"

他又说：赴濮阳途中，在元氏县车站休息时，同陈毅、粟裕一起去看了地方部队用炸药炸开该县城墙的遗迹，了解使用炸药炸开缺口的办法，即用棺材装250公斤炸药炸一个缺口，几个缺口同时爆炸，威力很大，请你们再参考攻元氏战例，鼓励攻临汾战士，以大力支持他们，一定能打下。

战事正如朱德所预料的，由国民党军队占据的临汾经过72天的战斗，终于在5月17日解放了。后来，指挥这次战役的徐向前回忆说："朱总司令的果决、信任和支持，给我们很大鼓舞。部队顽强战斗，终于攻克这座堡垒城市，锻炼成为攻坚的铁拳头。"（徐向前：《民族的骄傲，人民的光荣——纪念朱德诞辰100周年》，《光明日报》1986年12月1日）

东北战场上，关于如何解放长春是中央军委慎重考虑的一个重要问题。

到 1948 年 3 月中旬，东北国民党军已被分割、压缩在长春、沈阳、锦州三大要点及其附近狭小地区。于是，大规模的攻坚战，就成为东北野战军的当务之急。长春虽系孤城，但不易攻克。从日本关东军占领长春时期起，就在城内街道及近郊区修筑了大量永久性的工事。特别是城中心的主要大楼和主要街道间，都有钢筋水泥的地下坑道连接。国民党军进入长春后，进一步加强并增修了不少工事，使长春成了一个有着坚固防御体系的大堡垒城市。为了守住这个孤悬在外的"钉子"，蒋介石调来了十万大军防守。

1948 年 4 月 18 日，东北局和东北军区主要领导人致电中央军委，提议部队在军事、政治整训之后，用九个纵队打长春，即以七个纵队攻城，两个纵队在四平街以南打援，新成立的三个纵队和独立师在锦州、沈阳间和沈阳、四平街间钳制敌人。预计以十天到半个月的时间作准备，再用十天到半个月的时间可以解决战斗。中央军委、毛泽东同意了这一提议。可是，第一仗歼灭敌守机场的两个师，由于兵力和火力部署没有形成绝对优势，攻城时没有采用近迫作业和坑道爆破方法，主要指挥员林彪未亲到前线指挥，对长春敌情、地形都没有弄得很清楚，就匆忙地下令攻击，以致在外围战斗中只歼灭敌两个团，虽占领飞机场，我军自己也伤亡不少。

东北野战军司令员兼政治委员林彪、副政委罗荣桓、参谋长刘亚楼联名致电中央军委，认为目前夺取长春这样坚固设防的大城市，条件尚不成熟，准备暂时放弃。

6 月 1 日七时，中央军委致电林彪、罗荣桓、刘亚楼，提出关于攻打长春的十个问题，电报要林、罗、刘回答：如果我军不惜伤亡，以两个月时间夺取长春，你们估计是否有此可能？局势将会怎样？6 月 3 日，林、罗、刘复电：我们对此战局无最后的确定见解。拟待侦察地形后，才可通过其他条件，得出较有把握的意见。

此刻放弃打长春是否合适？朱德在自己的心中打了个问号。根据他指挥石家庄等攻坚战的经验，条分缕析地指出长春可能攻下的条件很多。他在全面分析局势后，经过周密思考，认为还是有取胜的可能。于是在 6 月 3 日提笔给毛泽东写信，他在信中写道：

"我看了李（天佑）、黄（永胜）两纵队的电，长春还是可能打下的条件多。"并提出了九个方面的有利条件：

（一）敌人正规军不到六万，正规军中只有两个师比较坚强，其他部队军事上是混杂的，比较差的。

（二）援军很远，我军可以打援，即围城打援也有利。

（三）敌守孤城，粮、弹、人的补充均靠飞机不能持久。

（四）我军兵力优势，后方接济便利，部队技术有相当的学习，有相当的攻坚经验，有相当的家务。

（五）攻坚即强攻，打城军不在多，两个纵队及几个独立师能攻能防敌人反攻即够，其余的可打增援队。打法是用坑道为第一，用技术、炸药、手榴弹，抵近射击，以各种炮为主，以工事对工事，进一步巩固一步，做好工事再进。

（六）李纵（指李天佑纵队，即东北人民解放军第一纵队）攻过四平，有经验，黄纵（黄永胜纵队，即东北人民解放军第六纵队）估计可能打开，即损失代价须大。

（七）攻城必须先有计划，收集各种专门炮工人才，组织指挥所。必须要用攻城战术，实事求是地，一步一步地进攻。

（八）再一种攻法是长围，在一定的圈子内，围死它，使其粮弹俱困，人心动摇时再攻。

（九）这两种攻城战术，强攻与长围，可采取第一种。打久了第二种也出现了。打长春要看家务大小来决定。

（参见《朱德军事文选》664页，解放军出版社1997年版）

朱德的建议，受到毛泽东的高度重视。6月3日十三时，毛泽东为中央军委起草致东北野战军领导人林彪等的电报："请对朱总司令所提意见中下列各项给以回答：（一）以两个或三个纵队及几个独立师攻城，以七至八个纵队准备打援，是否可能。（二）两种打法是否可能：甲、能强攻，则用强攻办法；乙、不能强攻，即攻占一半或三分之一后，改用长围，构筑坚阵，以一部围困该敌，主力休整待机。（三）我们弹药方面是否经得一次大消耗。"林彪等在反复权衡利弊后，决定采取朱德提出的第二种攻城方案，即对长春实行"久困长围"，得到了中央军委的批准。后来长春的解放，正是实行了朱德所提出的长围办法。

五、服从命令，机断专行

机断专行与服从命令始终是既对立又统一的一对矛盾。自有军队以来，"军人以服从命令为天职"就始终是所有军人的信条，但与其相对立又相一致的是"将在外，君命有所不受"。所谓"有所不受"，就是允许下级有一定的机断专行之权。自古以来，这对矛盾处理好的并不多。

朱德从自己多年戎马生涯的经历中深深懂得："服从命令与机断专行这两件事是不冲突的。决不能把机断专行误认是违抗命令，也不能机械地执行命令，而抛弃机断专行。在战斗条令、野外条令上再三反复说明过：红军要绝对执行命令，同时要养成有机断专行的自动性。"（《朱德军事文选》第134页，解放军出版社1997年版）上级指挥员应该让下级清楚地了解任务、上级企图和完成任务的方法，使下级不但坚决执行命令，而且发挥战场上临机机断的主动性。"指挥官下达命令，以具有命令的机动性为原则，对下级不下死命令，处处给下级指挥员留活动余地，然后，各级指挥官依据指挥的机动性，详察上级指挥官的意旨与企图，随机应变，因时制宜。"（《朱德军事文选》第337页，解放军出版社1997年版）

相对于服从命令，朱德强调更多的还是"机断专行"。这是因为：第一，人民军队的指挥员一般都能自觉执行上级的命令和军队的纪律，而容易忽视作战中的机断专行。第二，人民军队的通信联络装备一般比较落后，这就需要"如情况变迁而通信联络中断时，则应根据首长决心和实际情况机断专行"。（《朱德选集》第15页，人民出版社1983年版）第三，人民军队的作战形式主要是游击战和运动战，需要高度的灵活机动。除了严格集中的统一指挥外，各级指挥员同样要根据上级总的战略意图发挥主观能动性，在来不及请示的情况下断然处置，机断专行。

因此，朱德在谈到指挥的机动性时深刻指出："指挥官下达命令，以具有命令的机动性为原则，对下级不下死命令，处处给下级指挥员留有活动余地。然后，各级指挥官依据指挥的机动性，详察上级指挥官的意旨与企图，随机应变，因时制宜。如此，当可变更战术打击敌人，而达成我们的战斗任务。"（《朱德军事文选》第337页，解放军出版社1997年版）

他告诫下级指挥员要善于把握战机，不放过任何可能打击敌人的机会。战机即有利于我作战歼敌的时机，它往往是稍纵即逝的，对赢得作战的胜利至关重要，只要出现这种时机，就要果断决策，勇敢出击，切忌犹豫不决。同时，善于根据变化了的情况，调整和改变自己原定或上级赋予的作战任务，当进则进，当退则退，从而避免不应有的损失。

朱德认为："要求得大兵团协同作战，一定要每个兵团、每个部队在受领本身任务时，明了首长的决心要旨，以及本身的任务在首长决心中占何等地位。兵团和部队在遂行任务时要保持通信联络，以便共同实现其决心。如情况变迁而通信联络中断时，则应根据首长决心和实际情况机断专行，但不能理解为机断专行就是与首长决心背道而驰。"（《朱德军事文选》第151页，解放军出版社1997年版）

中央苏区第四次反"围剿"作战中，朱德批评一些部队缺乏机断专行的做法。他在战后的总结报告中写道："敌之十一师全部溃退大部缴械后，五十九师残部之一个团也被溃兵冲破，一部被缴械，敌九师增援之一个团亦被冲破，被我军缴械，此时敌之恐慌混乱已达到极点。但是最前线的指挥员不能发扬最大之机断专行，去追击、去截击，去威胁退却的敌之另一部。及至晚间敌已乘黑夜退却，途中运动十分困难之际，也没有用火力去扰乱及派部队去追击，使敌陷于全部溃散，致使我以少数兵力而能消灭多数之敌的好机会完全错过，竟使敌之九师、十一师残部得以退回宜黄，实在可惜。"（《朱德军事文选》第134页，解放军出版社1997年版）

朱德在《抗敌的游击战术》一文中，专门有一节谈到统一指挥与机断专行问题，其中指出："统一指挥，并不应该限制兵团指挥员之机动，相反地，应该发挥兵团指挥员及各级指挥员的机动性，因为前线上的指挥员，常能看破敌人的弱点，了解有利的时机。如果束缚在请命待命范围内，常易失掉最好的机会。一个兵团指挥员只知奉公守法，不图有功，只求无过，这不能说是最好的指挥员。""好的指挥员要能够抓住战局，打开战局，常能使自己的战斗任务自动地完成。""拘守待命，毫无机动的指挥员，不独不能打开战局，造成胜利的条件，他自己也常易限于被动。"

在发挥下级指挥员的积极性和机断专行方面，朱德给后人作出了榜样。翻阅朱德的作战文电，总可以看到这样的字句："望按情决定"，"一切望按情况决定"，"机断专行，不要事事请示，按当前情况决定部署"等。后来来华工作的苏军顾问看到这些，总觉得这些不像作战命令，命令哪里有用这种口气的？其实这恰恰反映了朱德善于发挥各级指挥员的主观能动性和他们最了解战场具体情况这一特点，因而也就经常打胜仗。

相反，不予下级指挥员以机断专行之权的往往打不出好仗来。第四次反"围剿"初期，在后方的中共苏区中央局对前方的每一步作战行动都予以遥制，使在前方指挥作战的周恩来、朱德格外为难。在行动方针上，前方与后方常常发生矛盾。后方的中央局坚持要红军攻打南城、南丰两座坚城，前方指挥员根据实际情况不同意此项方案，提出在抚河东岸连续求得在运动战中解决敌人。后方的中央局否定了这项建议。这样，前后方在作战方向上的矛盾冲突开始尖锐起来。1933年2月3日和7日，周、朱、王（稼祥）在陈述前方意见的同时，迫切要求："连续的残酷的战斗立刻就到，战争与军事布置更应确定统一指挥。提议中央局经常给我们前方以原则与方针上的指示，具体部署似宜属之前方。""请求中央、中央局须给前方以活动、以机断余地和应有的职权。否则，命令我们攻击某城，而非以训令指示方针，则我们处在情况变化或不利的条件下，使负责者非常困难处置。"（《朱德军事文选》第120页，解放军出版社1997年版）这些愤懑之词，实际上是告诉远处后方的中央局不要处处干涉前方军事行动的"具体部署"。在被迫按中央局意图强攻南丰失利，敌"进剿"军中路军主力又迅速向宜黄集中的情况下，周恩来、朱德果断把强攻南丰改为佯攻，红军主力迅速撤离南丰，将敌"进剿"军两个师诱至黄陂地区予以歼灭。这一部署是违背苏区"中央局命令原旨"的，但却是取得第四次反"围剿"战争胜利的重要一着。从一定意义上说，这次作战的胜利可以说是"机断专行"的胜利。

第五次反"围剿"时，情况更为复杂，共产国际军事顾问李德推行的完全是军事教条主义那一套。他根本不懂中国的实际情况，只凭学院学到的军事课本上的条条框框，一个人躲在屋子里凭着地图指挥战斗。他指挥得非常具体，且又经常朝令夕改。他把每个碉堡、掩体阵地修在什么地方，都在地图上用红笔一一标好，然后要作战参谋去检查督促落实，丝毫不给下面指挥员选择有利地形构筑工事的权力，甚至连下面部队阵地的机枪如何摆法都得照他的命令做。

这种主观、武断、轻率、不尊重红军前方指挥员的作法，使朱德和周恩来都很愤懑。朱德不满地对李德说："不给各军团、师首长以任何机动灵活权，靠图上作业指挥，是要吃败仗的。我们过去粉碎敌人几次'围剿'的战术，靠的就是集中兵力，灵活机动，不死守城池而取胜的。"周恩来不得不致电中央，批评他们"连日电令屡更"、"使部队运转增加很大困难"。并再次明确要求："在相当范围内给我们部署与命令全权，免致误事失机"，"否则亦请以相机处理之电给我们"。但博古、李德等人否决了前方朱、周意见，李德并以统一前后方指挥为名，建议取消红军总司令部和红一方面军司令部的名义和组织，将"前方总部"撤回瑞金，并入中革军委，事实上剥夺了朱德、周恩来的权力。撇开这次反"围剿"的政治军事路线不说，仅从作战指挥上看，中央集中统一指挥过于绝对，前方指挥员没有一点机断专行之权，不能不说是失败的一个重要原因。

六、集中众智，发扬民主

军事上的群众路线，是人民解放军军事民主的重要内容，体现了马克思主义关于人民群众是历史创造者的原理，贯彻了官兵一致的原则，是中国共产党的群众路线在军事上的具体体现，对于发挥广大干部战士的积极性和创造能力，具有极大的意义。朱德在作战指挥中，善于发扬军事民主，群策群力地运用并创造新战法。朱德主张，在条件许可的情况下，指挥机关应发动大家讨论完成作战任务的战术与方法。尤其是当作战对象、作战形式等发生重大转变，需要探索克敌制胜的新方法时，要通过战场"诸葛亮会"等形式，发动基层干部战士献计献策。高级指挥员和军事机关则要深入部队，及时发现并总结推广群众中的新鲜经验，据以创造新的战法。

1947年9月，在全国土地会议的报告中，朱德曾专门谈了部队工作要走群众路线的问题，反映了他一贯重视指战员的首创精神的思想。报告从军事教育、战术、政治工作和实行奖励四个方面谈了走群众路线的意义。就战术问题，他指出："战术运用要走群众路线。每一个战役结束后，从组织一个班的战士检讨作战的优缺点，一直到全部队来检讨战术，这就能大大地提高部队的战术水平。"（《朱德军事文选》第617页，解放军出版社1997年版）并说："要真正地爱护战士，干部就要把战术学得更好，这才算是群众路线。总之，依靠群众，走群众路线，战术才容易学得好。"（《朱德选集》第224页，人民出版社1983年版）

走群众路线，就要发扬军事民主。作为人民军队总司令的朱德，也是走群众路线、发扬军事民主的典范。

红军时期，朱德是战略战术原则的贯彻和执行者。他既要与毛泽东制定作战方针和具体战斗部署，还要负责将作战方针和具体的战斗部署落实到每一个军事行动中。因此，朱德的工作十分繁忙。后来，他回忆几次反"围剿"期间自己每天的工作时说："我时常——但不定期——给部队上军事课，也时常视察驻扎在附近的部队，看看他们的组织和活动。我按时参加定期的参谋会议……每一仗打完了，只要有时间——但通常都是在战斗结束之后，我们都要开两个会：第一个是指挥员会议，第二个是指挥员和战士的联席会议，以便分析这次战斗或战役。我争取参加每一次会议，这种会议对于我们部队具有最大的技术和教育价值。在联席会议上，每一名战士和每一名指挥员都有充分发言的自由，他们可以彼此批评，也可以批评全部战斗计划，和执行计划的得失。这样，我们就能够改正错误，发现能力不足的指挥员，提升有功的战士。我们通过这些措施，就消灭了封建作风，保持了军队民主化，并且在战士之间发扬了自觉的纪律。任何人如果有畏缩不前或判断错误，或是在战斗中破坏命令，都必须说明原因，保证改正错误。任何指挥员如果打骂战士，或是违反军事规则，就必须在这公众舆论的法庭面前解答；罪名一经确立，就由司令部处分。这一类会议的结果都印成小册子，作为全军的学习资料。"

解放战争时期，朱德严肃批评"有些人不听群众意见，只顾自己，这样就指挥不好"。指出："我们既反对军阀主义，又要反对尾巴主义，群众可以提意见，但仍旧要听指挥，极端民主化是无政府主义，一定要反对。军事民主搞得好，连队里天天有创造，比如坦克来了，发明用高粱秆点起火来烧它，把坦克烧退了，这是个发明，将来也可以写上战术书。这虽是小事，但作用很大，不要埋没天才，使广大群众时时刻刻想办法打敌人，把自己想的办法报告上级，上级批准了就做，这样，队伍一定会打胜仗的。"（朱德：《在华野一兵团连、排、班及士兵代表会议上的讲话》，1948 年 5 月 15 日）

人民解放军在几十年的战争实践中，总结出一整套发扬军事民主，依靠群众运用战术的方法。这主要是紧密结合战争实践，从战争中学习战争，打一仗进一步，做到"官兵互教，兵兵互教"。战斗发起前，以连队或排、班、战斗小组为单位，在阵地上召开"诸葛亮会"，充分发扬民主，讨论完成战斗任务的方法，并对指挥员的作战指挥提出要求，使之成为战前准备的一项主要内容。战斗中，各级司令机关都十分重视总结部队作战经验，并及时通报交流。战斗结束后，利用战役间隙，采取自上而下和自下而上相结合的方法，依据下一步作战需要，全面地总结战役指挥和战术、技术方面的经验教训；连队则发动群众，开展评指挥、评战术、评技术和评战斗动作的活动。

石家庄战役中，朱德曾召集过部分连、排、班干部和战士座谈如何打下石家庄的问题，充分发扬民主，广泛听取基层干部和战士的意见。他还找过俘虏兵来了解敌方的情况。朱德指导干部战士研究攻击战术和打法，设想了多种方案，结果仅用一周时间便打下了石家庄。打下石家庄后，朱德又专门在晋县侯城召集座谈会，邀请五十多位指战员座谈总结战役的经验教训。他真正是搞调查研究、搞军事民主。参加座谈会的，除野战军司令员杨得志等外，更多的是来自战斗第一线的连、排、班干部。座谈会整整开了三天，总结了许多城市攻坚经验。这次座谈会充分反映了朱德善于倾听群众意见、采纳群众智慧的民主精神。他后来在写给毛泽东的信中提到攻打石家庄期间干部战士献计献策的军事民主活动："此次攻石家庄以前，在安国曾号召以学习攻城战为主，上下级干部均先开学习会，打时又开会，打不进时又开会。在火线上，三五人仍是开会，特别是支部开会，起了领导作用。老兵带新兵，促进了学习。结果是战士群策群力，人自为战，取得了胜利。"（《朱德军事文选》第632页，解放军出版社1997年版）

七、甘作配角，勇当大任

20世纪30年代末至50年代前期，在中国共产党党内会议和召集的群众大会上，一般都并列挂着两幅画像——毛主席、朱总司令。夺取政权的烽火岁月中，朱德的名字始终与毛泽东一起，成为中国革命的象征。

自井冈山会师后，朱德和毛泽东一直合作共事，并肩战斗。"朱毛"成了红军的旗帜，人民胜利的旗帜。对于毛泽东军事思想的形成和发展，朱德起了除毛泽东以外其他任何领导人不能代替的作用。

人们曾形容毛泽东是红军的"大脑"，主要负责战略运筹和组织政治建军；朱德则是红军行动的"臂膀"，负责作战具体指挥。二人合作，优长互补，创造出了游击战的"十六字诀"等古今中外从未有过的打法。由于红军的英勇和具有独特的战术，国民党军以几倍、十几倍的兵力一次次到江西"围剿"，结果报纸上终年总是哀叹受挫，这也使"朱毛"之名天下传扬。但是，从井冈山时代起，朱德就一直甘当配角，辅佐毛泽东决胜千里。

遵义会议上，朱德在中国革命处于重大转折的紧要关头，对毛泽东的发言"给以关键性的赞同"。他表示坚决支持和拥护毛泽东出来指挥军事。他以自己作为红军总司令的举足轻重的地位和极高的威望，投了毛泽东关键的一票，并充满激情地指出，我从井冈山开始，就是跟着毛泽东干革命的，今后我将永远跟着毛泽东革命到底。从而促成了会议的圆满成功，解决了红军生死攸关的问题。朱德赋诗曰："群龙得首自腾翔，路线精通走一行。左右高低能纠正，天空无限任飞扬。"其意思就是他在井冈山时期对红军领导干部说的"毛委员有办法，红军离不开毛委员"。后来他又曾谦逊地说："我这个人就是按照毛主席的指示，跑跑龙套，打好旗子。"这些都表明朱德处处信赖和尊重毛泽东，维护毛的领导，保护毛的安全。毛泽东在遵义会议上进入中央政治局常委、在军事上成为"周恩来的帮助者"后，朱德觉得，这样并未完全发挥毛泽东的智慧，因此提议请毛泽东出来唱主角；在土城战斗中，特意请毛泽东指挥这一战斗，而自己则到红三军团第四师去督战。海伦·福斯特写道："如果没有'朱毛'这两位天才，中国共产主义运动的历史将是不可想象的。实际上，许多中国人都视朱毛为一个人。毛泽东有一个冷静的政治头脑，朱德有一颗火热的战斗之心——这给了他一生的动力。共产党对红军的绝对领导之所以能够成为一条最高的原则，原因之一就在于朱德对政治领导的忠实与服从。从朱毛直到全体军官和政委之间都没有任何勾心斗角的行动。朱毛的合作不但不存在冲突，而且是相辅相成的。无论哪个方面朱德都没有政治野心。他能听从命令，因而也能发布命令——在革命军队的领导中，这是很有意义的素质。朱德的宝贵品格众所周知。他这种性格源于他的谦虚，而他的谦虚又源于他独具有坚强意识与坦然正直。"俗话说，"一山不容二虎"，如果朱德不是那么谦虚、没有政治野心，那么其后果也将是不可想象的。美国作家韦尔斯曾这样评价道：在遵义会议以后漫长艰辛的征途中，朱德作为毛泽东忠实的合作者，戎马倥偬，运筹帷幄，"他接受（毛的）命令，并把命令转发下去，这是革命军队指挥中的一个很重要的因素"。

解放战争战略决战期间，由中共中央书记处毛泽东、刘少奇、周恩来、朱德、任弼时五位书记组成的人民解放军最高统帅部，在西柏坡这个世界上最小的司令部里，指挥了规模最大的革命战争。他们日日商讨分析战局，夜夜开会确定方策，统筹全局，提挈全军，把气势恢弘、波澜壮阔的战略决战一环紧扣一环、一步紧接一步地推向最后胜利。

在这个领导集体中，毛泽东是最高统帅。朱德作为中央军委副主席、中国人民解放军总司令，是毛泽东的主要助手之一，参与制定战略决战的所有重大决策。可以说，以毛泽东为首的中央军委在战略决战中所表现出的炉火纯青的军事指挥艺术，融进了朱德的丰富智慧。朱德不但参与战略决策，而且负责具体实施各项战略决策，担负大量繁重的带兵、练兵、养兵、用兵的组织指挥工作。他不但重视军队的政治建设，而且重视军队的军事建设；不但重视战略研究，而且重视战术研究和指导。

毛泽东与朱德的合作，贯穿于二十多年的革命战争的始终。当1949年10月1日五星红旗第一次在天安门升起时，广场上和全国人民高呼的是两个"万岁"："毛主席万岁！""朱总司令万岁！"这恰恰是历史作出的选择。

第九章
纵横捭阖　攻心为上

统一战线，是中国共产党在中国革命事业中战胜敌人的三大法宝之一。中国历代兵家主张"攻心为上"，"心战为上"。统一战线是中国共产党对这些思想的一种具体化。朱德用兵打仗，善于从政治高度领导指挥战争，从战场之外来正确解决战场上的问题，从外部看清军队内部矛盾的症结所在，纵横捭阖地开展对敌伪和顽军的斗争，表现出高超的政治智慧和娴熟的策略艺术。

一、利用旧谊，发展武装力量

1926年12月，投靠国民政府不久的四川军阀杨森开始公开反共，朱德便秘密离开驻万县的杨森部队，来到武汉领受党交给的新任务。中央军委派他去江西做滇军的工作。当时，在江西任第五路军总指挥兼第三军军长的朱培德和师长王均、金汉鼎，都是他在云南陆军讲武堂的同班同学。朱德一到南昌，充分借助他在滇军中的声望和同僚旧谊，利用朱培德急于扩充部队、需要大量军事骨干的机会，在南昌办起了军官教育团，名义上叫"国民革命军第三军军官教育团"，隶属于第三军，实际上是受中共中央军委、江西省委领导，为我党培养军事干部的学校，朱德为团长，通过电台用密码与中央军委保持联系。

军官教育团全团三个营，共一千多人。第一营和第二营学员大部分是滇军的排级军官，多数是行伍出身的工农子弟。他们当兵多年，转战数省，受到了民主革命思想的影响，大都倾向革命，其中还有一些人是共产党员。第三营大部分是倾向革命的青年学生。在军官教育团里，除进行军事训练外，还加强了政治教育，朱德先后邀请曾天宇、邵式平、方志敏等来讲授中国革命问题、农民问题等；秘密发展了一批共产党员，到快结业时，每个连队都有十多个党员，有的连队多达三分之一。他还派学员到万安、泰和、萍乡、九江等地，支持工农运动。当年在南昌从事革命活动的同志，亲切地把教育团称为"我们的大本营"。"四一二"反革命政变后，在粉碎江西的反共高潮中，军官教育团成为中坚力量。正如郭沫若所说："这次江西能够免受蒋介石的屠戮，江西能够成为革命的势力范围，玉阶（朱德）所领导的教育团，是有不小功劳的。"

南昌起义前，朱德还动员他的两位老朋友率部加入革命队伍。当时，朱德还没有公开自己共产党员的身份，而是以滇军将领身份，在南昌经常和滇军的将领朱培德、王均、金汉鼎、杨如轩、杨池生等来往，彼此关系密切。他利用滇军中的老关系，在滇军官兵中作宣传，发展共产党员和革命左派力量，为南昌起义做了大量准备工作。起义前，他曾同许多滇军好友面谈和写信，劝说一起参加暴动。有一次朱德找到师长杨如轩、杨池生作动员，他说自己也掌握了一千来人、一千来条枪，要二杨合编一起反蒋。二杨一怕反蒋不成杀头，二怕朱德吃掉自己的兵力。他们自己想扩大地盘，看到朱德所辖的军官教育团的学生有许多滇军下级军官，急切希望能把这部分力量拉过来，便提出要朱德的军官教育团和二杨合编。朱德了解二杨的意图，胸有成竹，为了"赤化"滇军，口头答应将一批军官教育团学生派到二杨的部队。但考虑当时起义前党急用活动经费，便提出要二杨拨一笔款子，二杨也就答应了。后来，在军官教育团学生毕业时，朱德挑选了一批共产党员和左派学生派到二杨的部队，这部分学生在南昌起义时和后来二杨在井冈山与朱毛红军交战中，起了内应外合、钳制反动势力的作用。

南昌起义后，根据中共中央原已确定的方针，起义部队分批撤离南昌，南下广东。8月3日，朱德军长率领第九军教育团作为先头部队首先出发。出发前，朱德派人送信给驻防抚州、时任国民党军第二十七师师长兼赣东警备司令的杨如轩，希望他拉起队伍参加革命。杨如轩接信后未作答复，但他慑于革命声威，为了保全实力，同时考虑到与朱德多年同窗和袍泽的关系，便把部队撤到城外，悄悄地给起义军让出一条南下的通路。

二、借壳蓄力，待机发展

南昌起义后，朱德率余部转战闽湘赣，革命处于低潮，队伍士气低落时，朱德说："我们要找朋友。要保存自己，发展斗争，没有朋友是不行的。现在，我们是在退却，大家都拖得很苦，但办法还是有的。在这一带活动的是滇军。滇军，我熟悉，他们和蒋系、桂系是有矛盾的。我们只要能很好地掌握这个矛盾，一定能想出办法来。"

朱德率部抵达大余时，驻湖南郴州、汝城一带的国民革命军第十六军军长范石生派一名参谋送来一封信，表示愿意联合反蒋。部队进入上堡地区休整后，范石生又主动派在他部队中工作的共产党员韦伯萃来与朱德联系，希望实行合作。

朱德和范石生是云南陆军讲武堂的同班同学，同为同盟会革命党成员，并成为滇军的高级将领，一同参加云南辛亥革命"重九起义"和蔡锷领导的护国战争，是喝了血酒的把兄弟。

此时，朱德所部只有八百多人，广大官兵仍然穿着单薄的短裤和破烂的单衣，饥寒交迫，弹药物资奇缺，无处安身。可是，国共两党已经决裂，现在还能不能同正在蒋介石控制下的范部联合？这时，朱德正在为部队的物资供应和弹药补给而着急。他认为解决困难的最好方法，就是与范石生部合作。朱德和陈毅、王尔琢商量后，认为不妨一试。

中共与范石生早有统战关系。1926年范石生部改编为国民革命军第十六军时，就同我党建立了统战关系。在中共党内负责军事工作的周恩来曾派黄埔军校的政治教官王懋庭（王德三），把一批经过训练的云南籍共产党员派到第十六军，组成了政治部，在范部秘密建立了共产党的组织。"四一二"反革命政变后，蒋介石下令"清党"，范石生采取阳奉阴违的办法，搁置不理，所以，在第十六军内一直保存着中共秘密党组织。南昌起义后，起义军在长汀曾收到范石生的来信，说他准备在广东接应起义军。南下途中，周恩来还特地给朱德写了介绍信，以备同范石生部联系时用。在部队目前状况下，如果能与范部合作，借壳生蛋，不失为一个好办法。

朱德具体分析了范石生的处境：范不是蒋的嫡系，加上曾同蒋发生过摩擦，结怨甚深，蒋对他早已心存恶意，常给他小鞋穿。同时，南面的桂系军阀和北面的湘系军阀都在排挤他，企图夺走他仅有的一小块地盘。范石生自感寄人篱下，孤立无援，但他又急于想扩大自己的势力，想找可靠的盟友，借以积蓄同蒋介石讨价还价的资本。考虑到与朱德个人的特殊关系和共产党的统战关系，他主动派人送信给朱德，表示希望实行合作。范石生在给朱德的信中说，两个人既然是老同志老朋友，他不愿意与这支革命队伍作战，而且希望能给予协助。他在信中又说，他的部队里还有一批共产党员，他们的作风证明他们是很好的革命者，所以他也不反对他们的活动。他还透露，原滇军的强大部队正在向大余进兵。这时，朱德、陈毅等正集中精力整顿和整编部队，与范石生的合作问题没有列入议事日程。

半个月后，朱德收到了范石生的回信，信中写道："春城一别，匆匆数载。兄怀救国救民大志，远渡重洋，寻求兴邦救国之道。而南昌一举，世人瞩目，弟感佩良深。今虽暂处逆境之中，然中原逐鹿，各方崛起，鹿死谁手，仍未可知。来信所论诸点，愚意可行，弟当勉力为助。兄若再起东山，则来日前途不可量矣！弟今寄人篱下，终非久计。正欲与兄共商良策，以谋自立自强。希即枉驾汝城，到曰唯（指第十六军第四十七师师长曾曰唯）处一晤。专此恭候。"

朱德收到范石生的回信后，提交党组织讨论。朱德和陈毅分析了目前的形势，认为尽管在全国范围内国共合作已经破裂，但在眼前具体情况下，仍有可能同范石生实行短暂的"合作"。认为同范石生合作是必要的，也是可能的，有利于隐蔽目标，积蓄力量，待机发展。

一部分人表示坚决反对。他们认为，与范石生合作，就是和敌人合作，就是右倾投降；如果与范石生合作必将带来严重的后果，革命的部队必然会处于他们的恶习包围之中，掉进军阀部队的染缸，以致变质。

针对这些不同的意见，朱德引导大家要全面、辩证地看问题。他指出，搞合作要看对革命是否有利。如果通过合作壮大了自己的力量，即使不能使范石生变成我们长久的朋友，起码能使他暂时持中立态度，这对革命是有益的。因此，与范石生合作就不能说是右倾投降。与范石生合作，是为了与他建立统一战线，以此为掩护，隐蔽目标，积蓄与发展力量，绝不是放弃原则，顺从他人，也绝不能束缚住自己的手脚，我们应该独立自主地进行活动。朱德还解释说，除了范石生是他在讲武堂时的同学外，还有范部的三个师都是他在云南讲武堂任队长兼教员时的学员，可以利用这些旧关系来做争取工作。朱德还指出，有人担心因合作而使革命部队掉进染缸，这个问题提得很好。但是，只要我们坚持组织上独立、政治上自主和军事上自由这三个大的原则，这个问题也是可以解决的。为了使大家统一认识，并接受自己的主张，朱德还着重分析了范石生当时的思想状态和各派军阀之间矛盾发展的必然趋势，正确判断与范石生建立合作关系后可能出现有利于我而不利于敌的前景，并进一步阐明了合作的策略。经朱德详细的解释和说服工作，大家统一了认识，同意在原建制不变，保证组织上独立、政治上自主、军事上自由的前提下同范石生合作。于是，朱德立即给范石生去信，表示愿意就合作事宜与他进行正式谈判。

会后，朱德亲赴汝城同范石生的代表第四十七师师长曾曰唯谈判，提出了三个条件：我们是共产党的队伍，党什么时候调我们走，我们就什么时候走；给我们的物资补充，完全由我们支配；我们的内部组织和训练工作等，完全照我们的决定办，不得进行干涉。经过商谈，双方达成协议：一、同意朱德提出的部队编制、组织不变，要走随时可走的原则；二、起义军改用第十六军第四十七师第一四〇团的番号，朱德化名王楷，任第四十七师副师长（后任第十六军总参议），兼第一四〇团团长；三、按一个团的编制，先发一个月的薪饷，立即发放弹药、装备。

与范石生合作，朱德所部很快解决了燃眉之急，范石生发给了两个月的薪饷；每支步枪配二百发子弹，机枪配一千发子弹，另有若干军用物资，"多得拿不完"，使朱部得以休整，取得了暂时的立足地，并在物资供应方面获得了范石生部的支援，使这支处在濒于覆灭险境的革命武装得以转向坦途。这是一个"大胆策略"，不但将起义军隐蔽在敌人腹地，待机行动，而且还赢得了时间，得到了一个休整的机会。特别是部队开到广东韶关的犁铺头后，环境稳定，朱德对部队进行了新的技术和战术教育，使部队增强了体质，提高了战斗力，为在湘南重振旗鼓，打下了坚实的基础。朱德离开时，范还给朱德一封信，说"天下谁能一之，唯不嗜杀者能一之"，表达对朱德的期望。

不久朱德发动湘南起义，队伍发展到一万多人。后来甚至有人认为，没有范石生的帮助，就没有井冈山会师，中国革命道路会改写。

朱德领导的和范石生的军事统一战线，在我军初创时期就获得了成功，并且开创了一种崭新的统一战线的组织形式，丰富和发展了马克思主义统战理论，从根本上和更高的角度上证明了军事统一战线工作有其策略性，但更主要的是它的战略性的地位。后来，朱德在回忆与范石生的合作时，还特别强调说："当时和范石生搞统一战线的策略，是完全对的，应该的。"因为"我们的兵员、枪弹、被服、医药等都得到了补充，部队也得到了很好的休整。这些对于我们以后的斗争，都起了很大的作用"。

三、军事斗争和政治瓦解相结合

在井冈山斗争中，朱德很注意瓦解敌人，很重视对旧式军队的改造。朱德说："这是一条战线，是一条既看到又看不到的战线，做得不好就看不见。"1928年10月中旬，驻湖南国民党第八军第三师阎仲儒部126人，在毕占云率领下，于桂东举行起义，参加红四军。10月底，又有驻江西国民党军向成杰部一个正规连，由连长张威带领在袁州起义后，进入井冈山根据地，参加红四军。

毕占云原系川军部下，和朱德是同乡，曾有过来往。在中共土地革命政策影响下，毕占云对红军有了一定的了解。1928年9月初，红四军俘获了毕占云的一些部下，一个不留地全都放了回去。毕占云大为震动，对红军有了进一步的认识。与此同时，朱德派人抓紧做毕占云的工作，写信给毕占云，希望他明确方向，认清前途，欢迎他弃暗投明，参加红军。毕接到信后下了最后决心，率部投奔红四军。

毕、张两部起义加入红军后，朱德等领导人很关心他们的成长，多次到该部看望和开展工作，使广大战士深受教育，进一步坚定了跟共产党走的决心。

由于朱德等红四军领导重视对敌军的瓦解和及时对旧式军队进行改造，使得红军队伍不断壮大。

1931年年底，国民党第二十六路军驻在江西宁都，朱德在红军总司令部首先接见了该军参谋长赵博生派去的联络员袁血卒。

因反"围剿"失败而孤军留守宁都的国民党军第二十六路军，在"九一八"

事变后对蒋介石的"不抵抗政策"日益不满。该军被蒋介石视为杂牌军,军需粮草等待遇极差,生活条件低劣,加上大多数士兵是陕、甘、宁、青等北方省的农民,不服南方水土,健康状况急剧下降,因疾病而死亡的人数不断增加。中共在该军中的秘密特别支部抓住这一有利时机,积极策动起义。12月上旬,正当起义条件日趋成熟之时,中共在该军中的组织全部暴露,蒋介石南昌行营命令第二十六路军总指挥部严缉袁血卒(即袁汉澄)等共产党员。在这千钧一发时刻,该军秘密中共特别支部决定尽早发动起义。为了取得红军的直接援助,委派特支委员袁血卒秘密来到瑞金叶坪,向中央苏区中央局和中华苏维埃共和国中央革命军事委员会报告准备起义的计划和听取指示。

正在瑞金叶坪红军总部的朱德得到报告后,立刻在宿舍里接见了他。

由于事先了解了情况,朱德非常和蔼地询问袁血卒:你叫什么名字?什么地方的人呀?今年多大年龄了?是地下党员吗?还一边说着话,一边亲自给袁血卒倒了一碗水。

袁血卒一一作了回答。朱德总司令一边听一边不住地点头。这时,他用手指着袁的脚说:"怎么搞的,你的脚肿了,一定是赶路累的吧?"立即吩咐勤务员给他端来了洗脚水。

接着,朱德又问:"你们二十六路军有多少人?"

袁血卒答道:"浦口点名时有两万人,实际上没么多。后来病死了不少。"接着,袁血卒又把第二十六路军的情况及特支准备组织暴动的打算,向朱德总司令作了详细汇报。

朱德总司令听了后很高兴,说:"这么干好得很。当红军好。红军是人民的军队,是为全世界人民求解放的军队。俄国十月革命列宁、斯大林创造了第一个红军,现在我们创造了第二个红军。你们能暴动过来加入红军,我们欢迎。欢迎你们同我们站在一个阵线,去打倒日本帝国主义,挽救民族危亡。我们军委要开个会,听你说说你们是怎样准备暴动的。这是大事情,还得报告党中央、毛泽东主席。"

第二天早饭后,朱德主持召开了中革军委会议,与叶剑英、刘伯坚、左权、王稼祥、李富春一同听取袁血卒等人汇报情况，并分析了暴动成功的主客观条件，研究了万一暴动失败需要采取的措施。

会后，王稼祥、左权与刘伯坚等人一同来到毛泽东的办公室，向毛泽东汇报有关情况。

毛泽东望着袁血卒，满面笑容地说："军委会讨论了宁都暴动的方针，很好。袁同志你考虑一下有把握吗？"还说："暴动是一件大事，将给蒋介石一个很大的打击。能争取全部暴动最好。全部暴动的条件是存在了。这全靠我们党做好过细的组织工作，行动要坚决，要注意保密。万一不能全部暴动，局部暴动也是好的，在反革命的心脏捅上一刀也是好的。"

随后，朱德和叶剑英又对如何组织、发动起义的有关事项作了具体的部署。根据袁血卒的回忆，主要有七点：一、用最大的努力，争取全部暴动，成功的可能性是存在的。二、如七十四旅万一争取不过来，则以七十三旅和总指挥部的部队及其他党员能够掌握的部队以"进剿"为名，在适当的地点解决反动军官，实行局部起义开到苏区。三、暴动如不成功，暴露了的同志，如参谋长赵博生（共产党员）等人，同起义部队到苏区来。没有暴露的同志继续隐蔽在二十六路军中开展工作。四、解决反动军官时要坚决，行动要快。行动前要注意保密。暴动的时间是 12 月 13 日夜 12 点。并说了开进苏区的行军路线。五、暴动以后改为红军第十六军，由季振同、黄仲岳、董振堂、赵博生担任领导人。六、如有可能，暴动时把宁都地主武装头子严维绅、黄才梯等逮捕起来。七、派红军第四军在会同方面相机予以协助。（参见曾庆圭主编：《宁都起义》，第 72—75 页，军事科学出版社 1999 年版）

袁血卒走后，朱德和毛泽东等从瑞金来到石城县秋溪村，召集红军和地方主要领导开会，决定以红四军派一个团和地方武装继续围困石城南面敌军据点，主力在会同地区钳制广昌方面之敌第六路军等，以确保国民党军第二十六军宁都起义成功。

1931 年 12 月 14 日黄昏，参谋长赵博生、第七十三旅旅长董振堂、第七十四旅旅长季振同、第一团团长黄仲岳等人率第二十六路军一万七千余人在宁都起义。第二天，起义部队开进中央革命根据地，不久，被改编为中国工农红军第五军团，季振同任红五军团总指挥、董振堂任红五军团副总指挥兼第十三军军长、赵博生任红五军团参谋长兼第十四军军长、黄仲岳任第十五军军长。宁都起义胜利及其起义部队加入中国工农红军，使红军队伍中又增加了一支劲旅。1931年年底，朱德和周恩来还介绍季振同加入了中国共产党。这支队伍很快成为红军的一支中坚力量，在以后的革命战争中英勇奋战，为中国的革命事业建立了不朽功勋。

解放战争中，朱德更为重视对敌军的瓦解工作。1945年10月以后，除高树勋将军起义以外，还有1946年10月25日新十一旅曹参将军在安边起义，1947年1月9日第六路军郝鹏举将军在台儿庄起义成立华中民主联军，5月15日第三十八军第五十五师孔从周将军在巩县起义成立西北民主联军第三十八军，5月31日第六十军第一八四师潘朔端将军在海城起义成立民主同盟军第十一军，6月26日空军第八大队刘善本上尉驾驶B—4型飞机起义来延安，10月13日陕北保安队副指挥胡景铎将军在横山起义，以及其他无数次的同类事件，形成了一个潮流，起义军队达蒋介石总兵力的2%。这里说的"第六十军第一八四师潘朔端将军在海城起义"，就是朱德亲自安排部署的。国民党开入东北的几个军中，有两个军是云南部队。朱德利用自己在滇军中的威望和同国民党某些高级将领的关系，积极加强这方面的工作。早在1946年4月下旬，他就从延安中央党校选调云南籍干部刘浩等前往东北，待机策动滇军起义。朱德对刘浩说："在东北我们要着重做好滇军的工作，因为滇军受歧视，同蒋介石的中央有矛盾，对蒋介石和国民党有不满情绪，有些军官受当年护国讨袁影响还有爱国思想，他们迟早会看到，跟着蒋介石打内战是没有前途的。"5月31日，国民党军队第一八四师（滇军）在师长潘朔端、副师长郑祖志率领下，在辽宁海城起义。5月6日朱德致电对他们反对内战，"揭和平之义旗，张滇军之荣誉"，决心为和平民主事业奋斗的精神表示嘉勉。1948年10月解放长春时，在争取国民党第六十军（滇军）军长曾泽生部起义的工作中，潘朔端、刘浩等都发挥了重要作用。这是朱德统一战线思想与实践的又一丰硕成果。

四、联合进步势力，化敌为友

"九一八"、"一·二八"事变以后，中国共产党提出了"以民族革命战争驱逐日本帝国主义出中国"的统一战线口号，号召工农兵及一切劳动群众联合抗日。为了实现这一战略目标，1933年1月17日，毛泽东、朱德以中华苏维埃临时中央政府和中国工农红军革命军事委员会的名义发表宣言，提出在停止进攻红区、保证人民民主权利和武装民众三个条件下，红军愿意与一切武装部队订立停战协定，共同抗日。这个宣言把统战对象从劳动群众扩展到一切抗日军队，是一个很大的进步。我党这个号召得到不少国民党将领的响应。1933年5月，国民党爱国将领冯玉祥、吉鸿昌和方振武等人同我党合作，组织察哈尔民众抗日同盟军，与日军进行作战。同年11月，又有国民党第十九路军爱国将领蔡廷锴、陈铭枢和蒋光鼐与国民党中李济深等一部分反蒋势力，同红军达成抗日作战协定共同抗日等，都反映出这一宣言所产生的巨大影响。

1934年7月15日，朱德和毛泽东、周恩来、王稼祥等联名，发表了《中华苏维埃共和国中央政府、中国工农红军革命军事委员会为中国工农红军北上抗日宣言》，重申1933年1月宣言精神，表示工农红军"愿意同全中国的民众与一切武装力量，联合起来共同抗日，打倒日本帝国主义"，并提出了五项抗日主张。朱德还和毛泽东联合发出《告白军官兵书》，号召"白军"的广大官兵"不要打红军"，"中国人不打中国人"，呼吁"两边互派代表订立停战抗日联盟，联合一起去抵抗日本"。

在第五次反"围剿"形势十分不利的情况下，为了减轻中央红军的压力，朱德与周恩来根据党的统一战线政策，主持了与陈济棠的停战谈判。

陈济棠，广东地方实力派，22岁从广东陆军速成学校步兵科毕业后，逐级上升。后追随孙中山加入同盟会，参加过讨袁战争和两次东征。在长期的权力纷争中，陈济棠深知手中握有兵权的重要性，以及民富兵强的相互关系。

因而，在他主政广东期间，致力于推行振兴地方经济，引资、兴农、重实力，羽翼渐丰，成为独霸广东的"南天王"，曾有"广东是陈济棠之广东"的说法，并多次树帜反蒋，因而为蒋介石所不容。红军创建赣南闽西根据地后，蒋介石为对付红军，对陈济棠恩威并施，封他为南路军总司令。对蒋介石的手腕，陈济棠心知肚明，也以两手应付，一方面出兵占领地盘，另一方面却告诫部队尽量避免与红军作战，并借助与红军高级将领的关系，与红军建立秘密联系。他于7月间秘密派人到苏区接洽，表示赞成中共在三个条件下"同全中国武装队伍联合起来共同抗日"的主张，愿意经过谈判来协调双方的关系。

1934年9月20日，蒋介石判断红军主力"企图突围西窜"，要陈济棠派兵在预定地域拦击，勿使漏网，"如堵剿不力……不问其情形如何，概以纵匪论，令出法随，绝不宽假"。但陈济棠为保存自身力量，称霸南粤，打破蒋介石压迫红军入粤，然后尾随而入，取而代之的阴谋，对蒋介石的"进剿"命令采取阳奉阴违的两面手法，将原在江西南部的部队调往粤北，加强广东北部防务，既希望阻止中央红军进入广东，也想保存实力防止蒋介石嫡系部队乘机入粤。

了解红军政策的陈济棠急于同红军取得联络，多方找人与红军进行联系，并派代表秘密到瑞金提出要同红军高层联络，谈判停战和共同反蒋事宜。朱德和周恩来等中共领导人摸透了陈济棠的这一心理，对陈采取以争取为主的策略，热情接待了陈济棠的代表，双方讨论了形势和共同反蒋的办法。

9月27日，陈济棠授意驻筠门岭的第二纵队第七师给红军发电："为适应环境对付时局，先行商定军事，以免延误时机，希派军事负责代表前来会商，以利进行，并盼赐复。"

朱德和周恩来积极进行与陈济棠部谈判的准备。为了能迅速打开谈判的局面，9月底，朱德复信给陈济棠，表示同意派代表去筠门岭谈判，"先生与贵部已申明合作反蒋之意，德等当无不欢迎"。信中说："日本帝国主义侵略，愈趋愈烈，蒋、汪等国贼之卖国，亦日益露骨与无耻。华北大好河山，已沦亡于日本，东南半壁已岌岌可危。中国人民凡有血气者，莫不以抗日救国为当务之急。抗日救国舍民族革命战争外，实无他途，而铲除汉奸卖国贼尤为民族革命战争胜利之前提。""若不急起图之，则非特两广苟安之局难保，抑且亡国之日可待。"（《朱德军事文选》第158—159页，解放军出版社1997年版）

朱德在信中提出了谈判协商停止作战的五项建议："一、双方停止作战行动，而以赣州沿江至信丰而龙南、安远、寻乌、武平为分界线。上列诸城市及其附近十里之处统归贵方管辖，线外贵军，尚祈令其移师反蒋。二、立即恢复双方贸易之自由。三、贵军目前及将来所辖境内，实现出版、言论、集会、结社之自由，释放反日及一切革命政治犯，切实实行武装民众。四、即刻开始反蒋贼卖国及法西斯阴谋之政治运动，并切实作反日反蒋之各项军事准备。五、请代购军火，并经筠门岭迅速运输。"（《朱德军事文选》第158—159页，解放军出版社1997年版）信中还提出了具体的联络、谈判办法。

10月1日，陈济棠通过第七师致电红军，建议先行会商军事问题，并催促红军"迅速派出军事负责代表去广州面商"。

朱德和周恩来经过慎重考虑，决定先派中共苏区中央局宣传部部长潘健行（即潘汉年）和粤赣军区司令员何长工为代表，于10月5日前往筠门岭第七师师部谈判。与陈部约定了电台的通信代号，并调来钱壮飞、伍云甫等老无线电工作者为译电员。为了将红军代表安全护送过境，朱德和周恩来作了具体周密的安排，并以朱德的名义，给陈济棠部谈判代表、独立第一师师长黄任寰写了亲笔信：

黄师长大鉴：

兹应贵总司令电约，特派潘健行、何长工两君为代表前往寻乌与贵方代表幼敏、宗盛两先生协商一切。予接洽照拂当感！专此顺致。

戎祺朱德手启

十月五日

长征开始前，朱德和周恩来于 1934 年 10 月初，派何长工和潘汉年前往白区，同国民党南昌行营南路军司令陈济棠的代表进行秘密谈判。

经过三天艰苦谈判，双方达成五点协议：停止敌对行动；互通情报；解除封锁；互相通商；必要时可以借道。

就在谈判期间，何长工接到周恩来用密语写的电报："长工，你喂的鸽子飞了。"意即红军立即要通过此封锁线。

10 月 16 日，陈济棠第七师的代表向红军转达了陈济棠的两项决定：（一）暂时拨给红军弹药十万发；（二）要红军设法从筠门岭转运到苏区。同时，要求红军迅速作出反蒋的整个军事计划。

很快，红军总部就通知陈济棠，有红军部队要借道。陈济棠也根据与红军达成的协议，严令各部："敌不向我袭击不准出击，敌不向我射击不准开枪。"

正是有了这个协议，中共中央在决定突围方案时，一致同意选定南方为突破口。后来，红军在突破敌军第一、第二、第三道封锁线时，凡有粤军把守的地方，粤军基本上未予截击，有的只是朝天开枪放炮，借此虚张声势，告诫红军从速离开粤境。红军在没有多大损失的情况下，在很短时间内突破三道封锁线，顺利通过陈济棠的管区。

1935 年，中央红军进军到四川，蒋介石也趁阻击红军之机，将势力伸进四川，借以控制四川，遂与四川军阀发生矛盾。朱德便利用与受蒋介石命令对红军沿途进行拦阻的四川军阀多为故交、同乡或滇军旧部等关系，积极开展对川军的统战工作。

1935 年 5 月，朱德写信给杨森的侄儿杨汉忠，要他认清形势，不要在与蒋介石的关系中落得"兔死狗烹，鸟尽弓藏"的下场，并表示愿与其"切取联系"。

12 月 25 日，朱德发表了致川军将领的公开信，信中指出，日本帝国主义下决心要灭亡中国，大敌当前，川军应同红军联合起来，共同反蒋抗日。信中具体提出了订立抗日军事协定的三项条件："（一）立即停止进攻红军和苏区；（二）立即允许人民群众有言论出版、集会结社的自由；（三）立即武装民众,作抗日救国的后备队。"

此后,朱德又接连给川军第二十军军长杨森、第二十八军军长邓锡侯、第二十九军军长孙震,以及川军总司令、四川省政府主席刘湘等过去旧友写信,晓以"国难当头,应停止内战,一致抗日"的民族大义。为解除川军将领害怕红军将在四川建立革命根据地的顾虑,朱德明确告知:"德率抗日红军,大举北上,实为团结全国抗日反蒋反卖国贼力量,收复东北失地,惟不愿与先生等以兵戎相见于四川。"并希望与川军联盟救国,共赴国难。考虑到川军与蒋介石矛盾较深和川军将领的具体处境,朱德还提出"倘因处在蒋贼严密监视之下,一时不便动作,则建立爱国友谊关系,相约互不侵犯,以保国防实力"。他告诫川军将领吸取两广事变失败的教训,要"坚为联合",以免"为蒋逆分化离间收买诡计所乘"。

朱德的信既使川军了解了红军北上抗日的诚意,又揭露了国民党蒋介石排斥异己、借刀杀人的阴谋。杨森接信后,即令部队给北上红军让道,邓锡侯也密令部队与红军保持一天路程。尽管蒋介石多次下令川军各部向红军占领区迅速推进,但川军将领均以种种借口抵制蒋介石的指令,拖延观望,徘徊不前。可见,朱德对川军的统战,为红军顺利出川北上抗日创造了有利条件。后来,这些地方军阀除个别外,都投向了人民阵营。

1936年8月,红二、四方面军长征进入甘肃南部,为贯彻中共中央"停止内战,一致抗日"的方针,减少红军北上的阻力,朱德又给他当年云南讲武堂的学友时任国民党军第十二师师长唐淮源、西北"剿总"第一路军副总司令兼第一纵队司令王均、第七师师长曾万钟写信,提出:"彼此密派代表,共同协商","坚守各城壁垒,使我军得以寻其空隙通过,达我直接抗日之目的"。(《朱德军事文选》第232页,解放军出版社1997年版)

1936年9月16日至18日,中共中央西北局会议在岷州三十里铺召开,朱德参加了会议。在讨论政治工作、统一战线工作、地方工作时,他强调,统一战线与各个工作部门都有密切关系,要把一切视线都引到这方面来,要首先说服我们的干部和战士重视统一战线。

朱德在长征途中为我党统一战线所作的尝试和贡献，不仅对长征，而且对整个中国革命事业都是一笔不可多得的财富。

五、加强合作，共同抗敌

1936年下半年，日本帝国主义酝酿着对我国发动一场新的大规模的侵略行动。为了迅速促成国共第二次合作，推动全国抗战局面的早日到来，10月26日，朱德和毛泽东、周恩来等四十六人联合发表《红军将领给蒋总司令及国民革命军西北各将领书》，希望"立即停止进攻红军并与红军携手共赴国防前线，努力杀贼，保卫国土，驱逐日寇，收复失地"。12月1日，朱德和毛泽东、周恩来等十九名红军将领，又致书蒋介石，要求他"当机立断"、"化敌为友，共同抗日"、免"失通国之人心，遭千秋之辱骂"。

"西安事变"爆发后，党中央高瞻远瞩，综观全局，科学地分析了错综复杂的政治形势，正确地确定了和平解决西安事变的方针。朱德参与了这一英明决策。

"西安事变"和平解决后，国内和平基本实现，摆在我党面前的迫切任务，是尽快地促成民族统一战线的正式建立，实现国共合作，联蒋抗日。1937年2月1日，朱德在接见《红色中华》报社记者时重申："红军之主张完全与全国人民一致，用全力谋国内各党派各军队之联合，共同向着中华民族最大敌人日本帝国主义进攻，而不愿自相残杀之内战再延一时一刻。"

1937年，"七七"事变后不久，国共两党第二次合作，全国出现了在抗日民族统一战线的旗帜下，以国共两党合作为基础，包括工农商学兵各界，各族人民、各民主党派、抗日团体、各阶层爱国人士和海外侨胞参加的全民族抗战的局面。为了战胜日本侵略者，抗战初期国共两党在政治上和军事上实行了比较密切的合作，尤其是在军事合作方面，国共两个友军形成了"互相需要，互相配合，互相协助"的关系。这样，以国共合作为基础的抗日民族统一战线形成了。

9月上旬，朱德和彭德怀率领八路军东渡黄河，到山西前线，配合友军抵抗日军进攻。9月11日，国民政府军事委员会命令第八路军改为国民革命军第十八集团军，直属第二战区司令长官阎锡山指挥。

为了加强国共合作，共同抗日，9月22日，朱德和周恩来一起主动到山西代县太和岭口的第二战区司令长官司令部会见阎锡山，商谈八路军布防、独立负责发动群众工作及同阎锡山部互相配合作战等问题。这时，日军正以十四万人的兵力向太原进攻。为了挽回晋北的危势，阎锡山准备在平型关同日军会战，希望八路军与之配合。朱德和彭德怀即命令林彪：第一一五师立即向平型关灵丘间出动，机动侧击向平型关进攻之敌。9月25日，第一一五师在平型关伏击日军坂垣师团，歼敌一千余人，取得了抗战以来的首次胜利。这次胜利，大大鼓舞了全国的民心士气，也提高了八路军的声威。10月间，日军长驱直入，包围了守卫忻口的卫立煌部队，双方处于对峙状态。为了配合友军作战，朱德立即电令八路军各部从侧背切断日军的交通线。八路军第一二九师一部出兵袭击阳明堡机场，烧毁日机二十四架。这一战役的胜利，有力地打击了日军，又解了卫立煌部队之围。对此，卫立煌深表感谢。

3月2日，蒋介石把在山西的第三军、第十七军、第四十七军、第十四军、第九十四师、第十七师、骑四师、第五二九旅和山西青年抗敌决死队第一、三纵队等部队和八路军（第一二〇师）合组成第二战区东路军，任命朱德为总指挥，彭德怀为副总指挥。3月24日，朱德和彭德怀分别以东路军总指挥、副总指挥的身份，在沁县以南的小东岭召开东路军将领会议，研究指挥统一和战略战术等问题。除八路军将领外，第三军、第四十七军、第十七师、第九十四师等部的将领也都参加了会议。阎锡山和卫立煌的代表、蒋介石的联络参谋也赶到会场。过去战场的对手，今日济济一堂，真是一次难得的国共军事将领的聚会。会上，朱德发表了重要讲话，他详细分析了抗战形势，阐明了抗日战争是一场反对侵略的正义战争，不管打多少年，最终我们一定会胜利的。他号召东路军将领齐心协力，建立敌后抗日根据地，开展游击战争，坚守华北。

对于归属八路军指挥的国民党部队，朱德从政治上、军事行动上和生活上都给予真诚的照顾和帮助，以加强相互了解和信赖。1938年2月，朱德指示八路军第一二九师的领导人："在使用卫立煌部队时，不要用在过分艰苦和复杂的区域，并且帮助他们侦察和警戒，以免受到敌人的意外袭击。要用一切办法帮助友军进步和解决某些行动中的困难。我军应以虚心诚恳的态度对待友军，切戒骄傲自大。"3月上旬，朱德又指示八路军第一二九师领导人，要他们配合曾万钟第三军的两个师，侧击由山西黎城东阳关向长治进攻的日军及其辎重部队，并帮助他们搞好军事、政治、民运等工作，解决他们的粮食问题，等等。朱德对友军的真诚态度、照顾和帮助，减少了友军的困难，赢得了友军的信任。在小东岭东路军将领会议上，第三军军长曾万钟激动地说："今后我们应竭诚拥护朱总司令、彭副总司令的指挥，给我们每一个命令都应该诚恳地接受和坚决执行。"

朱德模范地执行了党的抗日民族统一战线政策。他真诚团结友军，积极配合作战，促进了八路军同在华北友军的团结。1938年10月武汉沦陷后，国民党当局逐渐推行政治限共以至军事反共的政策，华北抗战出现了复杂、困难的局面。对国民党顽固派制造的反共军事"摩擦"，朱德表现出高超的斗争艺术，既坚持了原则、坚持了斗争，又以诚恳的态度和灵活的方法，团结了一切能够团结的力量。

朱德在对友军进行统一战线的工作中，始终不放弃原则。对于蓄意破坏抗日民族统一战线，消极抗战、积极反共的顽固分子和"摩擦专家"，他必严词驳斥，坚决还击。

1938年11月，朱德对冀南的反摩擦斗争发出指示："硬不破裂统一战线，软不伤政治原则立场。应避免和鹿钟麟发生武装冲突，如他先向我开枪，则给以有力的打击。"1939年1月，朱德根据鹿钟麟在冀南大肆进行反共活动的情况，及时提出采取正当的自卫手段击破鹿的阴谋挑衅。

1940年二三月间，国民党第九十七军军长朱怀冰按照蒋介石的密令，带领几十个骑兵，到八路军总部寻衅，蛮横无理地要八路军让出河北部分抗日根据地。朱德当场予以驳斥：你们要占领，人民不会同意。你们要地盘，有的是地方。你们把日军占领的广大沦陷区夺回来不就行了么！如果你朱怀冰不明大义，胆敢进攻，我们一定坚决自卫，将你消灭！"可是，朱怀冰不听忠告，勾结鹿钟麟、石友三的部队，向太行山区发动猛烈的进攻，矛头直指八路军总部驻地。朱德针锋相对，以牙还牙，指挥八路军进行反击。经过激战，将石友三部击溃，全歼朱怀冰的两个师、侯如墉的一个旅、张荫桐的一个纵队。这一仗不仅打退了国民党顽固派的第一次反共高潮，而且巩固了太行山抗日根据地。

接着，朱德又致电八路军各将领，指出，朱怀冰已被击退，我们已在反摩擦斗争中取得胜利，但仍应团结统一战线的基本对象，避免继续摩擦。同时，要加强友军友党的争取工作，利用各种机会和一切办法来表示我们愿意团结、痛恨摩擦的诚意。为了尽可能争取国民党军队继续抗战，朱德亲自前往洛阳同国民党第一战区司令长官卫立煌进行谈判。在谈判中朱德坚持原则，同时又做细致的思想工作，耐心说明利害关系。朱德对八路军将领的这些指示和他的亲身实践，对维护和发展抗日民族统一战线，推动抗日战争，起了很大的作用。

六、广交朋友，巩固统战

抗日战争时期，以国共合作为核心的抗日民族统一战线的形成和发展，倾注着朱德的大量心血。朱德在指挥部队抗击入侵日军的同时，亲自深入国民党军队高层开展统战工作，以他的独特魅力，征服了国民党高级将领卫立煌等人。

1938年初，朱德利用去河南洛阳参加蒋介石召开的战区将领会议的机会，对国民党上层军事官员做统战工作，与国民党军队将领友好相处。其中，与蒋介石的得力将领卫立煌将军建立了深厚的战斗友谊。

1月13日，在去洛阳的途中，朱德在临汾第一次会见了第二战区副司令长官兼前敌总指挥卫立煌。卫立煌，行伍出身，早年曾追随孙中山先生从事革命活动，后成为蒋介石的得力将领，是国民党军中少有的非黄埔系出身而受蒋器重的人物。但卫立煌为人正直，有爱国思想。全面抗战爆发后，他率部先后在平汉线、同蒲路与日军作战。忻口战役中，他任第二战区前线总指挥，指挥部队给予日军以沉重打击。他对在山西作战的八路军有一定认识，他看到华北前线这么多军队都连吃败仗，只有八路军打胜仗，从内心感到非常佩服。同时，八路军人少、武器差，却比人多武器好的国民党军队能打仗，这使他感到惊奇，也非常想了解这支队伍。

卫立煌对朱德敬仰已久，朱德也很赞赏他积极抗战的态度，彼此都有很深很好的印象，但是一直没有机会见面。这次同车前往洛阳开会，两人愉快地回想起在忻口战役中的合作。卫立煌对朱德指挥八路军从侧翼袭击日军、支援友军从内心非常感激。他说打仗离不开天时、地利与人和这三个条件，而三者之中，尤以人和为首要条件。在这点上，他对八路军全力团结并配合友军作战深表敬意。

朱德向卫立煌详细介绍了共产党关于抗日民族统一战线的主张，关于持久战和游击战的思想，并用自己追求光明的战斗的经历，向他展示了一部充满血与火的中国近代历史。朱德作为一名威震海内外的红军统帅，从旧军队高级将领变成红军总司令的不平凡经历，他那平易近人、诚挚谦逊的态度，给卫立煌留下了非常深刻的印象。他认为，朱德领导的八路军确实是抗日的，是复兴民族的最精锐的部队。他从朱德推心置腹而又饱含哲理的交谈中，受到鼓舞，坚定了抗战的信念。卫立煌为了加强对平汉铁路和津浦铁路袭扰的力量，从他的部队抽调六个团交给朱德指挥。卫立煌也给朱德留下了很好的印象，朱德称赞卫立煌这个人可靠。

1938年春节，卫立煌带着两位军长到八路军总部驻地给朱德拜年。朱德专门为他举行了群众欢迎大会，在会上赞誉他在忻口战役中建立的功劳，同时希望他和八路军坚决合作抗战到底。卫立煌称赞说："刚才朱总司令提到忻口战争……像阳明堡的烧毁敌人大批飞机，截断平型关、雁门关，使敌人不能得到接济补充，对于忻口战争有极大的帮助，那正是诸位的努力。"

随后，八路军西北战地服务团演出了反映中国军队在上海苦战的活报剧

《八百壮士》和《忻口之战》。《忻口之战》再现了卫立煌指挥的中央军、晋绥军和八路军合作抗日的事迹。卫立煌等观看后很受鼓舞和启发。会后，卫立煌向朱德提出准备在自己部队里也组织这样一个战地服务团，作为学习八路军政治工作的第一步。卫立煌还要求朱德介绍一些人到他的部队去工作，要西北战地记者赵荣声去当他的秘书。朱德当即表示支持。两个月后，卫立煌就筹建了第二战区前敌总指挥部战地工作团。为学习八路军的政治工作经验，他请朱德从八路军中派出干部帮助第二战区前敌总指挥部建立战地工作团。卫立煌还下了一道命令，要求总部所有官员，每天下午五点钟都要到工作团去学唱歌。这样，每天夕阳西下之际，都可以听到第二战区总部的官员们高唱"大刀向鬼子们的头上砍去"，"工农兵学商，一起来救亡"，"起来，不愿做奴隶的人们"等抗战歌曲。这些措施，很快扭转了第二战区部分国民党军官中存在的悲观失望情绪，振奋了他们抗日的决心与士气。

朱德及其所率部队的真诚帮助，使卫立煌深受感动。为帮助八路军解决一些弹药和供给的困难，1938年夏，卫立煌下手令："即发十八集团军，步枪子弹一百万发，手榴弹二十五万发。"后来还批给第十八集团军一百八十二箱牛肉罐头。

1938年七八月间，朱德奉中共中央之命，从华北抗日前线回延安参加中共六届六中全会，于8月上旬抵达山西垣曲辛庄的卫立煌驻地，再次与卫会晤，受到热烈欢迎。俩人单独会谈了整整两天。朱德提出，八路军已经比以前扩大了，准备向蒋介石要求增编三个师。卫立煌对此表示同情，并答应接济枪支、弹药和炮弹。这次会面后，卫立煌对人说，朱玉阶对我很好，真心愿意我们抗日。这个人气量大、诚恳，是个忠厚长者。

这年年底，卫立煌到洛阳接任第一战区司令长官后，支持八路军驻洛阳通信处改为办事处。第二年，蒋介石下令除重庆和西安两个八路军办事处保留外，其余的八路军和新四军驻各地办事处和通信处一律封闭，由于卫立煌的请求，八路军驻洛阳办事处继续保留并开展工作。

在朱德的影响下，卫立煌不仅积极抗战，而且在国民党军不断与八路军搞摩擦的时候，他一直同八路军保持着友好的关系。一些人借此讥讽他是"近'朱'者赤"，意思是卫立煌受了朱德的影响。

进入1940年后，面对日益严重的抗战局势，如何坚持抗日民族统一战线、加强国内团结、战胜困难，已成为摆在中共领导人面前的头等大事。其中，特别需要注意团结的是还保存抗战积极性的广大中间势力。在朱德动身回延安前，蒋介石命令卫立煌向八路军进攻，卫立煌希望适可而止，毛泽东和中共更不希望抗日民族统一战线破裂。毛泽东要朱德会晤卫立煌，并指示说，见卫立煌的谈话中心，在于强调团结抗战，缓和中央军一部分顽固派的反共空气，向他们声明，只要中央军不打八路军，八路军决不打中央军，决不越过汾河、临屯漳河之线以南，要求他们也不越过该线以北。毛泽东期望朱德同卫立煌的谈判不仅能解决划分防区、停止军事冲突、继续团结抗日的问题，还能解决八路军的扩编、增饷问题。

肩负党中央重托，朱德一行下太行山渡过黄河，于1940年5月7日晚抵达洛阳，卫立煌派人到码头迎接。朱德在卫立煌为他举行的欢迎会上致词，他在讲话中反复强调国共两党和全国军队团结的重要性，指出，全国人民需要这种团结，国民党的大多数需要这种团结，共产党、八路军坚决要求这种团结。只有日寇，汪精卫等汉奸、投降分子和"摩擦专家"害怕这种团结。这种团结必须建立在进步的基础上。只有这样，才能克服困难，争取抗战的最后胜利。

朱德回到延安后，中共中央书记处举行会议，由朱德作关于华北摩擦问题的报告。朱德强调要继续坚持和发展抗日民族统一战线。他说，对中央军，我们经常有人和他们来往。我们和卫立煌的关系很好，使他在国共两党的摩擦中保持中立。蒋介石曾严令卫立煌向我军进攻，后来我们退出白（圭）晋（城）公路，摩擦空气便和缓了。洛阳是国民党特务机关集中的地方，但因为有卫立煌这个中间力量在，情况比西安还要好些。从打退国民党这一次反共摩擦（即第一次反共高潮）中，我们得到一个大的教训，这就是争取中间力量是非常重要的；对顽固势力也要争取。毛泽东非常赞同朱德的这一意见。

此后，朱德与卫立煌之间始终保持着友谊，即使在后来的三年内战中，也并未影响他们之间的友谊。1948 年 1 月，卫立煌出任国民党东北行辕代理主任和东北"剿匪"总司令，辽沈战役失败后被免职和被捕，1949 年年初获释，后寓居香港。1949 年 4 月，人民解放军向南方进军，卫立煌从香港致电朱德，请求大军南下路过他的安徽合肥老家时设法照顾他的家庭安全。朱德将来电转给毛泽东。毛泽东为此专门致电前线部队首长，令他们在路过卫立煌的家乡时注意保护卫的家人亲属和财产。1949 年 10 月，中华人民共和国成立，卫立煌自香港致电表示祝贺。1955 年 3 月，卫立煌自香港回到北京定居，先后当选为全国政协常务委员、第二届全国人民代表大会代表，并任中华人民共和国国防委员会副主席。

朱德还特别注意对那些有实力且愿意抗日的地方实力派进行统战工作，在不失掉原则立场的前提下，根据不同的对象采取不同的策略和做法，从而进一步巩固和扩大了抗日民族统一战线。

阎锡山是一个富有政治经验、手段灵活、具有一套特殊统治办法的山西首领。他服从国民政府的领导，又处处提防蒋介石把手伸入山西；他同日本人有联系，又拒绝参加日本人在华北发起的"五省自治运动"；他反共，却又佩服共产党有人才、有办法。卢沟桥事变以前，由于共产党的努力，他初步接受了中国共产党的抗日民族统一战线主张。卢沟桥事变后，他被蒋介石任命为第二战区司令长官。朱德根据党中央和毛泽东的意见，充分利用这一有利条件，积极开展对阎锡山的统战工作。在坚持独立自主的原则下，朱德在大的方面与阎锡山商量，争取阎锡山的合作。1937 年 9 月下旬，朱德与周恩来一起，来到代县太和岭口的第二战区司令部，与阎锡山会商八路军的游击地区、军队及兵力使用等问题。阎锡山同意八路军进行独立自主的山地游击战，朱德也同意在有利条件下配合友军进行运动战。随后，根据这一会商精神，朱德和彭德怀要求八路军各部队立即动员和组织群众，开展游击战争，在所占领的地区内独立自主地做群众工作，争取友军及政权机关的合作。

同时，朱德注意斗争的策略，尽量争取阎锡山不倒向日本人。阎锡山毕竟是狡猾的军阀，他是在"自存与自固"的思想指导下接受共产党关于抗日民族统一战线的主张的，因而，随着时间的推移，他对抗战动摇不定的态度就逐渐显露出来了。朱德摸透了阎锡山的心理，有针对性地进行说服工作。

1938年2月17日，朱德在临汾附近的土门镇同阎锡山等会商作战计划，看到阎锡山情绪低落，精神不振，知道他因为丢了太原，军队也垮了，不知道怎么办才好，就鼓励他说，你不要以为你的军队垮了，不行了，就没有办法了。我们是持久战，不在于一城一地的得失。我们让开点和线，退到敌后打游击，让敌人去占领一些点和线，分散他们的兵力；它越多占领一些地方，补给线越长，那时我们就越有机动的余地，可以越打越强。不要以为你那旧军垮了怎么样，旧军还有底子，同时要赶快组织新军，希望你阎长官和我们一起坚持敌后，不要退到大后方去。同时，朱德还对阎锡山的部属和各阶层人士广泛开展工作，使党的抗日救国主张在阎锡山的部属中产生深刻影响，以便进一步争取阎锡山，使他不敢轻易作出投降日本的决定。

1940年抗日战争进入相持阶段后，蒋介石集团采取消极抗日、积极反共政策，致使阎锡山对抗战态度犹豫，动摇不定。同年11月，朱德在从延安返回晋东南前线途中，再次同阎锡山会谈，朱德针对他的思想，讲述了敌后根据地的大好形势，指明依靠蒋介石派兵增援是无望的，投降日军是不得人心的，只有同共产党联合抗日才有出路。朱德向他明确指出："要坚持抗日民族统一战线、团结一致，就一定能打胜仗，日本侵略者是注定要失败的。"为了加强团结，朱德表示愿意帮助阎锡山训练部队。朱德还对阎锡山的部属和各阶层人士广泛开展工作，宣传共产党的抗日救国主张。他还应邀到国民党晋绥部队举办的校级军官训练团作了《抗日的战略战术与建立新军问题》的演讲，指出，争取胜利必须实行全面抗战，进行持久战。建立新军必须发动民众参加，组织自动为抗日而来的先进分子，造成抗日的武装部队。同时，朱德从八路军中派出不少干部帮助阎锡山建立山西新军（即山西青年抗敌决死队）。

朱德还充分利用一切机会，做好国民党军其他高级将领的统战工作。

1938年1月，朱德利用参加蒋介石召开的第一、第二战区将领会议的机会，多次与白崇禧、何应钦等国民党高级将领交谈。他还带去一些从日军手中缴获的战利品，其中送给白崇禧一把指挥刀，送给何应钦一只军犬。他给四川省政府主席王缵绪写信，勉励他为巩固和扩大统一战线，为抗战建国大业奋斗到底。他给云南省主席龙云写信，希望他在动员西南、西北的人力物力支持抗战方面作出更大的贡献。朱德一行到达洛阳后还拜会了战区司令长官程潜。1940年在回延安途中，朱德一路走一路做统战工作。他到第一二九师暂编新一旅时说："范汉杰、孙殿英等国民党军队就在你们周围，要加强统一战线工作。同他们交往中注意又联合、又斗争，决不先打第一枪。"朱德还向国民党第四十七军军长李家钰介绍晋东南的敌情，谈了团结抗日的必要性。在西安，朱德拜会了陕西省政府主席蒋鼎文、第三十四集团军总司令胡宗南和国民政府军事委员会西安办公厅副主任兼政治部主任谷正鼎等人。

军事上的统一战线，是抗战期间国共两党之间合作的最高形式，朱德在华北抗日战场的实践，为当时的抗日大业作出了重大贡献。朱德说，要实行"兄弟阋于墙，外御其侮"的古训，不要互相恐怖、猜疑，互相争雄、吞并，以致中敌人的奸计。

朱德还利用他早年在西南军界的影响和老关系，对大后方的地方实力派、国民党将领做工作，团结他们共同抗日。1937年8月，朱德和周恩来与云南的龙云将军从武汉同机飞赴南京参加蒋介石召开的国防会议。朱德与龙云是云南陆军讲武堂的先后同学。在南京开会期间，朱德亲自到云南驻南京办事处看望龙云，希望他积极参加抗战，并同他合影留念。1938年8月中旬，朱德从华北前线经西安回延安。在西安停留时，他两次去看望在医院养病的原云南陆军讲武堂的老师李根源，并托他经成都回昆明时给龙云、邓锡侯（川康绥靖公署主任）捎信。后来，龙云和邓锡侯都积极抗战，而且在西南解放前夕他们都发动起义，走上了光明之路。这与朱德的帮助是不无关系的。

统一战线是我党的生命线，历史证明，什么时候中国共产党建立了最广泛的民族、民众统一战线，什么时候党的事业就得到发展。朱德在领导中国革命斗争中，始终坚持革命统一战线这一马克思主义的基本原则。他善于从战略的高度认识军事统一战线在中国革命中的地位和作用，并几十年身体力行，贯彻到底；他对军事统一战线的广泛性和复杂性也有充足的认识，团结一切可能团结的人，分化敌营中一切可能分化的人，调动一切可以调动的积极因素。朱德的军事统一战线思想，始终坚持独立自主的原则，大胆放手去进行，为党的统一战线的理论与实践作出了巨大的贡献。

第十章
建军之魂　治军之本

中国共产党缔造和领导的人民军队,是中国历史上一支新型的军队,如何建设和管理好这支军队,朱德和毛泽东等进行了艰苦的探索。

1931年7月,朱德在中共苏区中央局机关报《战斗》上发表了《怎样创造铁的红军》等文章,论述了红军的性质、任务和战略战术等问题,文章对红军应该建成什么样的队伍进行了系统的阐述,提出了中国共产党在目前所面临的最迫切最重要的任务之一就是创造铁的红军。他认为铁的红军的创造必须具备六个基本条件,即红军是工农的军队、无条件地服从共产党的领导、加强政治训练、提高军事技术、自觉地遵守铁的纪律、要有集中的指挥和统一的训练。我党正是依据这六个条件来加强军队建设的,我军正是按照这六个条件建设成既是战斗队又是工作队的,并在人民革命战争中一往无前、无坚不摧,赢得人民和一切进步人士的衷心爱戴。朱德的设想对人民军队的成长、发展壮大产生了重要的作用。

一、民族的、人民的、民主的建军三原则

军队分为两种：一种是为了保护少数剥削者的利益，用来压迫人民、剥削人民、奴役人民的剥削阶级的军队；另一种则是为了保卫人民的利益，替人民服务的人民的军队。中国共产党领导的军队是中国革命的主力，要想取得革命战争的胜利，就要建立和壮大人民军队。

朱德从旧军队投身于革命军事斗争，他对旧军队的腐败看得分明，深知其原因和危害，这成为他在思考人民军队建设问题时的"对照系"。他在有关人民军队建设的许多论著中，常常用新、旧两种军队作对比，说明应该如何，不应该如何；同时，也使他对人民军队应当具有的特征特别敏感。在德国留学时，他曾参观过红色前线战士同盟的阅兵式和野战军事训练。红色前线战士同盟是一个由德国共产党领导的准军事组织，以工人为主体，并有一部分农民和学生参加。当他看到人民对这支队伍热烈拥护，向他们捐献了大量食品时，感到这就是人民武装。

朱德认为，中国共产党领导的人民军队，是一支不同于以往任何一个阶级、任何一个政党领导的军队，具有鲜明的中国特点和中国共产党的特色。朱德在《怎样创造铁的红军》一文中指出："红军是工农的军队，也可以说是一切劳苦群众的军队。红军的历史任务是夺取政权，建立和巩固工农自己的苏维埃政权，使无产阶级及一切劳苦群众在政治上经济上完全得到解放。"这就明确规定了人民军队从诞生起所应有的阶级和政治性质。红军"不仅要完成中国工农民主革命的任务，而且要成为创造并保卫社会主义的柱石"。（《朱德军事文选》第67、71页，解放军出版社1997年版）他在《中国共产党与革命战争》一文中提出："为要进行革命的武装斗争，又必须依靠于'为公'而战的革命军队，真正人民的军队。"（《朱德军事文选》第429页，解放军出版社1997年版）他在《论解放区战场》报告中指出："人民的军队，内部是民主的，是官兵一致的，它对军队以外的人民，也是民主的，是军民一致的，所以能够一扫军阀制度。"（《朱德军事文选》第519页，解放军

出版社 1997 年版）

中国共产党领导的人民军队，具有民族的、人民的、民主的特点。它是民族的，因为在反对任何外国侵略者、保卫祖国的战争中，它是最忠诚、最坚决、最英勇的军队，具有保卫祖国的至高无上的热情。它是人民的，因为它不仅来自人民，而且始终为人民的解放和幸福而奋斗。它是民主的，因为在它内部完全废除剥削阶级军队对士兵凶残的惩罚制度，实行民主的管理制度，建立平等的官兵关系和上下级关系，在纪律面前官兵一律服从，绝无例外，做到军民一致和官兵一致；因为它一扫军阀制度，成为为人民的民主政治而奋斗的工具。总的原则是从人民出发，为人民服务。它之所以不可战胜，就是由于它具备了这三大特点。

朱德总结说："这三大特点，事实上也即是建军的三原则。而归根到底，一个总的原则，即是从人民出发，为人民服务。"（《朱德军事文选》第 519 页，解放军出版社 1997 年版）他认为，军队的产生、发展、壮大要依靠农村，依靠根据地，根据根据地的政权来养活。这是毛泽东军事思想的特点。军队来自人民，取自人民，依靠人民打仗，依靠人民养活，不是靠国家养活。必须把与人民的关系先搞好。军队要为人民服务，与人民的关系搞好了，军队也一定会搞好。朱德还强调要从中国的实际出发建设自己的军队。他说："教条主义的特点，就是不从实际出发，不从中国实际情况出发，而是从苏联情况出发，从主观愿望出发。不晓得要把我们这样一支军队，完完全全变成一支像苏联红军一模一样的军队，是绝对不可能的。"（《朱德军事文选》第 490 页，解放军出版社 1997 年版）

二、始终坚持党指挥枪

人民军队必须置于共产党的领导之下，成为党发展革命和巩固革命胜利的工具。人民军队的历史任务是夺取政权，巩固政权，使无产阶级及一切劳苦群众在政治上、经济上完全得到解放；人民军队只有在共产党的正确领导之下，才能够完成这一历史任务；为实行共产党对军队的领导，须在部队中设立政治委员和政治机关，连队党支部应成为全连领导与团结的核心。军事行政系统必须执行党的路线和决议，完成党交给的任务。部队中的共产党员应在战斗、生产和群众工作三个方面起模范作用。

朱德从一开始领导建军起，就始终坚持党指挥枪的原则，强调保证党对人民军队的绝对领导。"我们部队能打仗，就是靠党的力量，政治的力量。"

大庾整编，首先整顿了党团组织，加强党的领导，解决组织整顿问题。南昌起义虽然开始了我们党独立领导军队的新时期，然而，当时这支部队只是在上层领导机关和军官中有少数党员。在士兵中，除了少数连队外，一般连队还没有党、团员。因此，党的工作不能深入基层和士兵中去。经过这次整顿，重新登记了党、团员，调整了党、团组织，成立了党支部。那时候还不懂得应当把支部建在连上，但是实行了把一部分党、团员分配到各个连队中去，从而加强了党在基层的工作。这是对这支部队的建设具有重大意义的一个措施。此外，还选派了一些优秀党员去基层担任指导员。通过整顿党、团组织，重新登记党、团员，成立党支部，调配党员去担任指导员等一系列措施，使党的组织成了坚强的领导核心，从而把起义军完全置于党的绝对领导之下，并且为以后的建军积累了十分宝贵的经验。所以，朱德非常自豪地说："我们的队伍经过千锤百炼，现在已经成为一支坚不可摧的钢铁部队。"

朱德不仅在实践上重视党对军队的绝对领导，而且从理论上进行了阐发和说明。他认为，党是军队的领导者，军队是党发展革命和巩固革命胜利的工具，没有党的领导就没有军队。他明确指出："共产党是无产阶级的先锋队，工农红军只有在中国共产党正确领导下，才能完成它的历史的伟大任务。""红军中的军事指挥特别是政治委员制度和政治训练的实施，必须完全由共产党领导执行。"（《朱德军事文选》第67—68页，解放军出版社1997年版）而在实践上，"红军是直接在中国共产党领导之下产生和发展起来的"。他以自己的亲身体验教育军事干部说，我们军事干部离开了党，那他就一样也做不成，一样也做不了，一切问题要靠党。

抗日战争中，朱德精辟地指出："二十年的中国革命战争过程，证明了一个真理：只有中国共产党，才能最英明地掌握中国革命战争的发展规律；只有中国共产党，能在一切历史时期中，永远为当时最革命的政治目标而坚决地进行革命战争，反对当时中华民族和人民的主要敌人；只有中国共产党，能定出和坚持当时最革命的战略方针。"（《朱德军事文选》第430页，解放军出版社1997年版）

朱德始终坚持党指挥枪的原则，他带部队一辈子，对此十分谨慎。他常说，部队是拿枪杆子的，可不能出乱子。他自己的组织纪律性很强，并经常教育部属一定要服从党的领导，执行党的决议和政策。康克清在讲到红军时期打长沙的过程时说，朱老总事后未谈过为何要打长沙，只是在发牢骚时讲过不该打。当时是湖南省委派人到朱老总那里去的，朱老总历来对党派来的代表是服从的。

1940年8月20日，鉴于当时军队内部存在一些自行其是、不认真执行党中央政策的现象，为维护中共中央的权威，朱德撰写了《党是军队的绝对领导者》一文，强调八路军、新四军必须处于中共中央的绝对领导之下。他明确指出："党是军队的绝对领导者，是革命战斗任务完成的保证者。一切党的路线与政策，在部队中都要经过党的组织去执行。""支部是党的基础，是群众的核心，一切党的工作，在部队中都要经过支部才能具体实现。"（《朱德军事文选》第410—411页，解放军出版社1997年版）要求军队绝对服从党的决议，完成党交给的任务，建立健全党与行政系统的关系。

如何使党真正成为军队的绝对领导者呢？朱德认为，加强部队中党员和干部的教育，注意和研究他们在学习中的问题；严格纠正部队支部工作中的弱点、缺点或错误，使支部工作做得更好，使支部真正在连队中起核心作用；严格纠正部队中党组织对行政、行政对党组织的不正确观点，正确地建立部队中党与行政、行政与党的关系，所有这些，必须认真地做到，才能提高我们八路军和新四军的质量，才能巩固党对八路军和新四军的领导，才能使党真正成为军队的绝对领导者。

1943年，他在部队的一次高级干部会上强调，我们带兵是靠党组织来保证，连长应把支部当作带兵的核心、领导的核心。在党的七大的军事报告中，他把党的领导高度概括为解放区抗战的一条总的经验，强调坚持和加强党的领导的极端重要性。

1953年，高岗企图篡夺党和国家的最高权力，他以休假为名到处活动，在部分高级干部中搬弄是非，制造"两党论"和"军党论"，说党分为"根据地和军队的党"与"白区的党"，党是军队创造的，自己正是"根据地和军队的党"的代表。"军党论"的确反映了战争年代党的建设的表面现象，在一部分军队干部中容易引起共鸣。1954年4月25日，朱德在军事学院举行国家考试时对在学的高级军事干部讲话，他尖锐地指出："认为党是军队创造出来的，政权是军队建立的，这种思想是完全错误的。如果这种个人主义、骄傲自满的情绪，及由此而产生的错误思想，不受到党的坚决制止，任其存在和发展下去，就可能走到破坏党的团结的地步，使党的事业遭受损害。"他强调指出："全军每一个党员、每一个干部都必须明确认识：军队是在党的领导之下建设和发展起来的，是在党的领导之下战胜了敌人的，党是军队的领导者，军队是党发展革命和巩固革命胜利的工具，没有党的领导就没有军队。就是说：全军每一个同志特别是高级干部，要忠实地服从党的领导……成为党和人民的工具。"（《朱德军事文选》第833页，解放军出版社1997年版）

确保党对军队的绝对领导，务须建立健全部队政治机关与政治制度，朱德认为，这不仅是政治委员的责任，也是司令员的责任。在实践中，朱德积极协助毛泽东在军队中建立健全党的政治机关和政治工作制度，为确保党对军队的绝对领导做了大量艰苦细致的工作。解放战争时期，朱德提出要坚持党对军队的集中统一领导，反对军队内部存在的军阀主义、山头主义、本位主义和分散主义倾向。在新中国成立后的和平时期，朱德又多次指出，军队政治工作的首要任务，就是要保证党的领导。这些见解，对推动我军的革命化建设发挥了积极作用。

三、政治工作是人民军队的生命线

"政治工作是红军的生命线。"这是朱德在中国工农红军全国政治工作会议上的讲话中提出的一个著名论断。抗日战争时期,他又指出:"游击队的政治工作的意义应该是游击队的'生命线'。"(朱德:《抗敌的游击战术》,1938年3月)

朱德是红军中较早系统阐述政治工作重要意义的领导人之一,同时在各个革命时期,他都非常强调政治工作对人民军队的重要意义,强调建设人民军队,实行人民战争和人民战争的战略战术,都和政治工作分不开。1931年7月,他在《怎样创造铁的红军》一文中,就专门论述了政治工作在创造铁的红军中的重要性,要求加强红军的政治训练,增强无产阶级军队的坚定信念。他说:"红军的政治训练是启发和提高指挥员战斗员的无产阶级的觉悟,使他们认清本阶级的利益,努力于本阶级的政治任务,与敌人作决死的斗争,去达到消灭敌人、解放本阶级的目的。"(《朱德军事文选》第69页,解放军出版社1997年版)在全国红军第一次政治工作会议上的讲话中,朱德指出:如果没有政治工作,没有党和无产阶级的领导,是不会有红军的。红军因有政治工作才保证能为本阶级利益而牺牲,才是英勇无敌的百战百胜的红军。

朱德精辟论述了红军的阶级性质、政治训练等问题,指出:"红军的战斗力,不仅是靠军事技术的条件来决定,最主要的是靠红军的阶级政治觉悟、政治影响,发动广大工农群众,瓦解敌人的军队。"(《朱德军事文选》第71页,解放军出版社1997年版)这一科学论断对进一步提高红军战斗力起了积极作用。他在《为粉碎敌人四次"围剿"的紧急训令》中指出:"全方面军与全苏区各作战部队须团结成一个人一样的一致,这就要实行政治上的动员,从加紧阶级的政治教育上巩固全体红色战士的阶级的自觉与团结,加强其对于胜利的确实信念、发展其革命精神与牺牲的决心,更严肃红军的纪律,以集中一切精神于歼灭敌人的当前的伟大任务上。"(《朱德军事文选》

第102页，解放军出版社1997年版）

抗日战争初期，中国工农红军改编为国民革命军第八路军时，因受国民党当局的干涉，曾一度取消了八路军中的政治委员制度，致使军队政治工作职权降低、党对军队的领导受到削弱。朱德及时发现了存在的问题，便与彭德怀、任弼时联名向党中央写信，要求恢复八路军中的政治委员制度。党中央立即采纳了他们的建议，采取了一系列强有力的组织措施，如任命了一批政治委员、设立八路军总政治部等，使一度受到削弱的军队政治工作得到了迅速加强。

在以后的革命战争中，朱德不仅牢牢坚持政治工作是军队"生命线"的思想，始终把政治工作放在军队建设的首位，而且还将这个观点进一步深化，指出"政治工作是军队的灵魂"。在中共第七次代表大会上所作的《论解放区战场》军事报告中，朱德比较了两种不同军队两种不同的政治工作："国民党内的反动派在军队中的政治工作，其目的在使官兵愚蠢"；强调八路军、新四军既把为人民服务、保卫祖国作为宗旨，则政治工作便成为这种军队的灵魂。

朱德非常重视游击战争的政治工作。他指出：游击队"如果不注意最大限度地运用自己的政治武器，想单纯地拿刀矛对抗敌人的飞机、坦克，是没有不被消灭的。抗日游击队必须最正确、最灵敏地使用自己的政治武器，认识到这是自己的第一件最宝贵的武器，认识到政治战争的胜利虽然是眼睛看不见的，但其实际意义却等于缴了敌人许多枪炮，甚至还不止于此"。（《朱德选集》第170—171页，解放军出版社1997年版）

朱德对政治工作地位作用的这种深刻认识，源自他长期艰苦卓绝的军事斗争实践。

早在护国战争时期，朱德随蔡锷入川，当时以六千正义之师击败北洋军阀十几万军队，给他留下了深刻印象。南昌起义失败后，他自觉在部队中建立党团组织，以坚强的政治工作，鼓舞士气，重振旗鼓。随着工农武装割据斗争的发展，他对红军政治工作的重要性的认识也逐步深化。

1931 年，他在《怎样创造铁的红军》中，把红军的政治训练当作铁的红军必须具备的六个基本条件之一，认为加强红军政治工作，使红军在政治上具有坚定的信念，就是把握着不可抵抗的无形的武器，在精神上建立了铁的红军的基础，自然可以战胜革命过程中的任何困难，经得住任何剧烈的斗争，愈斗愈奋去取得最后的胜利。

抗日战争爆发后，朱德更加强调政治工作在战争中的地位作用。他在《论抗日游击战争》中指出："我们应当认识政治要素在战争中的重要地位。我们每个政治家，每个抗日军人，每个有民族觉悟的炎黄子孙，都要竭力注意抗日的政治战争。"他要求抗日游击队的领导者不仅仅是军事人才，更要是政治人才。1943 年，他在陕甘宁晋绥联防军高级干部会议上所作的军事报告中，进一步提出了"练兵必先练心，练心就是做政治工作"的观点，认为练兵带兵要有各方面的保证，首先就是政治上的保证。这种政治保证不只是靠指导员去做，还要靠党组织发动大家去做。

解放战争中，朱德强调加强军队中的政治建设，批评对政治领导和政治工作认识不足的倾向，指出，军事工作与政治工作是部队建设的两个重要方面，只能都搞好，不能只搞好一个。今后不仅政治机关、政治干部要做政治工作，军事机关、军事干部也要做政治工作。我们部队能打仗，就是靠党的力量、政治的力量，军事指挥员要认识，只有政治领导加强了，有坚强的政治工作，部队才能巩固，士气才能提高，才能打胜仗。

关于政治工作的主要任务和特点，朱德指出主要是五个方面：一是启发和提高官兵的政治自觉性，发扬爱国、爱人民和改造自己的热情，充分地相信在共产党的领导下，一定能夺得最后胜利；二是团结本军和友军；三是团结军队与人民，提高保卫祖国和民主主义的政治觉悟；四是从政治上心理上瓦解敌军，使之丧失战斗力；五是巩固和提高军队本身的战斗力，保证命令之执行。他在红军时期要求从政治工作的角度来领导提高红军的军事技术与战术，强调"政治工作要保证新的战术在平时学习好，战时能够运用，要保证命令百分之百地执行"。（《朱德军事文选》第 155 页，解放军出版社

1997年版）

关于政治工作的方式，朱德规定其原则应该是："第一是不间断性，第二是准确性，第三是高度集中性，第四是突击性、灵活性和鼓动性。"（朱德：《抗敌的游击战术》，1938年3月）

朱德反对空头的政治口号，反对政治可以冲击其他工作，要求政治工作不能脱离工作实际，要保证军事任务的完成。为了把政治工作与军事工作、政治工作与技术工作有机地结合起来，朱德强调要紧密围绕党和军队的中心工作开展政治工作，真正发挥政治工作对各项中心工作的保证作用，反对脱离实际的空洞说教。要把政治工作做到军事工作中去，落实在军事工作上。民主革命时期，围绕革命战争这个中心，他十分重视通过政治工作提高干部战士的觉悟，鼓舞部队士气，提高部队战斗力，以保证革命战争的胜利。新中国成立初，军队中心任务转移到国防建设上来以后，他又针对我国科技和国防建设落后的状况，在强调"技术决定一切"的同时，多次强调要发挥政治工作对技术的保证作用，以加快我军的正规化现代化建设。1950年，他在空军政治工作会上提出："你们政治工作人员要作保证，不仅要保证空军的成员忠实可靠、勇敢坚定，还要保证他们学会技术，把政治和技术很好地结合起来。"1951年，他又对海军政治工作者提出了同样的要求。同年，在装甲兵干部集训会上，他再次指出："要建设好装甲兵这一新的兵种，技术具有决定作用。政治工作要保证技术的提高。"为此，他要求所有的人都要学会技术，并特别提出"政治工作人员也要懂得技术"，才能紧密围绕党的中心工作做好政治工作。

反对空头政治，就必须结合部队的任务和实际开展有针对性的政治工作。人民解放军打出内线，进入国统区作战后，朱德就指出要在新形势下注意人的思想。"现在打仗，人的思想问题是一个重要的问题。农民为保卫家乡的土地财产可以拼命，但打出去解放别人却不一定都是那么坚决，所以要在思想上进行教育。"抗美援朝战争爆发之后，他在全军第一次宣教文化工作会议上对政治思想工作提出要打通三个思想，即：永远是战斗队的思想；进行爱国主义与国际主义的教育，建立保卫祖国安全与保卫世界和平分不开的信念；揭露美国帝国主义对中国侵略阴谋的宣传，树立仇美、蔑美、鄙美的思想。

政治工作是人民军队区别于其他军队的重要标志之一。半个多世纪来，人民军队依靠强有力的政治工作，取得了一个又一个的胜利。朱德评价说："只有政治领导加强了，有坚强的政治工作，部队才能巩固，士气才能很高，才能打胜仗。"（《朱德军事文选》第653页，解放军出版社1997年版）政治工作在未来战争中仍将是人民军队克敌制胜的重要武器。

四、健全指挥机关，做好参谋工作

军队指挥是伴随着军队和战争的出现而产生的，并受社会形态和政治制度的制约和影响。随着科学技术和战争的发展，军队指挥由低级到高级，由简单到复杂，由将帅直接指挥到通过司令部组织指挥，不断丰富和发展。参谋工作就是这种发展的必然结果。人民解放军在各个历史时期，对司令部建设和参谋工作，一直是比较重视的。红军各级司令部都设有参谋处或作战处。1931年组成中央革命军事委员会，建立了总参谋部，全国红军得以在统一的战略意图下，互相呼应，配合行动。抗日战争中，八路军、新四军都建立了与作战水平相适应的参谋机构。解放战争时期，军队指挥的集中统一性空前提高，参谋工作和司令部机构也大大健全了，对于战争的胜利起了重要作用。

朱德一贯重视人民军队的指挥机关和参谋工作。他把参谋工作比作"军队的脑筋"，参谋人员是"首长唯一的代理人"。他在比较人民军队的参谋工作与外军的不同时指出："八路军的参谋工作与西欧一般帝国主义国家军队中的参谋工作不同，即与中国其他军队的参谋工作也不同，他们把参谋工作看成幕僚性质，而我们把参谋工作当作军队的脑筋，则历来重视参谋工作的健全与发展，所以一开始我们就把品质最优秀的最有知识的人员来当参谋，因为参谋人员要帮助首长指挥军队，他是首长唯一的代理人。这是我们一个优秀的革命传统……同志们知道我们八路军之所以能打胜仗，能机警灵敏，参谋工作的确起了很大的作用。"（朱德：《在八路军留守兵团第二次作教

会议上的讲话》，1941年5月）

在《论解放区战场》的军事报告中，朱德比较了国共领导下的两种不同军队的指挥方法和指挥机关：国民党内的反动派，因为要消灭异己，派了许多私人去当师长，这些师长，常常只受国民党军队的最高统帅一人指挥，别人指挥不动。所以许多师以上的指挥机关，等于虚设，毫无作用，打起仗来，号令分歧，莫衷一是，互相抵触。那里的参谋机关，甚至连最高统帅部的参谋机关，也常常成为一个传达机关而已。

而八路军、新四军的指挥机关，层层节制，有职有权，内部一致，号令统一，下级则有机动的余地，所以上下团结。八路军、新四军的特长之一，就是各部分军队之间的互相配合，协同动作。上级有命令的时候，当然决无推诿，就是上级没有命令，也能自动配合。主力军与地方军、游击队、民兵、自卫队之间的协同动作也很好。所以各军之间，皆能团结。

八路军、新四军的参谋机关，是真正能够工作的机关，这与国民党的军队有根本的区别。它的工作，近年来也有改进，这要归功于参谋工作人员的努力。今后为了准备反攻，必须更加健全参谋工作。大兵团的作战，在现代的条件下，不能光靠个人的指挥，而要靠指挥机关来指挥。没有健全的参谋工作，就不可能有健全的指挥机关。另一方面，我们的参谋机关，还必须加强自己的业务，首先要加强侦察与通信工作，力求情报的确实与迅速。

1948年5月，朱德在给华东野战军第一兵团团以上干部作报告时，严肃批评了认为参谋工作没有地位的观点，强调说："认为参谋工作没有地位，这是不对的。参谋部是军队的首脑部门之一，参谋工作要由有学问、有才能的人来做。参谋长要由很优秀的人才来担任。参谋工作对部队很重要，是应当加强的。"（《朱德军事文选》第656页，解放军出版社1997年版）他希望大家尊重参谋机关，参谋人员要安心工作，长期地做下去，好好积累经验，特别要着重研究如何组织战斗。

对参谋人员的素质，朱德有着明确的要求。

第一，参谋人员要有丰富的军事理论知识。在当时军事理论书籍十分缺乏的条件下，他要求参谋人员学习苏联的步兵战斗条令、野战条令等，这样可以奠定军事理论基础。同时，绝不能把经验公式化地使用，因为一切事情、一切历史都不会重复的。

第二，要学习掌握马列主义与唯物辩证法。"如果没有这样的知识是不会成为一个好的参谋人员"，"马列主义之所以是解决一切问题的法宝，就因为马列主义不脱离实际，因此我们要时时刻刻地联系实际，而不要逞英雄主义，因为我们事业是伟大的英雄的，但是决不可离开实际去设想创造英雄的事业，只有兢兢业业地来干才会创造更多的革命英雄"。

第三，学习战术和技术，"现在是技术决定一切，而我们的技术比人家差得远，因此要从战术技术、马列主义等方面来训练军队"。（朱德：《在八路军留守兵团第二次作教会议上的讲话》，1941年5月）

朱德还提出参谋工作的要诀：第一须从秘密上着手，要绝对保守秘密，才有胜利的保证；第二要迅速按时完成任务，一切事情超过时间迟迟动作就会失去作用。朱德希望参谋人员要安心于参谋工作，下决心做到老，成为一个坚强的参谋家。

五、纪律是军队的命脉

"纪律是军队的命脉，每个军队的命脉就建立在纪律上面。"（《朱德军事文选》第723页，解放军出版社1997年版）朱德关于纪律的这一重要论述可以说是千古不易的真理。自古以来，能征善战之军队无不视纪律为生命。所不同的是，无产阶级军队的纪律是建立在自觉的基础之上，而不是建立在强制的基础之上的。对此朱德解释说，革命军队组织力量之巩固，是建立在自觉的革命纪律上的。有了纪律，大家办起事来才能一件一件地按规章去做。没有纪律，就可以随便做，你说你有道理，他说他有道理，事情就会搞乱、搞糟。纪律是军人的生命。我们纪律好，秋毫无犯，人民到处欢迎，胜利就快。

抗日战争中，在谈到革命军队纪律的基础时，朱德认为有三点：第一，全体军人对于革命、对于抗战建国事业抱有无限的忠诚与自我牺牲精神，因而能抛弃一己之私，一切以革命利益为前提。第二，在军内，上下一致，以对革命事业之热爱，相互爱护，服从命令，遵守军纪，以达到政治上团结一致，万众一心。在军外，军民一心，绝对服从党的领导，拥护抗日民主的政府，遵守政府法令，尊重政府人员，爱护民众，因而不致有违反党的政策、违反政府法令或违反民众利益之事发生。第三，指挥员指挥正确，关心部下，甘苦共尝，以身作则，大公无私，因而获得部下之爱戴，虽挥之赴汤蹈火在所不辞。

纪律一定要严密。朱德认为："没有严密的纪律，兵就带不好。"纪律除了三大纪律八项注意外，还有就是规定了的一切事项。"就是说，我们规定了的一切事项一定要执行，这就是我们的纪律。大家都遵照规定的办法去做，就有条不紊。遵守纪律要靠干部以身作则。谁也不能犯纪律，谁犯了纪律谁就要受处罚……我们要的是上下一致遵守的自觉的纪律。"（《朱德军事文选》第454页，解放军出版社1997年版）

纪律建立在自觉遵守的基础上。1950年，朱德在空军参谋工作会议上讲话时，告诫空军的同志们说，在军事纪律上，首先要求下级服从上级，一举一动都要严格地遵守纪律。如果平时纪律好，打起仗来就可以少死人，而且一定能打胜仗。但纪律不是单靠少数共产党员的党性就能维持了的，必须群策群力，从彼此相互间不断的批评教育中来提高群众的觉悟，使纪律成为群众所自觉地拥护的纪律，纪律才能维持。只有群众觉悟提高了，把纪律建立在真正自觉的基础上，纪律才能巩固。

严格的纪律是执行政策的前提。朱德认为，要使部队能正确执行政策，就要严格部队的纪律，要靠纪律来保证政策的执行。1948年，朱德在向华东野战军官兵讲话时，反复强调执行政策、遵守纪律的重要性，斩钉截铁地提出，许多问题可以妥协，政策纪律上的问题一点不能妥协。要保证政策的执行，就要有良好的纪律。纪律是我们的命脉，纪律遵守得好，胜利可以更快地到来。他强调说，只要加强党的领导，加强政治各项工作，就会所向无敌。

中央最近公布了许多政策和纪律文件，大家要好好研究。现在人多队伍大，特别要强调统一，部队要既会打仗，又会执行政策，对违反政策、纪律的现象必须认真追究。

朱德强调，纪律的维持与执行主要在于教育，奖励与惩戒都不过是教育的一种形式。他说，红军的纪律绝不依靠打骂来维持，而是建筑在无产阶级的团结上面，用自我批评的精神、教育的精神，互相督促和勉励，达到自觉遵守纪律。奖励使军中知道努力的方向，惩戒使军中知道应避免的错误。对有功受奖者不应放任，应继续教育，促其继续进步；对有过受罚者，不应仇视或厌恶，而应以爱护的精神教育之，使之改正错误。至于混入军中之汉奸、破坏分子，则自应送之法庭，依国法惩处。自觉地遵守纪律的精神的养成和提高，就是使各个指挥员战斗员的忠实勇敢、服从纪律，汇合成为全军的忠实勇敢、服从纪律。有了这样自觉遵守纪律的红军，就是铁的红军。他并且指出："整顿纪律要从上而下地整，守纪律首先从上边守。"（《朱德传》第571页，中央文献出版社1993年版）

朱德不但在理论上系统阐明了执行革命纪律的必要性和如何执行纪律的问题，而且在实践中不断注意加强军队的组织纪律。

"赣南三整"一个重要内容就是整顿纪律，他告诫大家：我们是共产党的队伍，没有纪律是不能生存的。他明确规定募款和缴获的物资全部归公，设立没收委员会，专管没收和处理缴获财物，并对部队普遍地进行了自觉遵守纪律的教育。

朱德还是善于进行纪律教育的楷模。陈毅元帅谈过这样一件事：在一次部队作战失利退下来的时候，看到部队战士破坏纪律，乱拿老百姓的东西，陈毅立即上去指责，那个犯纪律的战士不但不听，反而扭转枪头放了一枪。他对此气极了，把这事告诉朱德。朱德听到后说："傻子！打了败仗退下来，战士肚子里饿，违反了纪律，这时你去批评他，他是不会听的。只有让他吃好，休息好，到第二天集合起来，提出批评才有用处。"由于朱德善于带兵，一般作战失利士气低落的部队，经他带一段时间后，很快就会把士气提高起来。(《井冈山革命根据地》(下),第248—249页,中共党史资料出版社1987年版)事情虽小,却反映了朱德善于抓纪律、做士兵思想工作的本领。

在红军初创时期,破坏纪律的事是难免的。1928年7月,红四军第二十九团在湖南省委代表杜修经的错误导向下,擅自离开井冈山向湘南进发,这本身就是破坏纪律的很严重的事件。在这种情况下,军部只好率第二十八团跟上去。这时,朱德非常注意抓住部队,防止违反纪律的事发生。

朱德还经常教育指战员要遵守群众纪律。井冈山时期,有一次,红军主力来到桂东阳沙村,由于国民党的烧杀,群众逃走了,红军找不到柴烧饭,有一个连的红军战士就拿反动派烧杀后残存的烂板子、桌椅和门板烧饭。朱德发现后,立即对指战员进行教育说:"我们红军的纪律是不拿群众一针一线,你们烧的是板子、桌椅、门板,这比针线大得多。"接着,他又将红军爱护人民、敌人残害人民的道理讲了一遍,告诉大家要用遵守纪律的实际行动来打破敌人对红军的反动宣传。战士们听了,很快就把烂板子、桌椅和门板送还群众,并赔偿了已烧掉的。群众知道后激动地说:"红军真是我们穷人的队伍啊!"

1947年6月,朱德在冀中军区干部会议上讲话时,针对该部队纪律松懈的现象,提出要整顿纪律,转变作风。并且提出:"整顿纪律,要从上而下地整,守纪律要首先从上边守,不要只要求战士守。我们和毛主席在井冈山时就是这样,规定了什么就自己首先遵守。"(《朱德军事文选》第595页,解放军出版社1997年版)

1951年9月,他针对部队纪律松懈的现象指出:"军队不遵守时间,这个纪律坏到什么程度呢?该到不到,不请假可以随便出去,上级的规定可听可不听,这是军队纪律所不允许可的。"(《朱德军事文选》第813页,解放军出版社1997年版)

如何保证纪律的执行呢?一是加强对干部、战士的纪律教育。应当讲明为什么要执行纪律,提高阶级觉悟,发动群众自觉执行和遵守,相互督促。二是各级干部要起模范作用,并严格管理、检查。三是认真追究责任,赏罚分明。"在执行制度与纪律中,最重要的是干部以身作则,上边的样子好,下边也就容易学好。上边的样子不好,下边就会越学越坏。"(《朱德军事文选》第813页,解放军出版社1997年版)

六、坚持官兵平等、军民一致原则

人民军队的建军原则之一,就是要求官兵平等、军民一致。朱德的思想是:人民的军队的养兵方法,则是从爱护人民,因而又是从爱护士兵出发。人民军队是在官兵平等待遇的原则之下,规定部队人员的待遇,军官以身作则,与士兵共甘苦。只有能代表士兵利益、能体贴士兵疾苦的军官,不脱离士兵群众的军官,才是一个好的军官。

朱德有感于旧军队中官兵不平等的军阀作风造成官兵对立的状况,特别强调在人民军队内部要实行民主的、官兵平等的原则,提倡开展尊干爱兵运动,士兵尊重干部,干部爱护士兵。要组织战士学政治,学军事,学文化,使他们全面成长。他要求"官兵与人民一致,人人想尽一切办法打击敌人"。(《朱德军事文选》第528页,解放军出版社1997年版)要把士兵当成自觉的战士。非人民、反人民的军队把士兵当成奴隶,实行愚兵政策;而人民军队则把士兵当成自觉的战士。要在日常生活中、闲谈中,在一起走路、吃饭的时候,用自己的一举一动、一言一行去影响他们。这样的影响有时比正式上课还要好。

朱德堪称执行官兵平等、军民一致原则的楷模。

在云南蔡锷的部队,朱德就注意与官兵搞好关系。从讲武堂毕业到新军第十九镇任职,朱德平时非常关心爱护这些贫苦的士兵,经常给不识字的士兵写家信,在军事上对他们循循善诱,提出"官兵一致,废除打骂、体罚士兵的制度",得到士兵们的拥护。

护国战争中,他的士兵知道他同大家一样,也是农民出身,拿他们当人看待,决不许任何军官打骂他们。士兵热爱他,即使受了伤,也要继续作战。朱德回忆说:"我带兵的特点是:我本人身强力壮,所以能和士兵们一起生活,与他们密切接触,从而得到了他们的信任。不论战斗大小,我事先都要查看地形,精心计划。因为细心处理问题、亲自领导部队,我的战术通常是成功的。我总要从不同的角度观察敌人的阵地。我同老百姓保持着密切的关系,从而获得了不少帮助。"

在朱德元帅的纪念画册中,有当滇军旅长时穿呢军装、着黑皮靴的照片。后来他抛弃这一切,参加了共产党和南昌起义。在整个西进赣南途中,朱德总是深入部队官兵之中,一路行军,一路帮助他们解决行军中的困难,还一路宣讲革命道理,极大地稳定了军心,逐渐成为大家所一致拥戴的最高领导。湘南起义之前,朱德重申了官兵平等的原则,要求发饷官兵同等数目,伙食官兵同样饭菜,还提出了官长不准打骂士兵,但士兵要服从官长等建军原则。为了教育部队,他写下了一副对联:"红军中官兵夫吃穿一样,白军里将校尉待遇不同。"

上了井冈山,朱德和毛泽东等领导人,与战士们穿同样的粗布衣,吃同样的伙食,并一起挑粮——"朱德的扁担"这一真实故事长久流传。正是靠这种精神感召,红军生活虽苦,大家都无怨言。当时陈毅前往上海向中央汇报时曾写下这样一段话:"群众及敌兵俘虏初见鼎鼎大名的红四军军长那样芒鞋草履,十分褴褛,莫不诧异。若不介绍,顶多估量他是一个伙夫头。"干部战士把军长叫作"伙夫头"。当时,部队经常处于流动状态,每每部队一宿营,朱德就去和老乡聊家常,帮他们扫地,干农活,就像是自家人。他的行动无形中影响了广大指战员,体现了军民鱼水情。1928年冬天,井冈山接连下了十几天大雪,朱德由于衣着单薄,手脚都生了冻疮。军部从群众家里借来一把陶瓷茶壶烧些热水给朱军长洗洗手脚。有一天夜里,朱德不小心把茶壶打破了。第二天,朱德亲自去赔偿茶壶,并表示道歉。

1929年8月,朱德带领着几千名红军,浩浩荡荡地来到了广东丰顺县马图镇。当地百姓受反动派蒙蔽,对红军有惧怕心理。对百姓的这种情况,有些战士思想不通。朱德便耐心对大家说:"老乡越怕我们,我们越要接近他们,多为他们做好事,慢慢他们就会明白了。"于是就动手为老乡扫院子、劈柴、喂猪、挑水……态度还十分和气，和反动派所说的红军完全不一样。几天后，老乡们消除了惧怕心理，走出来欢迎红军，此时的马图镇就像过年一样热闹。朱德仍旧要大家继续为群众做好事，他自己每天都把房东的水缸挑得满满的。有人向房东介绍说，"担水的老兵，就是红军的领头人"，房东很吃惊，接着就在镇上传颂开了：红军的领头人给老乡做好事，在国民党军队中从来没有过的。因此老乡们更加拥护红军了。

在延安，朱德和身边工作人员一起种菜、拾粪。进城以后，他仍然保持这种优良作风，时刻关心群众疾苦，与人民同甘共苦。自从 1955 年我国实行军衔制以来，朱德从未拿过元帅的工资，因为他为自己立下了一条不为人知的规定，那就是，各方面的待遇不许超过毛泽东和周恩来。他是没有拿过元帅工资的共和国第一元帅。

朱德坚持密切联系群众，同群众打成一片，真正把"与士卒同甘苦"切实兑现，成为"能身先士卒与士卒同共甘苦"的名将。他说，干部以身作则、亲自动手是很重要的。"你做什么样子，他就学什么样子。"（《朱德选集》第 131 页，人民出版社 1983 年版）他说，我在井冈山的时候，大家去挑米，我也去挑，挑到半山上我就挑不动了，肩膀也压痛了，虽然如此，但是你一挑他们就都来抢着挑，一带头事情就好办了。还说，如果军官高于一切那是很危险的。古兵法说："将不知兵，以其国与敌也。兵不知将，以其将与敌也。"国民党军队 1944 年在河南大败，有人认为失败的原因是由于"五不和"，即军与军不和，官与兵不和，军与政不和，军与党不和，军与民不和。这是很对的。而八路军、新四军，到处有"人和"，经常打胜仗。（《朱德选集》第 283—284 页，人民出版社 1983 年版）这是二者的根本区别。

朱德爱护战士是有名的，战士们也同样爱戴他。作为一个本可以高高在上，享受自己的名位给自己带来的特权的总司令，朱德能够真正地愿意"委身"，与战士们一起生活，一起战斗，战士吃什么，他也吃什么，战士穿什么，他也穿什么。在长征途中，他把马让给走累了的战士骑，自己却大部分时间步行。这样对待战士的司令让战士们有什么理由不去爱戴他呢？！

1936年7月中旬，朱德率左路纵队抵达阿坝地区准备过草地。行前，他详细了解兵站部收容的伤病员情况，要求兵站部把驮枪支的牲口腾出来驮伤病员，并说："过去是人多枪少，随时都有兵员补充。现在是人少枪多，人是最宝贵的，多一个人，革命就多一份力量。有了人，不愁将来没有枪。要人不要枪，把多余的枪统统毁掉，把伤病员全部带出草地。"可见朱德对士兵关怀备至，将红军战士视作革命最宝贵的财富。

1940年，著名的华侨资本家陈嘉庚访问延安，说他最感动的一件事便是朱德陪他参观，走到抗大操场边，里面正在打篮球的学员喊："总司令，来一个！"朱德马上脱衣上场。陈嘉庚此后到处宣传"中国的希望在延安"。徐特立对朱德的评价是："他的奇行就是他的庸行。"意思是朱德奇特的地方在于他以平常人应世的做人方式。

七、练兵必先练心

自古以来，练兵是强军的必由之路。古人对此有很多论述，所谓"凡欲兴师，必先教战"；"御侮之道，莫先于练"；"用兵之法，教戒为先"；"士不先教，不可用也"等，皆属练兵之格言。朱德青年投军，受业于云南讲武堂，自然深谙练兵之道。

朱德认为练兵分三个方面：一是智力，二是体力，三是技术。(《朱德选集》第164页，人民出版社1983年版)要从智力、体力、技术三个方面进行练兵。智力训练主要是提高政治觉悟，建立在政治觉悟基础上的勇敢才是大勇。智力训练也包括提高文化程度，这是进一步学习政治和军事的基础。行军打仗需要有强健的体格，体力锻炼也很重要，技术训练尤要重视并抓紧，"勇敢加技术"才能形成过硬的战斗力。人民军队从整体上讲是有政治觉悟的、是勇敢的，但武器装备不如敌人；而在技术日益进步的现代，技术在战争中的作用越来越大，技术训练也越来越复杂。同时，技术又是战术的基础，只有不断提高技术和战术水平，才能把战斗力发挥到最高程度，才能达到消灭敌人、保存自己的目的。不重视体力与技术训练，以为只要有了政治觉悟就有了一切的倾向，是错误的、有害的。

朱德认为，练兵要做到四个方面："第一，以身作则；第二，做政治工作，就是练心；第三，加强体力和技术；第四，生活集体化，过有规律的生活。做好这四方面的工作，我们练兵就可以收到很大的效果。"（《朱德选集》第104页，人民出版社1983年版）

朱德的核心思想是，"练兵必先练心"。"我们讲练兵必先练心，是要启发战士们的阶级觉悟，要他们了解自己属于什么阶级，怎样受压迫，怎样受剥削，为了解除自己所受的压迫剥削，要怎样团结起来，怎样练好本领……不但要练战士的军事技术，而且要练军心，做好政治工作。"（朱德：《在八路军留守兵团第二次作教会议上的讲话》，1941年5月）他说，练兵必先从政治着手，练心就是做政治工作，启发战士们的阶级觉悟，使他们从不觉悟到觉悟，练兵的目的，就是要使每个人又勇敢又有技术。

朱德认为，战士们懂得了这个道理，他们的心从此就完全为革命了，就一心一意地学习技术，一心一地团结自己，打击敌人。1945年4月25日，他在中共七大所作的军事报告中告诫全党全军："练兵首先是练智力。政治觉悟不高，不懂得为什么打仗，就没有积极性，兵也就练不好。没有政治觉悟的勇敢，只是血气之勇，有了政治觉悟的自觉的勇敢，乃是大勇。为了提高政治觉悟和军事知识，又要有一定的文化程度作为基础。"他特别强调，必须使红军全体指挥员战斗员首先完全信仰共产党的领导，在政治上有了坚定的信念，就是把握着不可抵抗的无形的武器，在精神上建立了铁的红军的基础，练兵方能避免盲目性、强迫性，增强自觉性、自动性。

练兵必要垂范。怎样练兵呢？朱德说，练兵没有别的巧妙，首先是干部身先士卒，率先垂范，以身作则，亲自动手。"别的事情也要干部以身作则，亲自动手，练兵更要这样。"他认为，任何一个练兵的动作都要靠干部骨干的以身作则。他说，练兵是谁去练？第一是班长，第二是排长，第三是连长，任何一个动作都要靠他们以身作则。我们当连长排长的大部分是党员，他们的政治热忱可以影响士兵的政治热忱，他们的阶级觉悟可以影响那些不觉悟的人。我们练兵带兵在各方面都要以身作则。要战士们打枪打得好，自己首先就要打好，要战士们投弹投得远，自己也要懂得投弹的要领，一般的动作自己都要带头去做。这是第一个练兵的好方法。

练兵必讲民主。练兵必讲民主是我党的群众路线在军队工作中的具体体现，是实现军事民主的一个重要内容。朱德指出，军事民主是我军的优良传统，这种传统应该发扬光大。军事民主是实现领导的重要方法。正确运用军事民主，发扬批评与自我批评的精神，可以搞好官兵关系、军民关系、我友关系，促进团结；可以发挥群众高度的积极性及创造性；可以克服各种困难，提高战斗力。

朱德在《论解放区战场》报告中指出，在我们军队中，已创造了官教兵、兵教官、兵教兵、官教官，以及知识分子与工农分子互相帮助、互相学习的教学相长的新教育办法。我们尊重军官和军事干部的特殊技能的传授。同时，要使军官们承认在他所指挥的几百几千人中，每人都有特长，行行都有状元，军官们应虚心去向他们学习。这就是练兵的群众路线，它把士兵害怕的操场、课堂，变成军队锻炼本领和智慧的场所，改变了空气，提高了兴趣，军营变成了学校。

在解放战争时期，我党结合土地改革所进行的整军运动，主要内容是：全军指战员学习党的各项政策，进行诉苦三查（查阶级、查工作、查斗志）的阶级教育，发扬"三大民主"，开展群众性的练兵运动。1949年4月11日，朱德在北平对第四野战军高级干部所作的报告中说：现在各部队在练兵中，在战前、战后遍地开展"诸葛亮会""想办法会""评伤亡会""评技术会"，特别是实行新式整军以来，广泛地开展了"查整""诉苦"、评比等群众性的活动，使得全军指战员的阶级觉悟空前提高。

走群众路线，能者为师，能人执教，是朱德练兵的一贯思想。1947年9月7日，朱德在《部队工作要走群众路线》一文中指出："军事教育要走群众路线。我们实行了官教兵、兵教官、兵教兵的办法，使指战员军事技术大大提高了。过去有些人天天向军委要人，要求派教官。我们就是一个也不派，要他们在自己的队伍中找，谁擅长什么，就请他教什么。我们队伍中有的是能人，他们认真一找，结果什么能手都有，如优秀的炮手、机枪手等等。会什么就让他教什么，这就是军事教育中的群众路线。大家都学会走群众路线，那就了不起。"他要求战术运用也要走群众路线。他说："每一个战役结束后，从组织一个班的战士检讨作战的优缺点，一直到全部队都来检讨战术，这就能大大地提高部队的战术水平。"（《朱德军事文选》第617页，解放军出版社1997年版）

练兵必看对象。练兵不看对象就是无的放矢、"对牛弹琴"。对不同的练兵对象，要采取切合实际的练兵方法。否则，就达不到练兵的目的和效果。在朱德看来，军事教育和其他的事情一样，必须从实际出发，采取实事求是的态度，不然不仅于事无补，有时反有害于事。比如说，我们的部队目前需要教些什么、怎样教法、什么人教等问题，都需要根据部队的真实情况，提出解决的办法，不然情况不真，方法不对，教育仍然是没有办法搞好的。他说，我们的部队既非新兵，也非"干部兵团"。因此，一方面对他们不能实施训练新兵的一套，只能是进行补习教育，即根据情况，缺什么就教什么，需要具体地教，不是一般地教；另一方面补习教育的内容，也不是一般的战术原则或大的东西，而应着重一些基本的东西。切不可好高骛远，要从本部队的实际出发，有计划地实施练兵。

练兵必练技术。朱德早在1931年就指出："技术日益进步的现代，不仅在战争中特别加强了技术的作用，使用技术的知识训练也复杂了，并且由于技术的进步变更了战术的原则。""在技术方面必须努力学习使用新式武器的知识，以便我们从敌人中间得到新式武器时一到手就知道如何使用。"（《朱德军事文选》第70页，解放军出版社1997年版）同时，他还认为，有了技术就可以壮胆，就可以更加勇敢。只要能够把勇敢和技术这两个东西结合起来，使最落后最胆小的人也能够有效地打击敌人，就达到了我们练兵的目的。他要求各种技术都要练好，这样才能立于不败之地。技术有各种各样，包括练智力、练体力、练技术等方面。要一门一门地练，勤学多练、苦练、反复练，就可以成功。他说："过去我们军队中，有不尊重体力与技术的倾向，似乎以为军队只要有了政治觉悟就够了。这是很错误的。……我们有了政治觉悟，再加上体力好，技术好，就可以打更大的胜仗，更少伤亡。"使全军通过加强教育，提高战斗力，训练自己成为国家民族的劲旅，成为党战无不胜、无坚不摧的铁军，变成现代化国防和国家经济建设的骨干。应使每一个战士能熟练地掌握自己的技术，经常地练，反复地练，要练得有劲、有力、准确、熟悉。"今天我们也决不幻想新技术装备会凭空而来。因此部队的技术教育，固然也不妨教育部队特别是干部以一般新技术的简单知识，但主要的还是要把现有的技术练好。""切不可潦草从事，求数量而不重质量。"（《朱德军事文选》第461页，解放军出版社1997年版）

练兵必须正规。朱德历来主张实施集中统一、严格正规的练兵。早在20世纪30年代初，他就讲过红军"要有集中的指挥和统一的训练"。为了在1952年实行统一的全国陆军训练计划，中央人民政府人民革命军事委员会军事训练部于1951年9月召开了各兵种司令员、参谋长及各军区参谋长、军训处长集训会议。在这次会议上，朱德强调要进行现代化、正规化的训练。他说："我们所以要进行现代化、正规化的训练，是由于我们现在所处的环境和所进行的战争，从各方面来说，都和过去不同了。如果不进行现代化、正规化的训练，那么就是有现代的装备，也不能达到真正的现代化。"为了能掌握技术和学会诸军兵种的联合作战，就必须有正规、统一的训练计划。现在"有安定的训练环境，就要善于利用这个时间和环境，来达到把我军训练成为现代化、正规化军队的目的"。（《朱德军事文选》第806—807页，解放军出版社1997年版）

正规化的训练必须做到两点，一是首长负责，二是亲自动手。朱德认为："今后不能练兵的指挥员，也就不能指挥打好仗。所以每个首长一定要学会抓训练。干部要能教战士，各级干部要逐级负责教下级，如师长教团长，团长教营长等。"（《朱德军事文选》第809页，解放军出版社1997年版）现代化、正规化训练，是全军的政治任务，也是中心工作。其他工作要围绕这项工作来做，这个中心抓住了，就会带动整个工作。他强调，首长要加强领导，军训部门要直接主持。政治工作和后勤工作要作保证。因为完成现代化、正规化的训练任务，须有一定的物质条件。他明确规定，训练计划上规定训练用的物资、弹药，在批准的预算内，应保证供应。会议要减少，开会不要占用上课、上操的时间。

八、带兵要遵循十二条原则

一支新型的人民军队，需要新的带兵方法，朱德有感于旧军队中官兵不平等的军阀作风造成官兵对立的状况，特别强调正确处理官兵关系，在人民军队内部要实行民主的、官兵平等的原则。他积自己多年的带兵经验，系统地提出了怎样带兵的十二条意见。

第一，干部以身作则。他引用古人"能身先士卒与士卒共甘苦者为名将"一语，来说明红军里的干部个个都是能够身先士卒与士卒共甘苦的名将。

第二，要建立家务。共产党最大的家务不是物资局，是我们那几杆枪。没有这几杆枪我们就什么都没有了。中国革命就得靠枪杆子。朱德强调，要把兵带好，就要建立和管好自己的家务。这个家务有什么东西呢？有枪，有子弹，有手榴弹，现在又增加了一些马、猪、羊等，所有这些是我们的家务。我们要建立家务，就要爱护武器、保管好武器，保证我们的枪、子弹、手榴弹打得响。连长、排长、士兵都要把这个家务看成革命的最好的工具。

第三，政治上的保证。朱德指出，带兵带得好，首先是政治上的保证，就是靠提高战士的阶级觉悟。政治上一觉悟，大家的阶级友爱出来了，互相帮助的精神也出来了。练兵主要是提高战士的阶级觉悟，带兵也主要是靠提高战士的阶级觉悟。战士的觉悟提高了，懂得只有在革命军队里才有出路，他不但不跑，而且还拼命干。这样，兵就带住了，部队就巩固了。

第四，军事上的保证。朱德认为，军事学不好，带兵也带不好，也会有人跑掉，会多死人。带兵的人，对一个人也不能轻易损失。这就要求从政治上保证不逃跑，从军事上保证少伤亡，避免无谓的减员。

第五，供给上的保证。朱德强调，要搞好生产，过丰衣足食的生活。假如士兵吃不饱，穿不暖，身体顶不住，有的就会跑。没有最低限度的物质保证，工作是会受影响的。

第六，卫生上的保证。朱德指出，要保证战士们的健康，使他们懂得最起码的卫生常识……这也是带兵要注意的问题。一旦有人害了病，一定要好好地照顾，连的领导亲自去看一看，这在政治上、在发扬阶级友爱上会起很好的作用。以后要把这个形成制度，一定要去看望病号。打仗负了伤的，更应该去看，他需要什么东西，尽可能给他解决，不要把这看成是特殊。

第七，组织上的保证。朱德强调，我们带兵是靠党组织来保证的。连里有支部、有党员。支部在行政管理方面、了解敌情方面要起保证作用。连长应把支部当作带兵的核心、领导的核心。连长不能同支部对立起来，不能闹别扭。要互相配合，把连的工作做好。指导员的职责，是同连长共同负责全连的工作，而主要是做好连队的政治工作。一定要使连队像一部机器，支部、指导员、连长密切配合，共同带好这一连兵。

第八，纪律要严密。这是他反复强调的。朱德认为：没有严密的纪律，兵就带不好。人民军队的纪律，除了三大纪律八项注意外，还有就是规定了的一切事项。就是说，我们规定了的一切事项一定要执行，这就是我们的纪律。大家都遵照规定的办法去做，就有条不紊。

第九，赏罚要严明。在朱德看来，赏罚公正严明，是革命军队中执行纪律的守则。朱德要求，哪个做得好就要赏，哪个犯了纪律就要罚，要大公无私。

第十，职责要分明。朱德举例说，在一个连队里，连长与指导员的职责要分清楚，支部书记的职责也要明确。并指出，规定职责时要从实际出发，看需要做些什么，看是否能够做到。总之，要各尽各责，做到自己能管自己。

第十一，生活要有规律。朱德告诫广大官兵，我们是过军队的生活，要按时睡觉，按时起床，按时做事。这样的习惯对我们有很大的好处，又卫生又有规律。军队的生活是最严格的，应该养成这种生活习惯。对战士，要教导他们，使他们养成过集体生活的习惯，并且愿意在革命队伍中过集体生活。

他还强调，特别要提倡文化娱乐。

第十二，组织好学习。朱德指出，我们的军队可以说是一个学校，有些学校恐怕还没有这样好。我们队伍中无产阶级成分很少，绝大多数的人是农民出身的。这些农民出身的同志，只要好好地学习，好好地改造，可以成为无产阶级很好的战士，甚至可以担负重大的革命任务。经过三年五年、十年八年的训练，他们可以把中国革命和世界革命的道理了解得相当清楚，各方面的知识也增加了。大家努力这样做，每天都会有进步。他要求各级领导，组织好学习这件事，当连长、指导员的要看得很重要。各级组织都要认真把学习搞好。

这十二条经验，从政治到纪律，从军事到卫生，从生活到学习，从纪律到赏罚，全面地阐明了人民军队的带兵之道，至今仍有着重要的现实指导意义。

第十一章
谋划建设强大的现代化国防

　　作为人民解放军的缔造者之一，朱德一直渴望新中国早日拥有自己的强大的国防军和强大的国防，这是近代以来中国人民梦寐以求的理想，也是他投身革命以来梦寐以求的宿愿。人民共和国建立初期，他根据国内外形势的发展和解放军新的使命，适时地提出，必须建设一支十分强大的现代化国防军，指明了人民解放军在新的历史时期的发展方向和奋斗目标，并始终关心和支持现代化国防军的建设与发展。

一、建设现代化国防军

实现中国人民解放军的现代化，是朱德在新中国成立前夕就确定的目标。战争的硝烟还没有散尽，朱德就已充分意识到，随着全党工作重心的转变，军队建设也要有新的转变，为国防和军队建设确立了总目标。1949年3月5日，在西柏坡召开了中共七届二中全会。朱德在会上发言说："过去从城市到农村，是个大转变。现在从农村转到城市，又是个大转变。我们的工作要适应这个大转变。今后我们进了城市，取得了全国政权，就有了自己的国家，就要搞好国防。要实行征兵制，建立自己的海军、空军、炮兵、步兵等，建立和训练国防部队，敌人来了就得打。"

作为总司令，朱德非常明白人民解放军的作战能力与保卫国家的需要之间存在的差距，明白我军与现代化军队相比差距有多大。9月24日，中国人民政治协商会议第一次全体会议开幕当天，朱德在发言中将日思夜想的想法和盘端出来，明确提出现代化为新中国成立后人民军队建设的总任务和总目标。他宣布："共同纲领要求建立统一的人民军队，实行统一的指挥，统一的制度，统一的编制，统一的纪律。共同纲领又要求人民军队应当在军事上和政治上继续加强，加强现代化的陆军，建设空军和海军，以革命精神教育部队的指挥员和战斗员。我今天向大家保证：我们一定坚决地这样做，一定要建立一支统一的、现代化的、政治上坚定地为人民服务的强大的人民军队，只有这样的军队才能充分有效地保卫我们的伟大的祖国和人民。"（《朱德军事文选》第707—708页，解放军出版社1997年版）

国防是国家独立自主的武力保障，一个国家力量的强大，很大的方面是在军事对抗中的强大，可谓"弱国无外交"，中国多少年来的屈辱历史也证明，没有强大的国防是不行的。中华人民共和国成立，建设一支现代化的国防军这个重大课题随之提出。建设一支强大的现代化的国防军，这是朱德多年的夙愿，如今平息了内忧外患，人民当家作主人，有条件、有可能、更有必要建设一支强大的军队，来保卫得之不易的胜利果实。朱德强调指出，建立强大的国防军，是我们面前迫不及待的任务。我们部队在阶级消灭之前，永远是一个战斗队。我们要很好地学习军队现代化的科学知识，学习陆海空联合作战的方法和技术。他明确提出把建设现代化的国防军、学习现代战争的作战方法，作为军队建设的一个战略转变。

1950年年初，朱德以中央人民政府革命军事委员会副主席的身份，在三个月时间内，给毛泽东接连写了两个报告，提出要迅速建立海军、空军、工程兵和铁道兵，并着手有计划、有步骤地领导全军在精简整编、组建新军种、发展军工生产、建立军事院校、进行文化教育和战术技术训练、制定条令和条例七个方面开展工作，以加速解放军的正规化、现代化的建设。他建议组织工兵三十万人，平时在大城市维修营房、仓库及公共建筑，战时可用于作战。铁道兵原有五个支队，也可扩大到十个支队或更多一些，平时或战时都可用来修铁路。并就这些重大战略措施提出了具体建议，被毛泽东采纳。

这年年初，中共中央和中央军委决定由第三野战军解放台湾、金门、海南岛、舟山群岛四岛。负责指挥作战的粟裕、洪学智向中央军委汇报了前线情况，要求给予空军和海军的支援。朱德在听取他们的汇报后，于1月15日写信给正在苏联访问的毛泽东，提出加强军兵种建设的建议。他写道："粟裕同志、洪学智同志均来京报告情形，要求有飞机、海军帮助，才有把握登陆，如现无准备，时期要长些。顺风登陆时期，已赶不及，也无把握。我们讨论结果，还是要求苏联帮助我们建设空军、海军的初步完成，以作收复四岛之保证。"（《朱德军事文选》第714页，解放军出版社1997年版）

9月25日，朱德在全国战斗英雄代表大会和全国工农兵劳动模范代表会议开幕式上发表重要讲话。他说，无论中国的和外国的革命经验都充分地证明了这样一个真理：只有建设强大的人民武装力量，坚决地反对国内外反革命战争，才能确保民族的自由、人民的和平与幸福。因此，摆在我们面前的任务就是：我们必须建设一支十分强大的、足以击退任何侵略者进攻的现代化的国防军，只有这样，我们才能保卫已经获得的胜利果实，才能保卫正在进行的和平建设。

现代化国防军应该是什么样子？1951年4月，朱德在《八一杂志》创刊号的发刊词中提出："这支强大的正规化、现代化的国防军，在政治上必须服从共产党的领导，以马克思列宁主义、毛泽东思想把自己武装起来，必须具有高度的爱国主义、国际主义与革命英雄主义的精神。在军事上，必须通晓与掌握联合兵种作战的指挥及各兵种学术，并且有坚强的后方勤务工作。这支国防军必须有高度的组织性、纪律性、计划性和准确性；必须有正规的生活秩序及具有相当高的文化水平。总之，必须有高度军事素质与政治素质。"（《朱德军事文选》第779页，解放军出版社1997年版）这就从政治、军事两个方面全面、深刻地为人民解放军建设勾画出了一幅壮丽的现代化、革命化蓝图。在朱德的中国人民解放军现代化的宏伟蓝图中，其编制是多军兵种的，其武器装备上必须是大量使用各种复杂的战斗器材，其战略战术上必须学会各军兵种的联合作战。

朱德特别强调，在向现代化、正规化前进的过程中，不能丢掉过去的优良传统，也不能被过去的经验所束缚。要继承和发扬优良传统，保持高度的政治素养和军事素养，在总结以往我军经验的基础上，虚心学习外国的先进军事学术、国防科技和治军的方法，以开阔自己的视野，丰富自己的头脑。尽管我们在长期战争中取得了胜利，我们是具有优良的建军传统和丰富的作战经验的，但由于过去长期处于农村环境而造成的一些带副作用的东西，如游击主义、分散主义等，均应纠正，不能保留。

朱德以实事求是的态度，要求全军学习外军的同时，紧密结合我军的情况，采取有选择有创造的学习方法。既不墨守陈规，也不盲目崇拜，机械照搬，而是要从我国的实际情况和军队的现状出发，把学习外国的先进科学与自己的独创结合起来，闯出一条适合我国国情、军情的社会主义的现代化之路。

建立科学的统一的编制体制，是实现军队正规化、现代化的前提。随着解放战争接近尾声，实行全军整编就成了第一位的任务。当时人民解放军总人数已达五百五十万人。这时已没有必要再以大量的军费来维持如此庞大的军队。1950年4月，中共中央政治局会议经过充分讨论后决定，中国人民解放军实行大规模整编,全军的总人数压缩到四百万人。全军实行统一的指挥、编制、制度和纪律,建立正规的严格的工作秩序和生活秩序,具有高度的组织性、纪律性、计划性和准确性,克服战争年代特定环境下养成的游击习气、山头意识和散漫作风。机关人员要少而精,提高素质和工作效率,实行有领导有检查的分工负责制,改变过去那种手工业式的工作。

1950年5月16日,朱德在中央人民政府人民革命军事委员会参谋长会议上发表重要讲话,强调,军队要实行统一编制,并且要很好地进行整顿,进一步提高部队的战斗力,使之符合将来战争的需要。在这次讲话中,朱德提出了质量建军的问题。他指出:"要根据我们财经的可能力量,把我们的军队在数量上、质量上都搞得很好。数量上多了国家负担不起,不要以为'多多益善',因此,在质量上就要好好地注意,要加强整理训练,做到少而精。"(《朱德军事文选》第731页,解放军出版社1997年版)

虽然因为抗美援朝战争使新中国首次精简整编工作被迫中止,但朱德的这些重要思想直到今天仍然具有十分重要的指导意义。

二、大力发展新军兵种,建设合成军队

现代战争是前后方浑然一体的立体战争,是诸兵种协同行动的联合作战。而新中国成立之前的人民解放军,是以陆军为主的单一军种,急需发展新的军兵种。中华人民共和国成立之初,朱德以无产阶级战略家的眼光,根据国内和国际形势的发展和解放军的任务,及时地提出了发展新军兵种,建设合成化军队的问题。新中国成立之时,朱德就敏锐地指出了新军兵种在现代战争中具有的关键性的作用。他指出:"决定胜负的还是步兵,没有步兵是不能取胜的,步兵是决定胜负的关键。但空、海、炮、工、坦克等部队在将来作战中是不可缺少的力量。决定胜负关键的转换点,还是靠这些。"(《朱德军事文选》第731页,解放军出版社1997年版)

为了实现我军的现代化,改变战争年代那种单一步兵的状况,建立并发展各军兵种,向合成方向发展,朱德呕心沥血,悉心指导。他连续出席各军

兵种的重要会议，提出各军兵种建成后的工作原则和方针，主张建设一支合成化的诸军兵种部队，号召全军努力学习新的军事技术。

朱德多次指出，现在的作战对象不同于国内战争时期的敌人，它有高度的现代化装备，有很完善的诸军兵种。我们应对它的编制和战术来研究出有效的对策。他及时地向全军提出了总结经验，整顿编制，学会诸兵种联合作战的新任务。要求建设强大的空军、海军、装甲兵等新的军种、兵种，使解放军成为大量使用现代化科技装备的合成军队。为此，一定要力争用现代尖端武器来装备军队。空军的主要任务是夺取制空权。空军能不能建设好，掌握技术是个关键。海军的防御作战，应以攻为守，发挥火炮的作用。今后的战争是诸军种、兵种的联合作战，要取得胜利，一定要发挥装甲兵的作用。

为尽快使我军编制和战斗编成达到合成化，朱德亲自抓了空军、海军、装甲兵等军兵种的组建工作，先后从陆军中抽调大批骨干充实到这些部队，以欣喜的心情看待这些具有强大火力、突击力和机动力的新军兵种的诞生。他在各军兵种所作的许多重要指示中，一再指出这是把我军建设推向新阶段的历史性变革，是一件十分重要的刻不容缓的大事。在此后的年月里，朱德在政务繁忙的情况下，仍一直关心着各军兵种的建设和部队合成作战能力的提高。

7月1日，朱德在中央人民政府人民革命军事委员会直属机关干部纪念中国共产党成立二十九周年大会上讲话时指出："我们要尽快地走向现代化。我们要有飞机、军舰、大炮、坦克、工兵、骑兵、伞兵和各式各样的兵种。为了打台湾，我们正积极地建设空军和海军，使之达到现代化的水平。其他兵种，我们也要在现有的基础上来努力建设，使之成为现代化的军队。"

8月14日，朱德就建立和训练坦克兵问题，致函毛泽东：坦克兵的领导机关即将成立，并拟定训练计划。制造坦克和发展汽油工业，也应抓紧，并纳入第一个五年计划之内。时隔不到一个月，9月5日他又致函毛泽东，提出："除整顿我们大量陆军外，应以空军对空军，空军对海军，作为自卫战争中的最好的军种。"要抓紧建设空军、海军以及装甲兵、炮兵、工兵、铁道兵等特种兵。"现有陆军除整编必需外，大部分转为新式兵种，如将来作战需要大量步兵时，临时编练较它兵种容易。"（《朱德军事文选》第755页，解放军出版社1997年版）

1950年9至10月间，朱德在讲话中多次强调为建立诸军兵种合成的现代化国防军而奋斗。他分析指出，由于各军兵种的武器及战斗器材复杂，为了能掌握技术和学会诸军兵种的联合作战，就必须有正规、统一的训练计划。我们现在所处的环境和所进行的战争，从各方面来说，都和过去不同了。如果不进行现代化、正规化的训练，那末就是有现代化的装备，也不能达到真正的现代化。如果我们的部队是一支具有现代化装备的部队，而使用这样装备的人，又一个个都是赤胆忠心，充满着革命气概的英雄，那末，我们的部队就称得起是一支真正钢铁般的、无敌的部队。有了这样一支部队，我们就能确保中国人民的和平与幸福，直到最后消灭战争。他号召全军指战员要毫不满足地认真学习，熟练掌握新的技术，学会诸兵种联合作战的计划性、组织性和准确性，巩固和提高军事纪律，为建设一支强大的现代化的国防军而奋斗。

这一年，我军相继成立了炮兵、铁道兵、装甲兵、防空兵各兵种部队领导机关后，朱德又把自己的精力投入新军兵种的建设上来。

现代战争是立体战争，没有一支强大的现代化的空军就没有制空权。朱德认为没有制空权的军队就要被动挨打、受侵略。他大声疾呼建设空军是刻不容缓的事情，不管家务大小，困难多少，我们非办好不可。在新中国建立初期，朱德就看到制空权在现代战争中的重要作用，在空军建设上提出具体要求。他认为，没有制空权的军队就要被动挨打，没有制空权的国家必然遭受侵略。1949年7月，朱德向中共中央书记处提议，派学生去苏联学习空军，六个月毕业即可使用。7月10日，毛泽东就此事致信周恩来，可考虑选派三四百人去苏联学习空军。同时购买飞机一百架左右，连同现有的空军组成一支攻击部队。

1949年11月11日，中国人民解放军空军成立，它与新生的人民共和国一起成长壮大。1950年3月，朱德在空军政治工作会议上作《建设一支强大的人民空军》的讲话，提出要建成一支完全新式的、强大的人民空军的战略设想。他说："我们建设空军，要完成怎样的任务呢？首先，要配合其他军种完成解放台湾、海南岛的任务，做到在一定的领海和领空上初步取得制空权。然后，逐渐地在这个基础上建成一支完全新式的、强大的人民空军。这支空军，要在我们所有的领海和领空上完全取得制空权，能够击退任何侵略者的进攻。"（《朱德军事文选》第717页，解放军出版社1997年版）

组建空军最主要的是技术员和飞行员，他们当中许多人都是从陆军中挑出来的优秀指战员，要把他们培养成专业飞行人员，当务之急就是要办航空学校。这时逃跑到台湾的国民党政府，仍然不甘心在大陆的失败，凭借着海军和空军的优势，利用东南沿海一些尚未解放的岛屿作跳板，不断对华南、华东的一些大中城市进行轰炸，造成工厂停产，人员伤亡，严重影响了国民经济恢复和社会秩序。老百姓盼着人民空军的银鹰能翱翔天空，人民空军战士更是个个憋足了一口气。朱德对参加空军政治工作会议的同志们说：我们的任务是很紧迫的。人民实在等得焦急了，他们希望我们很快地把学校办好，越快越好，快一个月也好。上下一心，空军陆续办起来了七所航校，培训了一批批的空勤、地勤人员。

他要求空军要掌握技术："空军能不能建设好，掌握技术是个关键。在一定的意义上，技术决定一切。如果我们别的都好，就是技术不好，那也不能完成任务。空军作战的胜负，有时往往是一分钟一秒钟的事情。只有掌握了技术，才能战胜敌人，不然就要为敌人所打败。因此，所有的人员都应当学会技术。"（《朱德军事文选》第717—718页，解放军出版社1997年版）

他还提出："空军是一门很精细的军事科学，要掌握精干政策才能把空军建设好，从组织到人员都要精干。精干了不但可以提高效率，还可以省下一些经费，把钱用到适当的地方去。"（朱德军事文选》第719页，解放军出版社1997年版）

他对空军的具体发展建设情况十分关心，大到军事路线，小到伙食改善都有详尽的指示。他还亲自参加空军的一些业务会议，视察空军部队和机场设施，参加航校的开学、毕业典礼，参观飞行表演和教学展览。我国第一批女飞行员的开飞典礼，就是他和邓颖超共同主持的。

抗美援朝战争前夕，中苏双方商定，中国出兵，苏联空中支援。当中国陆军踏上朝鲜土地，与敌人浴血奋战时，苏联方面提出种种理由，不愿派空军支援，最终只答应提供飞机援助。前方的战士在流血，由于没有制空权，美国的飞机可以长驱直入恣意轰炸，许多年轻的生命牺牲在敌人的轰炸之下。共和国的领袖们以非凡的胆略决定派年轻的空军进入朝鲜作战，与美国空军展开了一场第二次世界大战以来相持时间最长、规模最大的空战。

1951年，中国人民志愿军空军飞赴朝鲜前线前夕，朱德顶风冒雪，专程赶到东北某飞机场，检阅了志愿军空军健儿，勉励战士们要勇敢战斗，不怕流血牺牲，打出中国人民军队的威风来。他还观看了空军的飞行表演。志愿军空军健儿不负朱德等中央领导和全国人民的重托，他们在朝鲜战场上打败了王牌军，创造了空战史上的奇迹：先后有十二个师赴朝参战，共击落敌机三百三十架，击伤九十五架。在与强大敌人的较量中，年轻的人民空军迅速成长。

朱德对人民海军建设同样非常重视，强调新中国必须建设强大的海防，必须建设强大的人民海军。他对海军在国防中的地位和作用、海军的主要任务、海军建设的标准、海军管理干部的来源等问题，提出了许多具体的建设性的意见。

他指出，中国过去的海军是防内不防外，封建势力的海军、蒋介石的海军都是这样。我们建立海军是为了反对帝国主义的侵略，任务很重。我们的海岸线很长，要保卫海防，首先要靠海军。

1949年8月21日，朱德在中南海接见了华东军区海军司令张爱萍等人。当一行人来到时，朱德热情地站起来迎接，同大家握手问好。

坐定后，朱德问张爱萍："现在海军有多少兵力？"

张爱萍回答："包括国民党起义官兵和征召人员在内约两万人，大小船只一百多艘。"接着，张爱萍把海军组建以来的情况向朱德作了详细的汇报。

朱德语重心长地说："我们国家的海岸线很长，敌人侵略我们中华民族大都是从海上来的，希望你们更好地和人民一起把海军搞起来。"

金门之战失利，使毛泽东和党中央其他领导人深切感受到建设一支人民海军的紧迫性，形势催促华南海军应运而生，守卫着华南的门户。在此基础上，1950年4月14日，正式成立了统一指挥和管理的人民海军。第二年9月，

朱德在中国人民解放军海军第一次政治工作会议上发表讲话，阐述了海军的任务和防御方针。在谈到海军的任务时，朱德说："过去陆军打仗，曾经为了歼灭敌人的有生力量，不以夺取城池为主要目标。海军就不同，海军的任务是保卫国防的最前线，要把敌人消灭在海上。为此，海岸炮兵要有坚固的永久性的堡垒。炮兵除了经常操练之外，应当经常增修工事……有人说炮是'战争之神'，这话是有道理的。现代战争仍然要重视炮的使用。因此，我们的海军政治工作一定要保证训练出政治质量高、技术十分熟练的海军炮兵。"（《朱德军事文选》第799—800页，解放军出版社1997年版）

朱德强调，最近几年内，我们的海军还不可能有大的登陆艇、大的战斗舰和航空母舰。因此，我们在战略上只能采取防御的方针。但单纯的防御是不行的，要以攻为守。快艇、潜艇配合飞机、大炮，这都是攻防作战最有力的武器。海军的同志们要有信心和决心，去配合陆军和空军，依靠坚固的海防工事去歼灭来犯之敌。他对海军的建设提出了殷切希望："我们相信，经过一定时期的努力，中国人民也必将拥有一支强大的和陆军同样英勇善战的海军部队。"（《朱德军事文选》第798页，解放军出版社1997年版）

为了让海军全体指战员尽快成长起来，他发出庄严号召："从你们司令员起到每个战士，都要从头去摸索、去学习，学会现代化的海军技术，学会在海上生活，把自己锻炼成一个坚强的海军军人。"（《朱德军事文选》第799页，解放军出版社1997年版）

朱德对海军的建设关心备至，从政治工作到技术训练，从开办学校到建设军港，从海岸炮兵到鱼雷快艇等，都有许多具体指示。

中国人民解放军海军刚刚组建时，朱德对从陆军中调来的指战员说，要虚心学习，努力工作，建设一支人民的海军。

1950年7月13日，朱德写信给海军司令员萧劲光，就海军建设作了许多重要指示。几天后，他又当面对萧劲光说，应该利用现有的时机和兵力，首先把沿海海岸各要地及岛屿的防御工事、防御设备建立起来，把各基地组织起来。这一任务应成为当前的工作任务，而且应成为首要任务之一。不能单从打台湾打算，而忘记了海军的基本建设。他强调，"中国地方宝贵，寸土都要保护"，海军的防卫在海上；并提醒"招兵要注意招水性熟悉的人"，海军司令部要"在海上建立生产，建立家务"；还指出要注意解决燃料问题。

1951年8月30日，朱德在给毛泽东的信中建议加快建设海军的防卫力量。信中写道：

毛主席：

第一信谅达。我们在此看了海军，上了一只八百吨的小舰，并上了鱼雷快艇，在海上转看青岛的形势，是很险要的。在岸上的设备，也看了两个国防工事，炮台，是钢骨水泥建筑的，能充分发扬火力，但不能隐蔽本身，只靠伪装掩饰，是不够的，必须以陆海上飞机掩护及本身高射，并配合高射炮，就可以抵制任何敌人的海空军的攻击。如对进口各航线加以布雷，再设有潜水艇一部，加上鱼雷快艇的放射，是可能有在敌人进攻时击败它的力量的，这是在国防前线应该重视的。

海军目前因为经济条件及国内工业条件不够，不能足用地去建设它，也不可能，但是在海防第一线上，是海军接触敌人，我们应尽可能地去建设海军的防卫力。

海军同志们的要求，我国建设空军的比例，应有百分之二十是海军的空军。海军空军可有两用，陆上海上都是一样的，可以航海、布雷、侦察、战斗。陆上空军到海上去多迷失方向，不熟悉海上情况，这个请求是可以允许的。另外，海军的军事工业似应开始……造小艇花钱不多，开始办是必需的。

他们这两个要求都是合理的，我们也能办到，也是急需的，请你指示。专此，祝你健康。

朱德

（《朱德军事文选》第796-797页，解放军出版社1997年版）

毛泽东对朱德的建议非常重视，很快批准了这一建议。

1951年9月11日，朱德参加海军第一次政治工作会议时，对在座的海军各级政治工作干部说，中国过去不是没有海军，但都没有真正的海防。今天我们保卫国防的第一项重大任务就是防守海岸线，保卫领海。这个任务是艰巨的，需要海军的指挥员和战斗员一致努力，也需要海军同陆军、空军相互配合，共同来完成。海军政治工作人员的首要任务，是要在海军中保证党的领导，要使全体人员有忠于人民、忠于祖国的思想和严格的革命纪律性。此外，还有很重要的一项任务，就是要保证全体指战员学会现代化的海军技术，还要保证海军兵工生产任务的完成。

朱德十分重视装甲兵的建设。他在装甲兵干部集训会议上讲话时指出："装甲兵是我军一个新兵种，它的主要装备是坦克。现在的坦克兵是从步兵、炮兵调来的，对坦克技术还不熟悉。从司令员到每个干部、战士都应该把坦克技术摸熟……要建设好装甲兵这一新的兵种，技术具有决定作用。政治工作要保证技术的提高。军事任务要靠技术来完成。"（《朱德军事文选》第817页，解放军出版社1997年版）他还富有预见性地指出，今后的战争是诸兵种的联合作战，要取得胜利一定要发挥坦克兵的作用。它是有掩护的炮兵，是陆军中的骨干。要破坏敌人的碉堡，要追击敌人，消灭敌人的有生力量，就要靠掌握技术、发挥坦克的威力。

他从未来战争的特点出发，明确指出了坦克在未来战争中的地位和作用，殷切地希望装甲兵能尽快地掌握技术。他说，坦克兵的任务就是要很快消灭敌人，现在就要加紧学习技术，能熟练到什么程度就要熟练到什么程度，保证在敌人来时坦克能开得动、打得准，不然问题就大了。要求"大家要以党性保证，全心全意地钻研技术，达到专业化"。

他对铁道兵的作用也给予高度的重视，认为铁道兵不论平时还是战时都离不开，其任务是极其艰巨而光荣的。他说，铁道兵是我军的技术兵种，是现代化国防军不可缺少的一个组成部分。他告诫铁道兵的同志们，你们的技术要学得很好，本领要练得很大，平时积极参加祖国铁路建设，战时担负起抢修任务，保证军事运输。在现代化战争中，没有铁道的支援，就不能很快地把部队运到前线去，就难以使用大兵团作战。所以你们的任务，不论在战时或平时都是艰巨的。

从1950年9月提出建设现代化国防军的任务，经过一年的努力，到1951年9月，现代化国防军初具规模。朱德非常高兴地指出："我们建立了海军、空军和坦克部队、工兵部队、防空部队、铁道兵部队以及大量的炮兵部队，有了这样复杂的军兵种和大量使用复杂的战斗器材，这就是现代化标志。"（《朱德军事文选》第807页，解放军出版社1997年版）

各军兵种建立后，下一步目标，就是进行各军兵种联合作战的训练，因此，1951年9月，朱德在一个军事训练会议上强调要进行现代化、正规化的训练。他分析指出："我们所以要进行现代化、正规化的训练，是由于我们现在所处的环境和所进行的战争，从各方面来说，都和过去不同了。如果不进行现代化、正规化的训练，那么就是有现代的装备，也不能达到真正的现代化。""由于各军兵种的武器及战斗器材复杂，为了能掌握技术和学会诸军兵种的联合作战，就必须有正规、统一的训练计划。"（《朱德军事文选》第806—807页，解放军出版社1997年版）

三、大力培养德才兼备的军事人才

培养和造就一大批适应现代化战争要求的德才兼备的优秀军事人才，对现代化国防军建设有着举足轻重的意义。朱德对这带战略全局性的重大问题，有自己独特的见解和精辟的论述，并且把培养德才兼备的干部，始终放在现代化国防军的首位。他认为，没有一支政治觉悟高、军事素质好、专业技术强的干部队伍，建设现代化国防军就无从谈起。他特别重视干部在现代化军队建设中的作用。如果没有一大批与现代化军队要求相适应的军事的指挥干部和政治干部，要建设一支强大的现代化军队，同样是不可能的。他强调指出："我们的干部必须是有德有才……只要我们有了这样大批的德才兼备的干部到陆军、海军、空军中去，在党的领导之下，全军努力，一支强大的现代化的革命军队的建成就一定可以实现。"（《朱德军事文选》第832页，解放军出版社1997年版）

实现军队现代化，离不开人和物的结合，但关键还是人。人与武器之间，人始终是起主导作用的。对现代化的军队来说，拥有现代化的武器装备，是重要的物质基础，而更重要的是把人"现代化"起来。这样才能掌握现代化的武器装备，才能组织实施现代化战争。因为，任何现代化的武器装备都要靠人去掌握。1950年9月25日，朱德在全国战斗英雄代表大会和全国工农兵劳动模范代表会议开幕式上讲话指出："如果我们的部队是一支具有现代化装备的部队，而使用这些装备的人，又一个个都是赤胆忠心，充满着革命英雄气概的英雄，那末，我们的部队就称得起是一支真正钢铁般的、无敌的部队。有了这样一支部队，我们就能确保中国人民的和平与幸福，直至最后消灭战争。"（《朱德军事文选》第766页，解放军出版社1997年版）朱德在1951年9月召开的各兵种司令员、参谋长及各军区参谋长、军训处长集训会议上讲话时又强调，今后的战争，将使用大量的军事技术与战斗器材，并有大量的人员参加作战，如果不能掌握复杂的武器技术和学会指挥诸兵种的联合作战，就不能战胜敌人。

为了加强对军队干部的管理，1950年9月4日，我军成立总干部管理部，隶属于中央人民政府人民革命军事委员会，由总政治部主任罗荣桓兼任部长。9月13日，总干部管理部召开全体干部会议，朱德到会讲话，强调人才的极端重要性，要求建立干部管理制度。他说，现在我军已有九十多万干部，这是我党、我军的一笔大财富，有了干部，什么都可搞好。他对总干部管理部如何展开工作提出了具体要求。

他明确提出，我军的干部必须是有德有才，也就是必须忠心耿耿地为保卫社会主义事业而服务，努力学习，使自己具有马克思列宁主义思想基础，有现代化军事科学知识和为掌握现代化军事科学技术所必需的文化水平，并能掌握业务，富有革命事业心。

1951年4月20日，朱德在给《八一杂志》撰写的发刊词中指出："建设强大的正规化、现代化的国防军，在我们现时的情况与条件下，是会遇到某些困难的，但一定能够克服，其关键在于干部的学习。我们不仅要提高干部的军事政治理论、文化水平，还要提倡干部学习技术，尊重技术，掌握技术。学习中必须放下架子，抱虚心态度。我们不仅要学习过去二十多年来打败国内外敌人的经验和学习志愿军的作战经验，更要学习苏联打败了法西斯德国、日本的先进军事科学。我们也还要向当前的敌人——美帝国主义学习，从而更有效地战胜敌人。"（《朱德军事文选》第779—780页，解放军出版社1997年版）

他指出，人民解放军由过去的单一陆军发展到诸军种、兵种联合作战，是一个伟大的历史性转变，要顺利完成这一转变，全军上下一定要大力学习新的军事科学，学习新的军事技术，学习各种科学文化知识，尽快学习诸军种、兵种协同动作，掌握现代战争的作战本领。今后战争仍然是实行勇敢与技术相结合，要把政治与技术很好地结合起来。军队现代化，关键是掌握先进技术。各级干部要带头尊重、钻研并真正掌握现代军事技术，尽快由外行变成内行，成为专家。只要有了大批具有马克思列宁主义思想基础，忠心耿耿地为社会主义事业服务，并且掌握了现代军事技术和军事学术，精通业务并富有革命事业心的干部，建设一支强大的现代化革命军队的目标就一定能实现。要通过办好军队各级各类院校和大力加强部队训练，使广大干部战士成为掌握和应用现代军事技术和军事学术的能手。

朱德认为，要掌握现代军事技术，就必须努力学习文化知识。只有学习文化才能学习现代军事技术，这是培养干部的必由之路，别无捷径。20世纪

50年代初期，朱德及时地领导了"向文化大进军"，全军指战员掀起学习文化科学知识的热潮。1951年元旦，朱德在军委举行的同乐会上，发出了"学习理论和文化科学知识，以加速部队的现代化建设"的号召。到1953年，全军基本上消灭了文盲和半文盲，普遍达到了小学毕业以上的文化程度。干部被分批送到速成中学去学习。各个军事院校都有补习文化的预备学校和预科班，达到中学毕业，考试合格才能进入专业学习。这些具体措施，无疑对部队现代化建设，产生了极其深远的影响。

为尽快培养更多的优秀军事人才，朱德对办好各级各类军事院校特别重视，明确提出办好军校是建设军队的第一项重要工作，要求各院校要明确认识自己在国防现代化中，担负着培养干部的重任。

1950年11月中旬，全国首次军校工作会议在北京召开。11月21日，朱德到会并发表重要讲话。他指出，我们进行了几十年的斗争，军队的历史有二十几年。整个来说，这中间，军事教育从未间断过，时时刻刻注意了这一问题。如过去的学校、教导队、训练班、政治队等。所以，打了胜仗，培养了许多干部。

1951年9月中旬，第二次全国军校工作会议在北京召开。9月19日，朱德出席会议，并发表重要讲话。他及时地提出："建设正规化的学校，培养训练干部，是我们国家当前一项很重要的任务，也是一项长期的任务。"（《朱德年谱》第357页，人民出版社1986年版）

他强调指出，在教育中我们还应注意对象，一个是干部，另一个是敌人。敌人是谁呢？是美帝国主义。因此，我们就要以美帝国主义为对象，以自己和将来的装备条件，以及过去的经验教训来教育学员，学会对付美帝国主义的办法。他要求各大军区首长应时刻关心学校的事情，要看到办好学校是建设军队的第一项重要工作，只有好的学校才能给我们培养训练出好的干部。他强调在教育计划的贯彻执行中，要注意学用一致，适合军队建设的需要，不要军队一套，学校又是一套。

他针对当时一些干部不安心军校教学工作的现象指出，培养训练干部是我们国家当前很重要的任务,所以担负学校教育工作的同志,是极其光荣伟大的。过去有些在学校工作的同志看到学生出去都当了官,认为做学校工作没有出路,甚至不安心于学校工作,这个想法是错误的。希望大家努力学习提高自己,掌握现代化的科学技术,成为一个马克思列宁主义的军事教育家,使我们学校建设走在军队建设的前头。只要我们办好了现代化的学校,掌握了现代化的技术,中国将来就再不会成为殖民地了。

怎样才能办好适应现代化战争需要的院校呢?朱德就军校的任务、办学方针原则、教学内容、对学员的要求等,有过一系列的指示。他指出,院校应首先明确自己在国防现代化中的地位和作用;正规院校应有统一的训练计划和制度;应有完善的设备和良好的教材;学习要有较长的时间保证;学员从入学、升级到毕业,都应举行严格的国家考试;学习现代科学技术,不能丢掉我军光荣传统;要认真研究作战对象的特点,吸收抗美援朝的作战经验等。朱德特别关心和勉励在军事院校工作的同志说:"我们做学校工作的同志把学校办好了,也同样可以成为教育战线上的英雄,努力将自己的学校办好,成为建军的模范。"(《在全国首次军事学校会议上的讲话》,《朱德元帅丰碑永存》第342页,上海人民出版社1986年版)

他还要求正规军事学校"应有正规的统一的计划和制度,有完善的设备,较长的学习时间(速成训练在外),学员入学、升级、毕业都要考试,特别是要举行严格的毕业考试。科目要完备而有系统,使毕业学员有适应工作需要的全面知识技能"。

在党中央和朱德等老一代军队高级将领的关怀下,各种专业类型的院校,迅速建立起来,成千上万的军队干部进入院校,学习现代军事科学技术和指挥作战的本领,为建设现代化的国防军创造了重要条件。

朱德身体力行,亲自检查院校建设的实施情况,许多院校都留下了他的足迹和身影。

抗美援朝战争开始不久,中共中央和中央军委决定将刘伯承从大西南调到南京,组建我军第一所高级军事学院,要求把它办成我军的最高学府,办成专门培养适应军队现代化建设需要的高中级干部的摇篮。朱德对筹备军事学院非常重视,听说军训部部长萧克要为军事学院选校址,就对萧克他们说:"我和你们一起去看。"

朱德和萧克坐车先到位于府佑街附近的原北洋军阀陆军大学的旧址,一看,过去的建筑不大适合于现代教学,同时,房子太破,一下子修不起来,不行。接着,朱德又和萧克等来到五棵松一带,转了一路,仍没有合适的。后来又跑到红山口。一连跑了四五个小时,一路上朱德还兴致勃勃,边走边给大家讲战争年代看地形的笑话。

朱德主张军事学院办在北京,但一直没选到合适的地方。后来,萧克到南京去,发现国民党陆军大学的校址比较好,经军委、毛泽东批准,军事学院的校址定在南京。

朱德非常关心军事学院的成立,经常亲自到军事学院视察和指导。1954年3月,军事学院基本系、情报系第一期学员即将毕业。党中央和中央军委对军事学院的工作极为重视和支持。3月下旬,中央军委任命朱德为主席,刘伯承和总政治部副主任甘泗淇等为副主席,组成国家考试委员会,对军事学院毕业学员进行考核验收。4月19日,朱德来到军事学院,主持基本系、情报系第一期学员军事理论国家考试,军事学院院长刘伯承带领学院领导,到南京下关轮渡码头迎接朱德。在刘伯承的陪同下,朱德检阅了由学员组成的陆、海、空三军仪仗队。

4月25日,基本系和情报系学员进行最后一门军事理论的国家级考试。朱德在刘伯承院长的陪同下,视察了各军兵种的教授会、专修室。他对学院建设的各个方面都表示满意。接着,他来到军事理论考场,视察了整个考场的情况,还亲自考了几个学员。随后,朱德对全院师生发表了热情洋溢的讲话,强调要培养德才兼备的干部,办军校是一件光荣的事业。他勉励全体学员要戒骄戒躁,努力再努力,把所学的军事科学知识,创造性地运用到现代化国防建设、保卫祖国、维护远东和世界和平的实际斗争中去,直到战胜一切敢于来犯的敌人,以完成我军的光荣历史任务。

下午，朱德听取了军事学院教育长陈伯钧和学院顾问罗赫里斯基的汇报，并接见了全院教授和主任以上的干部。

1957年4月，朱德视察哈尔滨军事工程学院，并发表讲话说："我今天很高兴，看到我国的这个高级的军事学府现在建成了，今年就有第一批同学毕业。这就增加了我国国防力量，促进将来军事科学技术的提高，这是很值得高兴的事。"又说："只要我们学习得好，就可以使我军成为一支不可战胜的军队，帝国主义也就要衡量衡量，不敢随便侵略我们。"

四、以经济建设为主，国防建设为辅

经济建设是国防建设、军队建设的物质基础，经济建设的发展决定军队建设的规模和质量，而国防建设和军队建设又是经济建设的可靠保障，二者是相互依赖和相互促进的。正确处理国防建设与经济建设的关系极为重要。朱德明确提出了"以经济建设为主，国防建设为辅"的原则。

新中国成立初期，由于我们接收的是国民党遗留下来的、经济十分落后的烂摊子，经济的落后决定了国防建设的步子不可能迈得很快。为了发展我国经济，1953年，党中央公布了过渡时期的总路线。同年12月，朱德在全国军事系统党的高级干部会议上，强调要把党在过渡时期的总路线和总任务作为会议的指导方针和今后我军建设的方针，要求军队建设自觉服务经济建设的大局。

1956年，抗美援朝战争已经结束，国际形势出现了一个基本朝着世界持久和平方向发展的可喜局面。在同年4月27日，中共中央政治局扩大会议讨论毛泽东的《论十大关系》时，朱德提出"以经济建设为主，国防建设为辅。国防工业建设应和民用工业结合"的思想。同年8月，他又写下了《我对于贯彻执行主席指示的十大关系的一些意见》，进一步阐明了经济建设与国防建设的辩证关系。他指出："经济建设和国防建设是密切关联在一起的，前者是后者的巩固基础，后者是前者的保障。没有国家的工业化，就谈不上国防的现代化。特别是现代的国防建设，是建立在最新的科学技术和最新式的装备上,这就需要有充足的资金来建设强大的现代工业基础。为此,就应该尽量减少现役军费的支出,集中更多的资金来加强经济建设,以便给国防建设打下强固的基础。只有这样,国防建设的速度才会真正加快。只有这样,国防建设才会是最新式的建设。经济建设和国防建设不是平行的,而是相互适应的。"(《朱德军事文选》第848页,解放军出版社1997年版)

为了使国防建设切实服从经济建设的大局,朱德提出了重要措施:其一是要求全军坚持保卫祖国、建设祖国双重任务一肩挑。一方面对于人民解放军永远是一个战斗队不能有丝毫的动摇;另一方面,部队又应当积极参加生产,支援国家经济建设。1958年9月28日,他在对山西省军区和当地驻军干部讲话时说:"军队参加工农业生产,这很好。我们军队是全心全意为人民服务的军队,有很高的思想觉悟,军队是打仗的,但积极参加社会主义建设,也是我们的光荣任务。"其二是要求精简部队,节约资金,为经济建设和国防建设服务。他说,只有实行义务兵役制,才能积蓄大量的预备兵源,减少现役兵,才能节省国家开支,使国家把更多的钱投入工业建设。1958年,经党中央和中央军委决定,解放军总员额减至二百余万人,军费在国家预算中的比例,也在1953年的基础上削减了13.75%。

他要求用军队把国家建设好。早在描绘新中国宏伟蓝图的中共七届二中全会上,朱德就指出,过去从城市到农村是个大转变,现在从农村到城市又是个大转变。我们的工作要适应这个大转变。军队要由战斗队逐步转变成工作队,这也是个大转变。我们的部队是个学校,这个学校要培养出会做事的人。将来管理生产,搞生产建设也要靠他们。1950年1月24日,朱德在铁道部全国工程政治工作会议上讲话时指出,我们有强大的军队,除一部分担任战斗任务外,要用一部分力量参加生产,最好是用在修铁道上。我们不光要用军队把敌人打败,还要用军队把中国建设起来。

五、自力更生,加快发展新中国的国防工业

朱德认为,中国人民解放军现代化的出路何在?单靠买,买不起,也买

不来；单靠等，也等不来。只有一条，就是依靠党中央和毛泽东提出的办法"自力更生"，靠自己的双手去发展兵工生产，去研究尖端技术，变"有什么武器打什么仗"为"打什么仗造什么武器"。

我军的装备，过去主要靠缴获国民党军队的装备，既陈旧，又庞杂，谈不上是现代化的。像我们这样国家大、军队多、经济尚不发达的社会主义国家，要解决这个问题，根本的办法是靠自己制造。朱德对国防工业建立与发展、我军武器装备的发展历来十分关心。新中国成立后，他一直把发展军工生产，用现代化的武器装备部队当作国防现代化的物质基础。

1951年11月，朱德在全国第二次军校工作会议上强调指出，我们部队最要紧的就是技术，只有技术搞好了，战术才能发挥更大的效力。由此可见，朱德渴望大家早日掌握现代的军事技术的迫切心情。

1949年7月上旬，他向中央书记处建议购买一批先进武器装备部队，同时派学生到苏联学习飞行技术。这一建议引起毛泽东的重视。经党中央和军委决定，从20世纪50年代起从苏联引进了一批舰艇、飞机、坦克及六十个步兵师的先进设备，初步改善了我军武器装备落后的局面。

1950年3月10日，他在空军政治工作会议上指出："我们不但要学会使用和修理飞机，还要学会制造飞机。"同年7月13日，他写信给海军司令员萧劲光，提出，海军和空军是现代化的兵种最高的必需的，要加强这两个兵种，就必须有造船厂、飞机制造厂。有了这两种工厂，能制造还不够，还必须要有石油厂，才能强化起来。

朱德非常关心军工生产。解放战争后期，他就提出军工企业要加强科学管理，提高效益，强调要保证更高的产品质量。他认为，质量好，是军工生产的第一个要求，质量不好直接影响战斗，岂止是浪费。1950年8月14日，他致函毛泽东，提出制造坦克和发展汽油工业，也应抓紧，并纳入第一个五年计划内。

1951年9月14日，朱德就1952年工业生产计划致函李富春，又提出要利用已有的工厂、机器，充分发挥现有工程技术人员、熟练工人的作用，发展兵工事业，并把海军的造船、修船包括在内。在发挥原有人力物力的作用的基础上，不断进行技术改造和设备更新。

在第一个五年计划建设期间，国家对原有的兵工厂进行了技术改造，并新建了全国重点成套项目近百分之三十的一批重点工程。到1954年，全国军工厂共试制成功了三十二种武器，并正式投入生产，陆续装备了部队。我国的军事工业从生产简单的常规的步兵武器，较快地发展到能生产包括陆、海、空三军在内的重武器。经过短短的几年时间，我军先后建成飞机、舰艇、火炮、坦克、弹药、雷达、指挥仪、通信设备和电子元件工厂，为我国独立自主地生产武器装备打下了初步基础。到1959年国庆十周年时，受检阅的陆、海、空三军的武器装备，已全部是我们自己制造的。这同朱德关怀兵工生产是分不开的。

朱德在外出视察中，每到一地都要去看看军工生产。1954年在南方某飞机制造厂视察时，为工厂亲笔写下了"发扬工人阶级积极性、创造性，增强国防，保卫祖国"的题词，鼓励工人、技术人员攻克技术难关，造出中国自己的飞机。

人民解放军所需的现代化军事装备主要靠本国的军事工业提供。民用工业和国防工业应该结合起来，平时主要为经济建设服务，战时迅速转到为战争服务。对国防工业的发展，朱德一贯倡导实行"军民结合，平战结合"。新中国成立前夕，他就提出过军工生产要统一领导，兵工要带动民用工业。朝鲜战争停战后，国际局势趋于缓和。因此，朱德认为，在工业建设的指导思想上，一开始就搞和平工业，光搞兵工恐怕有问题。

随着社会主义经济建设事业的飞速发展，当朱德发现军工生产中，任务不足，有多余的生产力没有发挥出来，造成了浪费；而民用工业又需要新建工厂时，认为这是一个必须解决的矛盾。因此强调军事工业必须实行军品和民品生产相结合、平时生产和战时生产相结合的方针。

1956年4月，朱德在写给中共中央的出访报告中，从世界形势已经发生变化、世界战争可以防止这一认识出发，向中央建议，要考虑怎样把国防建设同和平生产结合起来的问题，指出武器生产要同和平生产相结合，特别注意发展战时和平时都需要的精密器械和仪表工业。随后，他同分管经济和国防工业的领导人谈话时不止一次讲过"军工要改为和平工业"、"军工要搞民用产品"，并先后向党中央和毛泽东主席写过七八份报告。

1957年，朱德对我国国防工业的现状作了系统考察。他根据考察中发现的问题，建议中央对军工企业进行改革，要实行战略转移，进一步发展了他早先提出的国防工业要实行"两结合"的思想，从国际形势已进一步趋向缓和这个判断出发，更强调军事工业要同民用工业生产结合起来。这年1月5日，他在同薄一波谈话时说，世界大战短时期内打不起来，因此，相当数量的军工可以改为民用工业。1月7日至3月24日，朱德在湖北、广西、广东、云南、四川、陕西等省区视察期间，多次致函中共中央和毛泽东，提出兵工厂转民用生产，或兵工厂与民用生产相结合的问题。他在1957年4月18日写给党中央和毛泽东的视察报告中说："这次看到的最突出的问题，是兵工生产如何同民用生产相结合的问题。这个问题不仅在重庆、成都、云南、广州等地存在着，而且是一个全国性的问题。一般说来，兵工厂的特点是投资大、厂房好、职工多、设备新、技术水平高、生产能力大。这些厂去年就吃不饱。"并尖锐地指出了解决兵工生产问题的紧迫性："看来兵工生产在和平时期兼产一些民用物品或同民用生产相结合的问题，迟早非解决不可。我认为这个问题要及早解决，否则损失更大。当然，这个问题牵涉的方面很广，比较复杂，需要作通盘的考虑和筹划。但是时间不允许我们再拖下去，拖延并不能解决问题。需要先从原则上确定下来……"（《朱德军事文选》第850页，解放军出版社1997年版）

朱德认为，解决这一矛盾的唯一正确办法，是国防工业实行"军民结合、平战结合"的方针。他根据当时军工企业的格局提出了解决问题的两个具体方案：第一个方案是把专门负责领导和管理国防工业的二机部同一机部、机电部合并，设备和人员统一调度。这样，平时可以多生产一些民用品，战时主要生产军用品。第二个方案是把二机部的范围划小，把剩余生产能力分出来转向民用生产,二机部今后专搞原子武器与特种兵工生产。

朱德的报告引起毛泽东的高度重视,毛泽东很快批示有关部门进行研究。最后,中央采纳了他提出的第一个方案。1958年2月,全国人大一届五次会议作出决定,将第一机械工业部、第二机械工业部、电机工业部并成一个部。

在当时我国国防工业刚刚出现危机,面临重大转折的紧要关头,朱德总司令在深入实际调查研究的基础上,高瞻远瞩地指出,和平时期的国防工业要实行平战结合、军民结合,为我国国防工业的发展指明了方向。可惜的是,自20世纪60年代起,我们在社会主义建设方面开始出现越来越严重的"左"的错误,加上战备工作不断升级,要准备打仗、打大仗、打核战争,因此,国防工业并未跳出单纯军事性的因子,并未能真正实行平战结合、军民结合、完成向新模式的转变。实践证明,朱德一向倡导的国防工业要"军民结合、平战结合"的方针是正确的。朱德关于军工生产要军品民品相结合的思想,在指导军事工业的改革中仍具有现实意义。凡是贯彻了"军民并举、平战结合"方针的,都取得了明显的效益。

朱德还比较早地注意到发展尖端武器的问题。他在1956年4月写给中央关于出访东欧七国的报告中提出,现在世界已处于工业技术革新中,必须运用世界最新科技成就,提高技术,对此我们必须十分重视。1957年8月,在国务院讨论第二个五年计划和国务院体制的会议上,朱德提出发展尖端武器、搞原子弹和导弹的主张。这个主张,得到周恩来的肯定和赞同。他说,朱老总讲得好。你有了两弹(原子弹、导弹),人家对你就不同了。这对科学技术有好处,尖端和基础是有密切关系的。

1960年军委扩大会议上,朱德再次强调:"我们的军队一定要下决心用尖端技术武装自己。如果我们的军队能在思想政治上武装好,再加上先进的装备,那就会成为天下无敌的军队。这样就有可能迫使帝国主义不敢侵略我们。"(《朱德传》第634页,中央文献出版社1993年版)在他和其他中央领导人的直接关心下,中国终于成功地研制了"两弹",标志着中国的国防工业真正跨入了现代化的行列。

六、建设现代化的后勤

作为人民解放军的创始人、总司令，朱德非常重视后勤在军队建设和作战中的作用，他从马克思主义唯物论的高度认识这一问题，他的一个基本战争理念是，能否打胜仗，后勤起一半作用。他说："现在的战争是现代化的战争，现代化的战争离开后勤工作去打仗是不可能胜利的。要靠补充得很充足，有计划的运输。因此，就要把后勤的一切工作准备好。准备好了还不行，还要把战争所需要的各种物资按时送到前方，并且还要够用。所以后勤工作能做得很好，我们就一定能打胜仗，不然就堵不住敌人的进攻。"（《朱德军事文选》第687页，解放军出版社1997年版）

在人民解放军历史上，军队对后勤的依赖性很大。一些作战和军事行动往往受制于后勤，如粮食供应、经济条件等。而且这种影响和困扰随着作战规模的扩大越来越突出。这一点，朱德有着深切感受。1929年1月，朱德、毛泽东率红军主力由井冈山下山，转战赣南闽西，其中一个重要原因是井冈山"经济无出路"。在反"围剿"期间，朱德多次强调要节省经费。他认为，反"围剿"作战需要以持久战略来消灭敌人，为此必须节省经费，这是争取战争胜利的重要问题之一。第四次反"围剿"作战前夕，朱德与王稼祥、彭德怀曾专门下达"节省经费，集中经济力量，战胜敌人进攻"的训令，强调指出："广大地征集资材，各方面地积极充裕消灭敌人的作战经费，是粉碎敌人大举进攻的充分的总的动员力量之一。"（《朱德军事文选》第98页，解放军出版社1997年版）1945年，在抗日战争战略反攻来临之际，朱德要求"全军动员起来，进行生产与节约，储蓄粮食和物资；自己努力，筹集大反攻所需要的物资。到将来集中作战之时，可以有备无患"。（《朱德军事文选》第538页，解放军出版社1997年版）

长期的战争经验和对现代战争的透彻了解，使朱德对后勤的重要作用认识很早，论述也很系统。他曾系统论述了人民军队后勤建设的三个阶段。

第一个阶段是红军时期，朱德认为那时有三个创造：打土豪，官兵一律平等，没有薪水。他说，那时白军有国家，有地盘，有供给。红军既没有国家，也没有地盘，什么也没有。红军要生存，就创造了新的后勤、新的供给、新的办法。井冈山时期创造了"三大纪律八项注意"，其中有一条"打土豪"，打了土豪要归公。这样饷和衣帽就有了来路。过去哪有专门靠打土豪吃饭的队伍？是没有的。第二个创造就是官兵一律平等，吃穿一样。这成了一个政治口号，实际上就是创造后勤。那时吃穿不一样就不行，那时的平均主义也是革命的。只有这样办才能保得住。再一个就是创造了没有薪水。第一没有薪水关，第二就是靠共产主义、社会主义，大家不要钱，不要薪水，义务制度。

第二阶段是抗战时期。朱德说，这个时期，不准打土豪，开始时国民党还发点饷。皖南事变后，国民党一个饷也不给发了，并实行经济封锁。在这种情况下，毛主席提出三个办法：一是饿死，二是解散回家，三是自力更生。大家不愿饿死，也不愿解散，就只有自己动手开荒、种地、纺纱、织布。我们抓住了这个转折点，就没有饿死，而且建立了很大家务。

第三阶段是解放战争时期。这个时期，朱德回顾说："不准打土豪，军队无暇生产，完全依靠群众供给。各地区把以前所有家务归公，支持了自卫战争。"

据此，朱德总结说：我们历史上的后勤工作是光荣的。为什么是光荣的？就是想尽一切办法养活了军队。

为此，朱德强调要建立革命的家务，认为要把兵带好，就要建立和管好自己的家务。"这个家务有什么东西呢？有枪，有子弹，有手榴弹，现在又增加了一些马、猪、羊等等，所有这些是我们的家务。我们要建立家务，就要爱护武器、保管好武器，保证我们的枪、子弹、手榴弹打得响。""连长、排长、士兵都要把这个家务看成革命的最好的工具。"（《朱德军事文选》第467页，解放军出版社1997年版）

解放战争后期，为突破攻坚战和歼灭敌重兵集团两道关系到决战和全局的难关，朱德倾注了大量心血。1947年春，朱德与刘少奇率领中央工委到达晋察冀解放区时，就着手抓军工生产，并给予具体指导和帮助。1947年12月至次年1月，中央工委在西柏坡召开了华北各解放区军工会议。在这次会议上，朱德作了重要讲话，指出，我们是以战争来结束战争，军工生产对我们胜利的快慢有重要意义。要提早结束战争，要拔掉大的据点，就要有大量的炮弹、炸药、手榴弹。我们现在主要靠缴获，这是不得已而为之。军工生产要有规律地进行。参加军工生产就是在后方出汗，打倒蒋介石。要搞好交通运输业，把军工产品很快运到前线去。

由于朱德对军火保证这个重要问题想得早、抓得紧、抓得实，使晋察冀和其他解放区的军工生产在1947—1948年有了突飞猛进的发展。大批武器弹药源源不断地送到前线，保证了大规模攻坚战的需要。如攻打石家庄、临汾、济南、太原等设防坚固的城市，使用了大量炸药和炮弹，这些炸药和炮弹均由华北兵工厂提供。在战略决战中的淮海战役，由华北和东北军工厂送往前线的弹药在1640万吨以上，远远超过了国民党方面的军火供应。

后勤的作用，随着战争规模的扩大和战争现代化程度的提高而愈益呈现出重要性来。越是现代化战争，后勤的影响也就越大。新中国成立后，朱德指出："后勤是平时准备，战时应用。能否打胜仗，后勤工作起一半作用。""我们将来是打大仗，故后勤工作要以现代化着眼去进行准备，后勤工作很要紧。"（《朱德传》第636页，中央文献出版社1993年版）"后勤工作在小游击队时代有小游击队时代的作用，现在有现在的作用，而且现在它的作用扩大了。"朱德并举例说："美国打仗，前方一人后方勤务要七人做，他的作用就等于前方的作用。"（《朱德军事文选》第687页，解放军出版社1997年版）

在人民军队的后勤极不健全的岁月里，朱德就富有远见地提出："要加强后勤工作，诸如供给、卫生、兵工事项，要使其能应付现在战局的需要，并对反攻之需要有打算、有准备，以期大动用时不致匮乏，这是后勤工作的方向。"（《朱德选集》第180页，人民出版社1983年版）

解放战争时期，随着作战规模的扩大，后勤的作用也日益重要。因此，朱德提出了一些很好的设想，其总体思路是：（一）统一集中，消除地域观念。全国财政经济、人力物力都要集中，特别是军工、军需更应集中。（二）有计划有系统地组织大规模的后勤体系，要在全国范围内组织补给区。补给区可以前运后送，并且可以在那个地区制造一些东西。（三）一切标准制度、工作布置、装配样式等都要有统一的规章。（四）军工、军需要实行计划生产，还要组织工农业生产。这些观点有的在今天仍然有借鉴意义。

朱德在指导晋察冀解放区工作时，另一个比较大的实践是将野战军与后勤工作分开，分别建立野战军指挥机构和军区后勤部。前者只管训练与打仗两件事，后者统一领导供给、卫生、兵站、运输、补充新兵和训练俘虏等。这样，野战军就可以轻快有力，灵活运用，从而适应打运动战与打大歼灭战的要求。

朱德曾对第二次世界大战作过认真研究，得出的结论是："近代化战争离开后勤工作去打仗是不可能胜利的。"德国所以在战争初期猖狂一时，就在于德国的"和平工业老早就转到军事工业方面来了"，运输、补充都有计划，把全部力量放在战争上面。苏联战争初期的退却和后来的反攻，就在于开始准备不够，后来准备了新的后勤。"这个胜利，就是靠后勤、兵工、运输搞得好。"同时，朱德也不贬低美国，他认为美国的后勤办得好，他们主要由飞机、海船来运输。后勤办得好是美国的特长。

在阐述后勤工作的重要性时，朱德提出"现代化的战争，就必须有现代化的基础"这一重要思想。用现在的语言来说，现代化的战争有赖于现代化的综合国力，仅靠现代化的武器装备是不够的。这是他从国民党有美式装备却老打败仗中得出来的结论。他分析说，新式的装备也好，现代化的装备也好，拿在国民党手里就打败仗，拿在旁人手里就打胜仗。为什么呢？他的条件也不坏呀！就是因为他用火车没有铁路，用飞机没有那样多飞机场，用汽车公路很少。所以现代化战争，就必须有现代化的基础设施。他没有现代化的基础设施，所以就用不上。这是朱德提出的很重要的一个后勤思想。

抗美援朝战争的实践，使朱德更加切实地看清了现代战争对后勤的依赖、建设现代化后勤的紧迫性。在抗美援朝战争中，尤其是运动战时期，由于志愿军入朝不久,战局发展很快,而后勤供应很不健全。据当时任志愿军后勤司令部司令员的洪学智回忆,志愿军后勤"存在的主要问题是物资供应不上,伤员抢救不及时,部队是在挨饿受冻的情况下打败敌人的。部队普遍反映有'三怕':一怕没饭吃,二怕无子弹打,三怕负伤后抬不下来。主要是我们没有制空权,敌机轰炸破坏使后勤遭到严重损失。前三次战役共损失了一千二百多台汽车,平均每天损失三十台。此外后勤力量不足,机构不健全也是一个重要原因,美军十三个后勤人员供应一个兵,志愿军则是一个后勤人员大体要供应六至十个兵。没有充分的物资,没有足够的道路和交通工具,没有健全的组织机构,就谈不上后勤保障"。(洪学智:《抗美援朝战争回忆录》第115页,解放军文艺出版社1990年版)

  美国也察觉到了志愿军的攻势由于受后勤制约,因而一般只能进行七天左右这一弱点,他们称志愿军的攻势是"礼拜攻势"。在攻势头一周里,美军和南朝鲜军就采取退却或防御战法,待一周以后,则发起猛烈反扑。志愿军由于后方粮弹不济,往往只好被迫后撤,有时甚至处于被动挨打的境地。对此,朱德印象很深。他说:"这一次朝鲜战争给我们一个很大的经验教训。我们组织庞大,供给困难,要供给作战人员又要供给一般人员。"他提出:"从交通、后勤供给来说,由于现在我们的物质条件改变了,所以交通、后勤供应也要现代化。交通必须善于运用火车、汽车、轮船、飞机,同时驮载和徒步运输仍需保留。给养必须适应战时的需要,使部队习惯吃冷食和吃面包、罐头等包装食物也是必要的,要尽可能做好。"(《朱德军事文选》第807页,解放军出版社1997年版)他为后勤学院题词:"建立现代化的后方勤务工作,是巩固国防,保卫我们伟大祖国的最重要的工作。"他为《后勤通讯》题词:"发扬后勤工作的创造性与毅力,向正规化的后勤建设迈进!"他要求后勤部门工作必须按照现代战争的要求,好好学习新的业务知识,改进自己的工作,再不能只靠过去的老经验了。同时,他还再三叮嘱从事后勤工作的干部:军队的后勤工作要照顾大局,要根据国防经费办事。

  在朱德总司令的关怀下,人民解放军迅速成长壮大,对此朱德感到非常欣慰。1964年8月，庆祝人民解放军建立三十七周年，朱德挥笔写下了《八一感言》诗一首：

> 国防科技日更新，培养人才百炼金。
> 陆海空军齐奋进，从今要重接班人。

从"富国强兵"到"建设现代化国防军"，朱德用一生实践来追求这一理想。直到1974年他88岁高龄，还登上军舰出海检阅北海舰队。面对浩瀚的大海，他感到无比欣慰，共和国的人民军队正如乘风破浪的舰艇，向着现代化目标前进。

主要参考文献

1. 《朱德选集》，人民出版社 1983 年 8 月版。
2. 《朱德军事文选》，解放军出版社 1997 年 8 月版。
3. 《毛泽东军事文集》第 1—6 卷，军事科学出版社、中央文献出版社 1993 年 12 月版。
4. 《朱德传》（修订本），金冲及主编，中央文献出版社 2000 年 1 月版。
5. 《朱德军事活动纪事（1886—1976）》，袁伟、吴殿尧主编，解放军出版社 1996 年 11 月版。
6. 《我的父亲朱德》，朱敏著，辽宁人民出版社 1996 年 12 月版。
7. 《朱德与中共党史重大事件》，庹平主编，中央文献出版社 2001 年 9 月版。
8. 《朱德的非常之路》，刘学民著，人民出版社 2001 年 7 月版。
9. 《朱德和他的事业——研究选萃》，吕星斗主编，中共党史出版社 1993 年 7 月版。
10. 《激流归大海——回忆朱德同志和陈毅同志》，粟裕著，上海人民出版社 1979 年 5 月版。
11. 《回忆朱德》，中央文献出版社 1992 年 5 月版。
12. 《纪念朱德诞辰 110 周年——全国朱德生平与思想研究文集》，于俊道、张继禄、文勇编，中央文献出版社 1998 年 2 月版。
13. 《伟的道路——朱德的生平和时代》，[美] 艾格妮丝·史沫特莱著，生活·读书·新知三联书店 1979 年 4 月版。
14. 《朱德佳话三百篇》，刘学琦编，书目文献出版社 1993 年 1 月版。
15. 《朱德兵法》，胡哲峰著，中原农民出版社 1995 年 7 月版。

16. 《毛泽东传（1893—1949）》，金冲及主编，中央文献出版社 1996 年 8 月版。

17. 《毛泽东兵法》，谭一青著，中原农民出版社 1995 年 7 月版。

18. 《左权传》，当代中国出版社 2005 年 2 月版。

19. 《全国解放战争史》第 3 卷、第 4 卷，军事科学院军事历史研究部编著，军事科学出版社 1997 年 7 月版。

20. 《彭德怀兵法》，赵一平著，中原农民出版社 1996 年 2 月版。

21. 《谋略库》，柴宇球主编，蓝天出版社 1990 年 6 月版。

22. 《朱德年谱》，人民出版社 1986 年版。